Franz Bockrath (Hg.)
Anthropotechniken im Sport

KörperKulturen

FRANZ BOCKRATH (HG.)

Anthropotechniken im Sport

Lebenssteigerung durch Leistungsoptimierung?

[transcript]

Bibliografische Information der Deutschen Nationalbibliothek

Die Deutsche Nationalbibliothek verzeichnet diese Publikation in der Deutschen Nationalbibliografie; detaillierte bibliografische Daten sind im Internet über http://dnb.d-nb.de abrufbar.

Umschlaggestaltung: Kordula Röckenhaus, Bielefeld
Lektorat & Satz: Franz Bockrath
Druck: Majuskel Medienproduktion GmbH, Wetzlar
ISBN 978-3-8376-1868-6

Gedruckt auf alterungsbeständigem Papier mit chlorfrei gebleichtem Zellstoff.
Besuchen Sie uns im Internet: *http://www.transcript-verlag.de*
Bitte fordern Sie unser Gesamtverzeichnis und andere Broschüren an unter:
info@transcript-verlag.de

Inhalt

ÜBUNGSREGIME

STATT EINES NACHWORTS

Vorwort

»Anthropotechniken im Sport« – so lautet der Titel einer Tagung, die vom 4. - 6. November 2010 an der Technischen Universität Darmstadt stattfand. Der vorliegende Band versammelt einige der dort vorgestellten Beiträge. Aufgegriffen wird damit ein Thema, das vielfältige Anschlussmöglichkeiten bietet, da es sich in einem allgemeinen Sinne mit Verbesserungsmöglichkeiten des Menschen überhaupt beschäftigt, die im Sport sehr spezielle Ausdrucksformen finden – vom Techno-Doping über leistungssteigernde Architekturen bis hin zu Leitbildern vom »Neuen Menschen«.

Das Thema, so zeigte die Tagung, eignet sich in besonderer Weise für interdisziplinäre Zugangsweisen. Für Vertreter außerhalb der Sportwissenschaft bietet der Sport aufgrund seiner ausgeprägten Überbietungslogik ein probates Anwendungsfeld, in dem einschlägige Diskurse neu belebt und entsprechende Argumente kontextbezogen überprüft werden können. Für die Sportwissenschaft bleibt festzuhalten, dass angesichts nahezu unkontrollierter Steigerungsbemühungen und selbsterzeugter Folgeprobleme im Sport reflexive Zugänge und Sichtweisen umso wichtiger sind, je weniger sie im Tagesgeschäft einzelwissenschaftlicher Theoriebildung und Anwendungsorientierung Berücksichtigung finden. Damit ein solcher Diskurs über den Sport gelingen kann, ist es notwendig, sich auf den Gegenstand einzulassen, indem ein distanziertes Verhältnis ihm gegenüber eingenommen wird. Diese Haltung, die in anderen Wissenschaften kaum für Irritationen sorgt[1], wird in der Sportwissenschaft bisher allerdings wenig geschätzt.

---

1 Auch in den Religionswissenschaften ist der Glaube an Gott keine Bedingung für theologische Forschung.

Stattdessen dominieren möglichst praxisnahe und auf direkte Verwertung gerichtete Forschungsstrategien, die kaum Raum lassen für reflexive Gegenstandsbestimmungen. Folgt man den Ausführungen der Geschäftsführenden Herausgeber der Zeitschrift Sportwissenschaft, so gehört die (Sport-)Philosophie sogar zu jenen »Teilgebiete[n] der (Sport-)Wissenschaft, auf die manche verzichten zu können glauben, weil sie vermeintlich *nichts bringen*«.[2]

Der vorliegende Band ist eine Einladung, sich auf dieses vermeintlich »nutzlose« Unterfangen einzulassen und sich selbst ein Urteil zu bilden. Auch wenn die Lektüre keinen unmittelbaren Profit verspricht, bleibt zu hoffen, dass sie dazu anregen kann, den Sport als Teil jener (anthropo-)technischen Optimierungsstrategien zu begreifen, für die seit nunmehr einigen Jahrzehnten eine beschleunigte Entwicklung kennzeichnend ist.

Danken möchte ich vor allem den Autorinnen und Autoren, die sich mit ihren Beiträgen auf das vorgegebene Thema eingelassen und damit diesen Band erst ermöglicht haben. Mein Dank gilt weiterhin Frau Christine Jüchter vom transcript Verlag für die jederzeit unkomplizierte und aufmerksame Betreuung. Darüber hinaus waren insbesondere Frau Louise Waleczek sowie in der letzten Phase auch Frau Stefanie Meister sehr engagiert mit der äußeren Formgebung befasst. Für diese Mithilfe möchte ich mich ebenfalls bedanken. Besonders gefreut habe ich mich darüber, dass es der Layoutabteilung des transcript Verlages gelungen ist, ein altes Foto so aufzubereiten, dass es hier als Covermotiv verwendet werden kann. Die im Band thematisierten »Aufstiegsszenarien« und »Höhenfantasien« werden dadurch vielleicht etwas kleiner und anschaulicher.

Darmstadt, im Juli 2011
Franz Bockrath

---

2 Krüger, Michael/Emrich, Eike (2011): Qualitätsstandards in der Sportwissenschaft. In: Sportwissenschaft 41/1, S. 5 (Hervorhebung im Original).

Anthropotechniken im Sport – eine Einführung

FRANZ BOCKRATH

>>Du mußt dein Leben ändern<<
Peter Sloterdijk,
Über Anthropotechnik

>>Handle so, daß die Maxime deines Handelns,
den Maximen der Apparate, deren Teil
du bist oder sein wirst, sein könnte<<
Günther Anders,
Die Antiquiertheit des Menschen

Die Idee zu diesem Band entstand anlässlich der Lektüre von Peter Sloterdijks Schrift *Du mußt dein Leben ändern. Über Anthropotechnik* aus dem Jahr 2009. Bekannt ist, dass, wer sich auf diesen Autor einlässt, Mühe hat, von ihm zu lassen – zumal das ausgeführte Thema zahlreiche Bezüge zum Übungsverhalten des Menschen im Allgemeinen und zum Sport im Besonderen aufweist. Die aufgeworfene Thematik ist also im besten Sinne des Wortes einschlägig für die hier vorgelegten Reflexionen über Optionen und Gefahren so genannter Humantechniken und -technologien, die heute im Sport unter nahezu laborähnlichen Bedingungen massenwirksam zur Anwendung kommen.

Der Begriff Anthropotechnik weist über die gebräuchliche Verwendung in den Arbeits- und Designwissenschaften hinaus. Nicht die bloß menschengerechte Gestaltung von Arbeitsumgebungen und Lebensverhältnissen an der Schnittstelle zwischen Mensch und Technik, sondern die allgemeine Frage nach humantechnologischen Bedingungen und Möglichkeiten steht im Zentrum der Bedeutungsgeschichte dieses Terminus. Damit wird zugleich ein Bogen aufgespannt, der bis an den Beginn unserer Zivilisation zurückreicht.

LOGISCHE TECHNIK[1]

Die Anfänge der griechischen Philosophie, folgt man darin Klaus Heinrich (1986), markieren eben jenen Einschnitt, an dem sich das langsam herausbildende technologische Bewusstsein von vorherrschenden mythischen Vorstellungen und rituellen Praktiken emanzipiert, um schließlich eigene Geltungsansprüche ein- und durchzusetzen. Standen die verschiedenartigen Techniken (*technai*) etwa des Landbaus, der Kriegskunst oder des Handwerks zu Beginn noch unter der Verantwortung einzelner Gottheiten, so ändert sich dieses Verhältnis an der Wende vom fünften zum vierten Jahrhundert. Während bis dahin der *logos* etwa der Jagd, der Viehzucht oder der Dichtkunst die materielle Seite der Reproduktion des Menschen dadurch sicherte, dass er den unterschiedlichen Praktiken und Hervorbringungen einen jeweils eigenen Erklärungsrahmen bot, in dem zugleich das je Gemeinsame bewahrt wurde, so gerät mit dem Auftritt der systematischen Philosophie diese versöhnende Funktion des *logos* selbst in Zweifel. Versöhnlich war seine ursprüngliche Funktion deshalb, weil die verschiedenen *technai* in ihren unterschiedlichen Bedeutungen und Bezügen anfänglich noch neben einander gestellt waren, ohne mit dem An-

---

1 Der nach heutigem Verständnis ungewöhnliche Begriff »logische Technik«
   (*logike techne*) bezeichnet in seiner ursprünglichen Bedeutung ein zum *logos* gehöriges Verfahren. Vgl. dazu Heinrich (1987: 17).

spruch aufzutreten, universell gültig zu sein. »Sie [die *technai*, F.B.] vertragen sich dadurch miteinander, daß jeder ein Zeitort und – durch den jeweils bevorzugten Kulturort – auch ein sie repräsentierender Raumort entspricht (also die Anordnung im Festkalender, die Kultstätten)« (Heinrich 1986: 156). Indem also die unterschiedlichen *technai* durch entsprechende kalendarische Abfolgen und räumliche Anordnungen in ein rechtes Verhältnis (*logos*) gebracht werden, werden die potenziellen Konflikte und Konkurrenzen zwischen ihnen auf bestimmte Bereiche eingeschränkt und damit abgemildert. Kennzeichnend für diese frühen Ordnungs- und Einteilungsformen ist also, dass sie »den einzelnen *technai* ihre *logoi* beläßt« (ebd.: 156).[2]

Mit dem Auftritt des Sokrates geraten diese Formen ins Wanken. Der *logos* reklamiert fortan Geltungsansprüche, die über die einzelnen Lebensbereiche mit ihren unterschiedlichen *technai* hinausweisen und als einheitliches technologisches Bewusstsein in Erscheinung treten. Der Philosoph, der sich anschickt, die Dichter, Handwerker und Kriegsherren danach zu befragen, ob sie ihre jeweiligen Spezialkünste und Fertigkeiten beherrschen, verwickelt seine Gesprächspartner bekanntlich in unauflösliche Schwierigkeiten und sorgt damit für allgemeine Verwirrung. Nachdem die *technai* und *logoi* der unterschiedlichen Berufsstände zunächst als wohlbedacht und wohlgeordnet angenommen werden, stellt sich bei weiterem Nachfragen schnell heraus,

---

2 Damit soll natürlich nicht gesagt sein, dass die unterschiedlichen *technai* und *logoi* einfach und friedlich koexistieren. Die nahezu ununterbrochenen Auseinandersetzungen zwischen einzelnen Klassen, Berufsständen, Städten, Staatsformen etc. unterstreichen vielmehr den agonalen Charakter der griechischen Kultur auf allen Ebenen. Freilich fehlt den Konflikten ein universeller Grundzug. Sie werden deshalb in aller Regel an Ort und Stelle ausgetragen, also etwa zwischen den Handwerkern von Athen und Korinth, die unterschiedliche Stammherren und Gründungsgötter anerkennen und von der Überlegenheit ihrer jeweiligen Kunstfertigkeit überzeugt sind. Zu den »Augenblicksgöttern« im mythischen Denken vgl. Cassirer (1994: 238-261).

dass sie nur eingeschränkt begründet und damit auch nur partiell gültig sind. Während die Frage, wie man ein gutes Gedicht macht, ein gutes Gefäß herstellt oder einen guten Feldzug führt noch halbwegs beantwortet werden kann, scheitern die Spezialisten für Dichtkunst, Handwerk und Kriegskunst spätestens dann, wenn sie aufgefordert werden zu sagen, was denn eigentlich das Gute sei, das ihren Tätigkeiten zugrunde liege.[3] Anders als Sokrates, der auch nur seine eigene Unkenntnis in dieser Frage beteuert, zieht Platon die Konsequenz, dass nicht die einzelnen *technai* und *logoi* philosophisch relevant seien, sondern vielmehr das hiervon zu trennende Wissen vom Guten: »[D]er wahre *logos* ist dieses Wissen, und dieser *logos* wird weggenommen den verschiedenen *technai*. Die verschiedenen *technai* können weiter praktiziert werden, aber sie haben nicht mehr den *logos*; den *logos* hat jetzt derjenige, der nicht mehr den *logos* in der *techne*, sondern den *logos*, der *verfügt* über die *technai*, hat« (Heinrich 1986: 164). Nicht mehr die praktischen Menschen, sondern die Philosophen scheinen nunmehr berufen, dieses Wissen hervorzubringen. Die verschiedenartigen *technai* und *logoi* gehören fortan ebenso wie die erzeugten Dinge zum Bereich der Mühsal und des bloßen Scheins, während das eigentlich Seiende hiervon getrennt im reinen Denken aufgefunden werden soll. Der abstrakt auf das Eine gerichtete *logos* löst sich mithin von der »schwankend machenden und verstrickenden Sinnenwelt« (ebd.: 165) und weist auf das, was jenseits aller natürlichen Gewordenheit und Vergänglichkeit allgemeine Geltung beansprucht.

---

3   »Sokrates nun suchte über den Relativismus und Individualismus der Sophistik hinauszukommen, indem er der von ihr für den Einzelnen beanspruchten Autonomie und Autarkie eine andere Richtung gab. Er suchte hinter der Wahrscheinlichkeit die Wahrheit, hinter der Sitte die Sittlichkeit, hinter dem Recht die Gerechtigkeit, hinter dem Staat die Grundsätze einer Gesellschaftsordnung und hinter den Göttern die Gottheit.« Nestle (1975: 531).

Heinrich sieht in dieser machtvollen Zuspitzung eine frühe Form dessen, »was Philosophie und Technologie in einer bestimmten Form identisch macht« (ebd.: 164). Indem sich der *logos* von der Sinnenwelt löst, beherrscht er die verschiedenartigen *technai*, die ihm seine Existenz freilich dadurch sichern, dass sie die Folgen dieser Scheidung praktisch auf sich nehmen. Der Philosoph als Technologe des Seins ist deshalb aufgerufen, seine Überlegenheit über die seiende Dinge auch praktisch unter Beweis zu stellen, denn das Missgeschick des Thales, der bei seinen hochfliegenden Betrachtungen der himmlischen Erscheinungen in einen vor seinen Füßen liegenden Brunnen fällt und dafür von einer thrakischen Magd verspottet wird, ist noch zu nah.[4] Der sich auf das Wissenswerte Verstehende muss also glaubhaft machen, dass er die verschiedenen *technai* zwar nicht beherrschen muss, jedoch beherrschen kann, wobei die Verfügung über den *logos* ihn von dieser praktischen Aufgabe großzügig befreit. Angesichts dieser machtvollen Konstellation wird uns der dem Alltag enthobene und allein dem *logos* verpflichtete Protagonist Sokrates von Platon paradigmatisch als unerschütterlich und selbst beherrscht vorgestellt, das heißt als eine Trotzfigur, die gegen natürliche Widrigkeiten – Hitze, Kälte, Hunger etc. – und sinnliche Begierden (*epithymia*) geschützt zu sein scheint.[5] Um den Zustand der Unerschütterlichkeit (*ataraxia*) zu erreichen, der die Selbst- und Fremdbeherrschung auch nach außen sichtbar macht, bedarf es jedoch der verfeinernden Schulung, die als asketische Selbsttechnologie in Erscheinung tritt und damit die andere, empirische Seite der aufstrebenden Überlegenheit zum Ausdruck bringt. Die Forderung: *»Du mußt dein Leben ändern«*, bedeutet in diesem Zusammenhang, dass man bereit und willens ist, sein Leben zu steigern, das heißt die Mühen und Irrtümer der irdischen Existenz hinter sich zu lassen, um zuletzt sogar Schicksal und Tod abzuwehren. Dass der Körper hierbei hinderlich ist, muss nicht eigens hervorgehoben werden.

---

4   Vgl. zu dieser Schilderung Platon (1993: 174a).

5   Vgl. dazu die entsprechende Lesart von Platons *Symposion* bei Bockrath (2001).

Es wäre also nur die halbe Wahrheit, würde man das noëtische Projekt der Antike feiern, ohne seine somatische Seite in den Blick nehmen.[6] In Platons logischer Anthropotechnik ist der Körper als negatives Moment beziehungsweise – hier passt der Hegelsche Begriff – als »daseyender Widerspruch«[7] auch dort anwesend, wo er abwesend sein soll. Dieser ungelöste Verdrängungsimpuls verändert sich im weiteren Prozess der Körperzivilisierung dahingehend, dass die bisher unberücksichtigten Rohstoffqualitäten des Körpers in zunehmender Weise als profitable Ressource entdeckt werden, anstatt als bloßer Mangel zu erscheinen.

PHYSIOTECHNIK

Günther Anders hat den Gedanken von der Machbarkeit und Re-Produzierbarkeit des Menschen vor nunmehr bereits mehr als fünfzig Jahren luzide analysiert. Nachdem der Autor in seinen Ausführungen »Über die Seele im Zeitalter der zweiten industriellen Revolution« (Anders 1980) den »selfmade man« des neunzehnten Jahrhunderts noch dadurch charakterisiert, dass dieser einen gewissen »prometheischen Stolz« über das von ihm Geleistete empfindet, kommt es im weiteren Verlauf zu einem »didaktischen Umschlag« (ebd.: 34): Der Körper als das bloß Gewordene genügt seither immer weniger den Ansprüchen der von ihm hervorgebrachten technischen Waren, Dinge und Produkte. Gefordert ist daher eine »*imitatio instrumentorum*« (ebd.: 45). Dies bedeutet, dass der seinen eigenen Machwerken nicht mehr gewachsene Mensch gezwungen ist, sich den von ihm geschaffenen technologischen Verhältnissen immer weiter anzupassen, wobei aller-

---

6   Siehe dazu insbesondere König (1989: 13-46).

7   Das vollständige Zitat lautet: »Man muß den alten Dialektikern die Widersprüche zugeben, die sie in der Bewegung aufzeigen, aber daraus folgt nicht, daß darum die Bewegung nicht ist, sondern vielmehr daß die Bewegung der *daseyende* Widerspruch selbst ist.« Hegel (1999: 287).

dings abzusehen ist, dass es ihm dabei ergehen wird wie dem vermeintlich »schnellsten aller Tiere« in dem bekannten Märchen vom Wettlauf zwischen dem Hasen und dem Igel. Die so genannte »Ingenieurarbeit am Menschen« (ebd.: 45f) ist also weit davon entfernt, den Körper nur abzustoßen oder hinter sich zu lassen. Vielmehr zählt er längst zu jenen erzeugten Dingen und Werken, die der mittlerweile positivistisch geläuterten Technologie des Seins möglichst vollständig einzuverleiben sind, um sich als gleichermaßen nützlich wie verwertbar zu erweisen. Der logos triumphiert damit nicht bloß über bereichsspezifische Techniken und Praktiken, sondern als allgemeines Prinzip der Wissensproduktion entpuppt er sich schließlich als eine moderne Machttechnik, die »keineswegs auf Repression« eingeschränkt ist.[8] Sein dauerhaft gereiztes Generierungspotenzial beschreibt Günther Anders in folgender Weise:

»An die Stelle der ›Theorie des Leibes‹ ist also eine ›Praxis‹ getreten, eine (wenn man diesen Ausdruck parallel zu dem ›Psychotechnik‹ prägen darf) ›Physiotechnik‹. Aber nicht eine ›Physiotechnik‹ von der uns bekannten Art, also keine von der Art der Medizin; sondern eine revolutionäre, die darauf abzielt, das herrschende ›System‹ der Physis als solches umzuwälzen und abzuschaffen und aus den ›bestehenden Verhältnissen‹ des Leibes radikal neue Verhältnisse zu schaffen. ›Es genügt nicht‹, könnte man nach berühmtem Muster ihr Motto formulieren, ›den Leib zu interpretieren, man muß ihn auch verändern.‹ Und zwar täglich neu; und für jedes Gerät anders« (Anders 1980: 47; Hervorhebungen im Original).

Dass der Körper hierbei gleichermaßen zum Subjekt und Objekt seiner Verwandlungen und Grenzbestimmungen wird, liegt an der entfesselten Dynamik seiner (Selbt-)Bewegung.[9]

---

8 Vgl. dazu Foucault (1986).

9 Die Rückbezüglichkeit dieser Dynamik adressiert die Nähe zur Subjekt-beziehungsweise Reflexionsphilosophie. Wenn hier der Körper zugleich als Subjekt und Objekt angesprochen wird, so wird damit sowohl auf seine

ANTHROPOTECHNIK

Sloterdijk nimmt diesen Gedanken auf, ohne sich freilich auf Günther Anders zu beziehen, indem er die menschlichen Anstrengungsbereitschaften und Selbststeigerungsdynamiken als Unausweichlichkeiten des »In-Form-Kommens« (Sloterdijk 2009a: 50) deutet. Der Körper spielt dabei, im Unterschied zu vielen anderen philosophischen Höhenfantasien, eine besondere Rolle. Weder Opfer seiner Verhältnisse noch Täter seiner Unterwerfungen, sondern Selbstgestalter seiner gebotenen Umkehr (*Du mußt dein Leben ändern*) – so beschreibt der Autor »das Phänomen der Vertikalspannungen und ihre Bedeutung für die Reorientierung der konfusen Existenz moderner Menschen« (ebd.: 37). Auffällig ist in diesem Zusammenhang der häufige Gebrauch von Begriffen, die dem weiten Feld körperbezogener Techniken und Übungen entstammen (»Athletik«, »Akrobatik«, »Artistik«, »Asketik« etc.), und es finden sich bei Sloterdijk auch direkte Bezüge zum organisierten Sport beziehungsweise zum Trainerverhalten. Es wäre jedoch vorschnell, darin sogleich gelungene Beispiele für anthropotechnische Vervollkommnungsbemühungen zu vermuten. Schließlich platziert der Autor etwa seine Überlegungen zu Pierre de Coubertins »Muskelreligion« nicht zufällig neben die Ausführungen über den quasireligiösen Trainingsbetrieb der scientologischen »Kirche« von L. Ron Hubbard (vgl. ebd.: 133-170). Und auch der moderne Trainertypus, der dafür sorgt, dass »ein gewollter Wille den wollenden Willen überformt« (ebd.: 456), wird als Beispiel für jene »Meisterspiele« angeführt, die nach Auffassung des Autors zur »Übertreibungskunst« gehören (vgl.

Unterwerfung unter Praktiken der Macht als auch auf Formen seiner praktischen Selbstgestaltung verwiesen. Foucault, der die beiden Seiten dieser Dialektik weitgehend unabhängig voneinander analysiert hat, bezieht sich in einer späten Aussage auf ihren widersprüchlichen Zusammenhang: »Das Wort Subjekt hat einen zweifachen Sinn: vermittels Kontrolle und Abhängigkeit jemandem unterworfen sein und durch Bewußtsein und Selbsterkenntnis seiner eigenen Identität verhaftet sein« Foucault (1987: 246-247).

ebd.: 424). Doch trotz aller nachvollziehbaren Einwände und Vorbehalte gegen einzelne Ausprägungen des modernen Übungsbetriebs, hält Sloterdijk am Grundgedanken der »Dressur-Systeme« (ebd.) fest, die dafür sorgen, dass nachwachsende Generationen in die Lage versetzt werden, lebenswichtige Kultur- und Körpertechniken auszubilden beziehungsweise neu zu erfinden. Im Vordergrund steht dabei nicht die Sorge um das kollektive Überleben, sondern vielmehr das Motiv der »Selbsterzeugung des Menschen« durch »Formung im übenden Leben«[10]. Gemeint sind damit die »mentalen und physischen Übungsverfahren« (ebd.: 23), die sich nach Auffassung des Autors dadurch auszeichnen, nicht stellvertretend ausgeführt werden zu können und sich daher unausweichlich an jeden einzelnen selbst richten.

Sloterdijk bezieht sich in diesem Zusammenhang eher beiläufig auch auf jene Debatte, die 1997 mit seiner Rede »Regeln für den Menschenpark« (Sloterdijk 1999) ausgelöst wurde. Der Begriff »Anthropotechnik«, der bereits dort verwendet wurde, löste seinerzeit eine schwer verdauliche Diskussion über so genannte Reproduktionssteuerungen und Züchtungsstrategien nach dem vom Autor diagnostizierten Ende des literarischen Humanismus aus, die in gegenseitigen Anschuldigungen und Verdächtigungen der hieran Teilnehmenden endete. Zehn Jahre später weist derselbe Autor darauf hin, dass ihm die persönliche Ansprache (»Du sollst *dein* Leben ändern«) wichtiger sei als der allgemeine Hinweis auf die Notwendigkeit zur Umkehr und Veränderung (»Du sollst *das* Leben ändern«).[11]

---

10 Sloterdijk (2009a: 14). Ganz in diesem Sinne hält der Autor an späterer Stelle ernüchtert fest: »Die einzige Tatsache von universaler ethischer Bedeutung in der aktuellen Welt ist die diffus allgegenwärtig wachsende Einsicht, daß es so nicht weitergehen kann« (ebd.: 699).

11 Der Zusammenhang zwischen Selbstverbesserung und Weltverbesserung wird dadurch freilich nicht ausgeschlossen, wie der Autor mit Blick auf die zunehmende »Veräußerlichung des metanoetischen Imperativs in der Moderne« ausdrücklich hervorhebt. Vgl. Sloterdijk (2009a: 23).

Verabschiedet werden damit unter anderem auch all jene gesellschaftlichen Hoffnungen und Ansprüche, die mit dem erstmaligen Aufkommen des Begriffs »während der heroischen Jahre der Russischen Revolution« (Sloterdijk 2009a: 23, Anm. 8) geweckt wurden. Sloterdijk verweist in diesem Zusammenhang auf die entsprechenden Ausführungen zum Stichwort »Anthropotechnik« im dritten Band der Großen Sowjetischen Enzyklopädie aus dem Jahr 1926, die er dem Herausgeber dieser Schrift freundlicher Weise in deutscher Übersetzung zur Verfügung gestellt hat. Als historisches Zeugnis politischer Aufbruchstimmung und technokratischer Freimütigkeit sprechen sie eine deutliche Sprache, weshalb sie an dieser Stelle vollständig wiedergegeben werden:

»Anthropotechnik, 1) angewandter Zweig der Biologie, der sich die Verbesserung der physischen und geistigen Beschaffenheit des Menschen zum Ziel setzt, und zwar mit Hilfe derselben Methoden, die die Zootechniker zur Optimierung oder Züchtung neuer Haustierrassen anwenden, d.h. durch die Auswahl von Elternpaaren mit entsprechenden Eigenschaften und die Kontrolle über die so erzielten Nachkommen, damit sie sich nicht mit Trägern ungeeigneter Eigenschaften vermischen (sog. ›Züchtigung der Rasse in sich selbst‹); der Begriff Anthropotechnik wurde in Analogie zum Wort Zootechnik gebildet, doch wird er relativ selten benutzt und gegenwärtig durch das Wort *Eugenik* (s. ebd.) abgelöst; 2) die Anwendung von Daten aus der Anthropometrie und Psychotechnik zum Zweck der professionellen Auslese. Anthropotechnik ist de facto ein umfassenderer Begriff als Psychotechnik (s. ebd.), weil hierbei nicht nur psychologische Besonderheiten, sondern gleichermaßen auch Besonderheiten des Körperbaus (somatische) und Angaben über die Dynamik des Organismus Berücksichtigung finden: Beweglichkeit, d.h. Kraft, Geschicklichkeit, Sicherheit und Genauigkeit der Bewegungen, das Bewegungsgedächtnis ebenso wie Trainingseffekte usw. Gewöhnlich wird der Begriff Anthropotechnik indes enger definiert und darunter insbesondere die somatischen und dynamischen Daten gefasst, während die psychologischen Daten gesondert, als Teil der Psychotechnik betrachtet werden. Für anthropotechnische Forschungen werden neben den allgemein gebräuchlichen anthropotechnischen und psychotechnischen

Experimenten einige spezielle *Testverfahren* (s. ebd.) vorgeschlagen« (Große Sowjetische Enzyklopädie 1926: 130-131; Übersetzung im Auftrag von Peter Sloterdijk).

Auch wenn der sozialtechnologische Fortschrittsoptimismus[12], der aus diesen Worten spricht, heute längst durch nüchterne Kalkulationen und Zweck-Mittel-Relationen in den so genannten gesellschaftlichen Innovationsbereichen ersetzt wurde, überrascht gleichwohl die Aktualität der Aussagen. Würde man einzelne Begriffe wie Rasse, Züchtung oder Eugenik, die im weiteren historischen Verlauf nachdrücklich desavouiert wurden[13], durch moderne, auf der Höhe der Technik angesiedelte Fachausdrücke ersetzen, dann ergäbe sich ein durchaus vergleichbares Bild. Neben den oben erwähnten anthropometrischen Verfahrensweisen, die in Deutschland bereits vor dem ersten Weltkrieg angewendet wurden und somit tief in den Bestimmungsarchiven mechanischer Körpereigenschaften lagern, gibt es mittlerweile ein beachtlich gefülltes Arsenal technologischer Mittel und Methoden, die ihren jeweiligen Beitrag zur »Perfektionierung des Menschen« (Gesang 2007) leisten. Für den Sport, der körperbezogene Optimierungen im Rahmen kompetitiver Strategien bereits seit der Antike kennt, sind Begriffe wie Doping, Human Enhancement oder Gentechnik schon seit längerer Zeit keine Fremdworte mehr. Es spricht sogar einiges für die Vermutung, dass je weniger dieser Lebensbereich noch an aristokratische Vergnügungen und Zerstreuungen erinnert, desto mehr avanciert er zum nur vorgeblich harmlosen Spielfeld für die Erprobung und Durchsetzung weit reichender biopolitischer Entscheidungen und Wissensformen.

---

12 Vgl. dazu Sloterdijk (2009a: 628-633) sowie ausführlich Groys/Hagemeister (2005).

13 Siehe dazu Weingart/Kroll/Bayertz (1988).

Deutet man den Sport von dieser Seite aus, dann erscheint er nicht mehr als »säkularer Kult ohne ernstgemeinten Überbau«[14]. Er fungiert stattdessen als prominentes Anwendungsfeld scheinbar selbstevidenter und demzufolge weitgehend unhinterfragter Perfektionierungen, bei denen körperliche Techniken, materielle Anordnungen, diskursive Praktiken, institutionelle Rahmenbedingungen, öffentliche Inszenierungsformen etc. möglichst fein aufeinander abgestimmt werden, um eigens so genannte Synergieeffekte zu erreichen. Der Akzent zu seinem Verständnis liegt nach diesem Ansatz also weniger im anthropologisch begründeten Übungsverhalten zur Realisierung vertikal angelegter Selbsterzeugungen.[15] Derartige Reste autonomer Subjektvorstellungen, selbst wenn sie in abstraktester Form auftreten[16], erscheinen angesichts (post-)strukturalistischer Einsichten merkwürdig einseitig, da sie die materiellen Bedingungen und sozialen Prozesse der Subjektkonstitution entweder ganz ausblenden oder nur randständig behandeln. Gerade der Sport ist jedoch geprägt von historischen Veränderungen und gesellschaftlichen Kräftekonstellationen, die es genauer in den Blick zu nehmen gilt, will man seine massenwirksame Bedeutung erfassen. Das Perfektionsstreben wirkt vor diesem Hintergrund selbst wie ein blinder Fleck im Gesamtgefüge des Sports, weshalb es in die Gegenstandsanalyse mit einzubeziehen ist.

Der Begriff »Anthropotechnik«, der topologisch gesprochen in Gegenrichtung zur beklagten »Tendenz der Moderne zur Devertikalisie-

---

14 So Sloterdijks Charakterisierung des Olympismus nach dem Scheitern von Coubertins Absicht, Sport, Religion und Kunst aus der Antike in die Neuzeit zu transponieren. Vgl. Sloterdijk (2009a: 148-149).

15 »Als Übung definiere ich jede Operation, durch welche die Qualifikation des Handelnden zur nächsten Ausführung der gleichen Operation erhalten oder verbessert wird, sei sie als Übung deklariert oder nicht.« Sloterdijk (2009a: 14).

16 Vgl. dazu etwa Sloterdijks Kommentar zu Sartres Untersuchung entfremdeter Praxis: »Der Mensch ist nicht Negativität, sondern Differenzpunkt zwischen Wiederholungen« (Sloterdijk 2009a: 656).

rung« (Sloterdijk 2009a: 638) positioniert wird, steht nach hier vertre-
tener Auffassung nicht oberhalb oder außerhalb der untersuchten Phä-
nomenbereiche. Er ist weder allgemeiner Ausdruck noch bloßes Instrument zur Beschreibung so genannter »Leitdifferenzen«[17], sondern
er konstituiert diese Differenzen mit, indem er sie an seinen eigenen
Maßstäben bemisst. In genau diesem Punkt ähnelt er der *logike techne*,
die weiter oben als spezifische Machttechnik identifiziert wurde und
im Humanprojekt rationaler Weltentzauberungsbemühungen erhebli-
che *physiotechnische* Effekte hervorbrachte. So wie an der Schwelle
zum technologischen Denken die *technai* dem *logos* unterstellt wurden
und schließlich in der »Ingenieurarbeit am Menschen« ihren realmächtigen Ausdruck fanden, so steht zu befürchten, dass die übende Exis-
tenzweise überhaupt[18] zum absoluten Imperativ sich emporschwingt.
»[I]n täglichen Übungen die guten Gewohnheiten gemeinsamen Überlebens anzunehmen« (ebd.: 714), so fasst Sloterdijk den anthropotechnischen Auftrag konzis zusammen. Freilich ist er sich selbst nicht ganz
sicher, ob der Sport zu den »guten Gewohnheiten« zu rechnen ist,
wenn er ihn gleichermaßen an der »Grenze zum Unmöglichen« wie
auch »der Selbstzerstörung« (ebd.: 660) verortet oder die Spitzensport-
ler von heute als »geköpfte Übermenschen« (ebd.: 638) charakterisiert.

---

17 Beispiele dafür wären Unterscheidungen zwischen »Vollkommen und Un-
vollkommen« in »asketischen ›Kulturen‹« oder die zwischen »Exzellenz
versus Mittelmaß« in »athletischen ›Kulturen‹«. Vgl. dazu Sloterdijk
(2009a: 28).

18 Zum Formelcharakter des übenden Lebens gehört nach Sloterdijk seine
Unvermeidbarkeit: »Auch ein schlechter Schüler zu sein will gelernt sein.«
(Sloterdijk 2009a: 99).

FRAGESTELLUNGEN

Der vorliegende Band versucht, die Sloterdijkschen Überlegungen auf-
zunehmen und auf die aufgeworfenen Fragen näher einzugehen. Die
Beiträge entstammen aus unterschiedlichen Disziplinen und laufen daher kaum Gefahr, sich in monotheoretischen Überlegungen zu verlieren. Sie stehen in einem inhaltlichen Zusammenhang, der durch die
anthropotechnische Klammer gebildet wird, sind jedoch auch unabhängig voneinander verständlich, da sie als Einzelbeiträge verfasst
wurden. Ihr Anspruch besteht darin, die umfangreichen Überlegungen
der Sloterdijkschen Übungsanthropologie kritisch zu würdigen, indem
sie sich auf den Sport und dessen Randerscheinungen konzentrieren.
Dass damit der vom Autor so apostrophierte »Planet der Übenden«[19]
nur sehr partiell ausgeleuchtet wird, muss hier nicht näher ausgeführt
werden.

Unter der Überschrift *Massenübungen* beschäftigen sich die beiden
ersten Beiträge mit der Frage nach der Bedeutung von Perfektions-
übungen und Steigerungsbemühungen im Sport, angesichts der Unvollkommenheit beziehungsweise Todesanfälligkeit des Menschen. In
Anlehnung an Sloterdijks Überlegungen zum »Phänomen der Vertikalspannungen« (Sloterdijk 2009a: 37), das im Sinne des Autors als Ausgangspunkt für das anthropotechnische Projekt der Höherentwicklung
fungiert, untersucht Franz Bockrath (»*Mortal engines*« – *oder der imperfekte Mensch*) dessen Auswirkungen im Kontext athletischer
Höchstleistung und Rekordorientierung. Petra Gehring (*Beim Sport
sterben*) deutet das Phänomen der Anthropotechniken nicht als Form
der Selbsttechnik, sondern in biotechnischer Hinsicht und entwickelt in
diesem Zusammenhang einen Vorschlag für eine todesethisch geschul-
te Erlebensperspektive auf den Sport.

---

19 So die gleich lautende programmatische Kapitelüberschrift (Sloterdijk
2009a: 35).

Gerhard Gamm (*Die Schönheit der Wiederholung. Im Sport und in der Kunst*) fragt in seinem Beitrag nach dem ästhetischen Gehalt von Wiederholungen im Spannungsfeld zwischen Zwang und Lust beziehungsweise zwischen Können und Gelingen. Die hieraus entwickelte ästhetische Verhaltensperspektive steht unter der Überschrift *Übungsversprechen.*

Die nachfolgenden Ausdeutungen so genannter *Übungsimperative* betonen den Konflikt- und Zwangscharakter sportbezogener Überbietungsanstrengungen. Vor dem Hintergrund biotechnologischer Mittel und Möglichkeiten diskutiert Volker Caysa (*Enhancement: Doping oder Selbsttechnik?*) kontroverse Utopien der Menschenformung im und außerhalb des Sports. Markus Dederich und Svenja Meuser (*Anthropotechnik und Behinderung*) fragen nach der Unterscheidbarkeit von Therapie und Enhancement am Beispiel des sportbezogenen Techno-Dopings.

Unter dem Begriff Übungsregime beschreibt zunächst Noyan Dinçkal (»In die seelische Struktur des Sportmanns eindringen« – Sport als psychotechnische Versuchsanordnung in der Weimarer Republik) am Beispiel früher psychotechnischer Experimente, wie das Wechselspiel von Körper, Psyche und Technik zum Zwecke der Leistungsoptimierung bearbeitet wurde. Elk Franke und Jochen Hinsching (Das Menschen- und Körperbild im sportwissenschaftlichen Diskurs diktatorisch verfasster Gesellschaften) öffnen die dunklen Arsenale national- und staatssozialistischer Erziehungsdiktaturen und analysieren die sportanthropologisch geprägten Machbarkeitsvorstellungen und Leitbilder des »Neuen Menschen«. Sybille Frank und Silke Steets (Sportstadien als leistungssteigernde Architekturen) richten den Blick auf architektonische Mach(t)werke. Sie untersuchen, wie Sportstadien durch präzise geplante baulich-räumliche Anordnungen und Sichtbarkeitsverhältnisse leistungssteigernde Effekte hervorbringen. Franz Bockrath (Coolness als Anthropotechnik) beschäftigt sich mit dem Wechselverhältnis symbolischer Handlungen und sozialer Zuschreibungen am Beispiel cooler Handlungsstrategien in sportiven Praktiken außerhalb des organisierten Sports.

Statt eines Nachworts wird der Band durch einen leibphänomenologischen Kommentar von Anna Hogenová (*Dasein und das Problem des Leibes*) zu Anthropotechniken im Sport beschlossen, der – um noch einmal Sloterdijk zu zitieren – »nach Nietzsches Inversion des Platonismus und nach Heideggers Neuansatz der philosophischen Besinnung von einem ›anderen Anfang her‹ […] sich an das Abenteuer eines ganz verzeitlichten und bewegten Daseins« ausliefert.[20]

LITERATUR

Anders, Günther (1980): Über die Seele im Zeitalter der zweiten industriellen Revolution. München: C. H. Beck (zuerst 1956).

Bockrath, Franz (2001): Platons Körperpädagogik – Überwindung der Sinnlichkeit? In: Ränsch-Trill, B. (Hg.): Natürlichkeit und Künstlichkeit. Philosophische Diskussionsgrundlagen zum Problem der Körper-Inszenierung. Hamburg: Czwalina, S. 77-87.

Cassirer, Ernst (1994): Philosophie der symbolischen Formen. Zweiter Teil: Das mythische Denken. Darmstadt: Wissenschaftliche Buchgesellschaft (zuerst: 1925).

Foucault, Michel (1986): Sexualität und Wahrheit. Erster Band: Der Wille zum Wissen. Übersetzt von U. Raulff und W. Seitter. Frankfurt am Main: Suhrkamp.

Foucault, Michel (1987): Warum ich die Macht untersuche: Die Frage des Subjekts. In: Dreyfus, H. L./Rabinow, P.: Michel Foucault. Jenseits von Strukturalismus und Hermeneutik. Frankfurt am Main: Athenäum, S. 243-250.

Gesang, Bernward (2007): Perfektionierung des Menschen. Walter de Gruyter: Berlin.

Große Sowjetische Enzyklopädie (1926): Bd. 3. Moskau: Staatlicher Enzyklopädieverlag.

---

20 So Sloterdijk (2009b: 136) im Rahmen einer Charakterisierung Michel Foucaults.

Groys, Boris/Hagemeister, Michael (2005): Die Neue Menschheit. Biopolitische Utopien in Russland zu Beginn des 20. Jahrhunderts. Frankfurt am Main: Suhrkamp.

Hegel, Georg Wilhelm Friedrich (1999): Wissenschaft der Logik. Erster Band: Die objektive Logik. Zweites Buch: Die Lehre vom Wesen. Hamburg: Felix Meiner Verlag (zuerst 1813).

Heinrich, Klaus (1986): *anthropomorphe*. Zum Problem des Anthropomorphismus in der Religionsphilosophie. Dahlemer Vorlesungen. Frankfurt am Main: Stoemfeld.

Heinrich, Klaus (1987): tertium datur. Eine religionsphilosophische Einführung in die Logik. Dahlemer Vorlesungen. Frankfurt am Main: Stroemfeld.

König, Eugen (1989): Körper – Wissen – Macht. Studien zur historischen Anthropologie des Körpers. Berlin: Dietrich Reimer Verlag.

Nestle, Wilhelm (1975): Vom Mythos zum Logos. Die Selbstentfaltung des griechischen Denkens von Homer bis auf die Sophistik und Sokrates. Stuttgart: Alfred Kröner Verlag. (zuerst 1940).

Platon (1993): Theätet. Sämtliche Dialoge. Bd. IV. Übersetzt von O. Apelt. Hamburg: Meiner.

Sloterdijk, Peter (1999): Regeln für den Menschenpark. Ein Antwortschreiben zu Heideggers Brief über den Humanismus. Frankfurt am Main: Suhrkamp.

Sloterdijk, Peter (2009a): »Du mußt dein Leben ändern«. Über Anthropotechnik. Frankfurt am Main: Suhrkamp.

Sloterdijk, Peter (2009b): Philosophische Temperamente. Von Platon bis Foucault. München: Diederichs.

Weingart, Peter/Kroll, Jürgen/Bayertz, Kurt (1988): Rasse, Blut und Gene. Geschichte der Eugenik und Rassenhygiene in Deutschland. Frankfurt am Main: Suhrkamp.

Massenübungen

»Mortal engines« – oder der imperfekte Mensch

FRANZ BOCKRATH

> »Anders als Überleben ist Sterblich-
> keit keine Strategie. Sie sichert aber
> dem Imperfekten den klaren Vorrang
> vor aller Vollendung«
> Dietmar Kamper,
> Normalität auf dem Prüfstand

1. EINLEITUNG

In den Kultur-, Geistes- und Sozialwissenschaften haben Versuche, Normalitätsbestimmungen über Abweichungen, Nonkonformismen und andere Anormalitäten aufzuklären, bereits Tradition. Man denke in diesem Zusammenhang etwa an Merleau-Pontys Rekurs auf leibliche Phänomene, die die Unzulänglichkeit kausaler Erklärungen in physiologischen und psychologischen Theorien aufdecken (Merleau-Ponty 1966). Erinnert sei auch an Foucaults Vernunftkritik in »Wahnsinn und Gesellschaft« (Foucault 1973), mit welcher der Autor nicht nur den Stimmen der Irren Aufmerksamkeit verleiht, indem die Vernunft hört, was die Unvernunft immer schon mitteilt, sondern wo die Vernunft selbst an ihre Grenzen geführt wird, indem die Prozeduren und Strategien ihrer Selbsteinsetzung und Selbstnormierung offen gelegt werden.

In Peter Sloterdijks jüngstem Buch über die artistisch angelegte Natur des Menschen (Sloterdijk 2009) findet sich ein eigenes Kapitel über so genannte anthropologische Behinderungen und Krüppelerscheinungen. Nach Sloterdijk bahnt sich die »Anthropologie des normalen Menschen [...] mit ihren Mitteln den Weg zu einem noch viel allgemeineren Behinderungsbewußtsein« (Sloterdijk 2009: 95). Bei Freud etwa wird der Mensch zunächst psychoanalytisch als »Prothesengott« beziehungsweise »Hilflosigkeitskrüppel« gefasst. Anschließend wird er von Plessner sozialanthropologisch in seiner »exzentrischen Positionalität« zur Freiheit geradezu verdammt, um sodann von Gehlen in seiner »Institutionenbedürftigkeit« wieder festgelegt zu werden. Und schließlich wird *homo sapiens* paläoanthropologisch von Portmann als »Frühgeburtlichkeitskrüppel« bestimmt, der »nur in den Inkubatoren der Kultur zu überleben imstande ist« (ebd.: 96). Diesem »Krüppeltum« – wie Sloterdijk (ebd.: 97) es nennt – ist gemein, dass es bereits da ist, wo immer der Mensch die Bühne betritt. Der Autor zieht daraus den allgemeinen Schluss, dass, so verschiedenartig die Behinderungsformen und -diagnosen auch ausfallen, gleichwohl »jeder und jede auf seine und ihre Art, Grund und Anlaß [hat], ihr Dasein als Anreiz zu korrigierenden Exerzitien zu begreifen« (ebd.: 98-99).

Nun kann man die im Sinne von Sloterdijk für personale und kulturelle Entwicklungen unerlässlichen Korrekturen und Verbesserungen am »imperfekten Menschen« durchaus als technologische und strategische Formungen des Menschen begreifen und unter dem Begriff »Anthropotechniken«[1] zusammenfassen. Dieses Verständnis zielt, nach

---

1   »Eine materielle Anthropologie auf der Höhe des gegenwärtig Wißbaren kann nur in Form einer allgemeinen Anthropotechnologie entwickelt werden. Diese beschreibt den Menschen als das Wesen, das im Gehege der Disziplinen lebt, der unfreiwilligen wie der freiwilligen – auch Anarchismen und chronische Disziplinlosigkeiten sind aus dieser Sicht nichts anderes als Disziplinen in alternativen Gehegen« Sloterdijk (2009: 173-174).

der hier vertretenen Auffassung, insbesondere auf den Bereich der »informellen Technisierung«, die sich nur sekundär dinghafter Apparaturen und Geräte bedient, um die Humanisierung des Humanen zu bewirken. Wichtiger noch als jene »materiellen Dispositive«[2] sind demnach all jene heterogenen »Künste am Menschen« (vgl. ebd.: 519), die bei Sloterdijk nicht weniger als das gesamte »implizite und explizite Übungsverhalten der Menschen« (ebd.: 174) umfassen. Die Spannbreite der Sloterdijkschen Überlegungen reichen dementsprechend vom Heraklitischen »*ēthos anthrópo daímon*« bis zu den Weltverbesserungsentwürfen der modernen Biopolitik und schließen so disparat erscheinende Phänomene wie die achsenzeitliche Selbstsorge und spirituelle Asketologie ebenso ein wie die modernen »Trainingslager für menschliche Steigerungen [...], gleich ob es sich um das Schul- und Militärwesen, die Welt der Werkstätten oder um die eigensinnigen Universen der jüngeren Medizin, der Künste und der Wissenschaften handelt« (ebd.: 525).

In all diese Steigerungsbemühungen wird der moderne Sport und Neo-Olympismus ausdrücklich mit einbezogen, da laut Sloterdijk »der Körper immer mitgenommen werden muß: von der Basis bis an die Spitze der Kunstfiguren« – zumal, wie der Autor mit einem Seitenblick auf Nietzsche hinzufügt, »am obersten Punkt nicht weniger Körperlichkeit am Werk ist als in der Mitte und unten« (ebd.: 195). Der – wiederum mit den Worten Sloterdijks – »generalisierte Akrobatismus«, der im modernen Olympismus und Leistungssport freilich seine spirituellen Bezüge gänzlich preisgegeben hat[3], klingt heute zumindest

---

2   Die Begriffe »informelle Technisierung« und »materielles Dispositiv« waren Gegenstand einer Ringvorlesung zum Thema »Sozialmaschinen. Zur Philosophie der informellen Technisierung« an der Technischen Universität Darmstadt im Wintersemester 2009/2010. Der vorliegende Text ist eine überarbeitete Fassung eines Beitrags, der im Rahmen dieser Veranstaltung vom Verfasser zur Diskussion gestellt wurde.

3   Sloterdijk spricht im Zusammenhang mit der »Erfolgsgeschichte der olympischen Idee« gleichermaßen von ihrem »Scheitern« beziehungsweise von

noch nach in dem für das proklamierte Übungsverhalten unerlässlichen »Amalgam aus Künstlertum, Artistik, Trainingswissenschaft, Diätkunde und Asketologie« (ebd.: 194). Und spätestens da, wo die Artistik als »Subversion von oben« (ebd.: 198) beziehungsweise als »Somatisierung des Unwahrscheinlichen« (ebd.: 195) begriffen wird, tritt die inhaltliche Verwandtschaft des philosophischen Akrobaten mit den virtuosen Körperaskesen und säkularen Trainingstechniken auf den Plan.

Doch kommen wir wieder zurück auf die anthropologischen Behinderungen vom Anfang unserer Überlegungen. Wenn es stimmt, und diese Diagnose erscheint kaum gewagt, dass der Mensch von vornherein und ausnahmslos als »imperfekt« zu begreifen ist, dann stellt sich die Frage, wie damit umzugehen ist. Folgt man Sloterdijk, und diese Überlegung soll im Folgenden zunächst am Beispiel körperlicher Abweichungen und Dysfunktionalitäten vertieft werden, dann folgt aus der »krüppelanthropologischen Prämisse«, dass »der Mensch als das Tier [erscheint], das vorankommen muß, weil es von etwas behindert wird« (ebd.: 69). So plausibel diese Voraussetzung auf den ersten Blick erscheint, die bei Sloterdijk in dem allgemeinen Imperativ mündet: »Du mußt dein Leben ändern!«[4], so unklar bleiben freilich die daraus abzuleitenden Konsequenzen. Insofern nämlich der unvollkommene Körper zugleich Adressat und Gegenstand der produktiven Selbstbearbeitung ist, bleibt der dadurch hergestellte Zusammenhang zwischen dem Veränderungsbegehren einerseits sowie den Überwindungsbemühungen andererseits notwendigerweise widersprüchlich. Schließlich ist unvermeidlich, dass sich der unvollkommene Körper zu

---

»der Misserfolgsgeschichte von de Coubertins ursprünglichen Absichten«. Wettkampfsport und olympischer Geist werden längst »als säkularer Kult ohne ernstgemeinten Überbau« inszeniert und gerieren sich dabei erfolgreich als Teil einer »profane[n] Eventmaschine«. Vgl. Sloterdijk (2009: 148-149).

4   Der gleichnamige Titel des Sloterdijkschen Buches ist Rainer Maria Rilkes Sonett Archaischer Torso Apollos aus dem Jahr 1908 entlehnt. Vgl. Sloterdijk (2009: 37).

seiner Vervollkommung eben jener Mittel bedient, die ihn – im Sinne von Sloterdijk - am Vorankommen behindern. Selbst Hegel hätte kaum mehr Dialektik in dieses somatogene Selbst- und Fremdverhältnis hineinpumpen können, das Sloterdijk eher verharmlosend »als gewisse Spannung zwischen Höhe und Tiefe« (ebd.: 258) unter den Begriff »Vertikalspannung« (z.B. ebd.: 94; 365; 433) fasst.[5]

Blickt man, wie in einem zweiten Schritt beabsichtigt, etwas genauer auf den modernen Hochleistungsport als global wirksames Exempel für ein gleichermaßen körperzentriertes wie selbststeigerndes Verhalten, dann erscheint die geforderte Humanisierung des Humanen durch einschlägige Anthropotechniken schon nicht mehr einseitig positiv als bloße »Selbsterzeugung des Menschen […] im übenden Leben«

---

5 Verharmlosend deshalb, weil die Stufen der Höherbildung, die nach Sloterdijk nicht nur in unserer Kultur stark verankert sind, ebenso als »Abstoßungsstufen« (Heinrich 1986: 202) – mit je eigenen Repressionsformen und Gewaltverhältnissen – aufgefasst werden können. Einen Eindruck davon vermitteln etwa Sloterdijks Erläuterungen zu Kafkas »Lebensunfähigkeit« (ebd.: 111) und Ciorans »Selbst- und Weltekel« (vgl. ebd.: 120). Für den Autor sind diese Beispiele freilich eher ein Indiz dafür, dass »bei der Hervorbringung von ›Hochkultur‹ […] ein unverzichtbarer asketischer Faktor am Werk ist« (ebd.: 132). Schließlich bleibt unhintergehbar, dass jeder Weltflucht und Selbstverachtung auch ein Moment der Bejahung innewohnt: »Wer sich selbst verachtet, achtet sich immer dabei als Verächter« (Nietzsche, zit. ebd.: 118). Von den hierbei zu erbringenden »Opfern« (ebd.: 467 ff) und »Dramen« (ebd.: 344) ist zwar immerfort die Rede, allerdings nur im Sinne ihres Anreizpotenzials für die Erhöhung der Anstrengungen. Nur an wenigen Stellen wird deutlich, dass die »generative Energie der perfektionsgetriebenen Lebensprojekte« (ebd.: 393) ihren Grund nicht zuletzt in der »Unterdrückung der Todesfurcht« (vgl. ebd.: 392; 401) hat. Der sich an Stellen wie dieser geradezu aufdrängende Zusammenhang von »Repression und Abstoßung« wird bei Sloterdijk jedoch nicht vertieft, sondern stattdessen einseitig auf das kulturelle Projekt der Höherentwicklung ausgerichtet und verpflichtet.

(ebd.: 14). Stattdessen führt hier die Hypostasierung des Menschen zum Kreator seiner selbst eher dazu, dass sich der Athlet aufgrund seiner körperlichen Unvollkommenheit zunehmend desanthropomorphisiert, indem er seine eigene Natur zu überwinden trachtet. Nicht handelt es sich bei diesem Unternehmen, wie Sloterdijk mit den Worten Nietzsches zum Ausdruck bringt, um eine Vernatürlichung der Asketik, die an die »Stelle der Absicht auf Verneinung die Absicht auf Verstärkung« (ebd.: 194) setzt, sondern umgekehrt wird hier die These vertreten, es handele sich vielmehr um eine Verkünstlichung des Menschen, die anstelle seiner Vernatürlichung danach strebt, ihn zum Ding zu machen, um seine Unvollkommenheit überwinden zu können.

2. NORMALITÄTSSTREBEN

Für einen anthropologischen Nachweis menschlicher Steigerungs- und Vervollkommnungsbemühungen bietet sich die Beschäftigung mit positiven – das heißt Erfolg versprechenden – Übungsformen an. Da es kein Normalmaß für Perfektion oder Virtuosität gibt, das hierbei zugrunde gelegt werden könnte, verweist Sloterdijk auf das Beispiel der Lebenskunstübungen des armlosen Varietekünstlers Carl Hermann Unthan. In dem 1925 erschienenen und mit Fuß und Griffel auf einer Schreibmaschine getippten *Pediskript* (Unthan 1925) gewährt der Autobiograph anekdotenhafte Einblicke in das Schicksal eines – nach eigener Einschätzung – lebensfreudigen Krüppels, der sich selber »›dem Vollmenschen gegenüber‹« (Unthan, zit. nach Sloterdijk 2009: 75) als nicht benachteiligt empfindet, da er seine Behinderung zum eigenen Vorteil einzusetzen versteht. Die Geschichte, wie es dazu kam, ist rasch erzählt. Unthan lernt bereits in jungen Jahren mit den Füßen auf einer am Boden befestigten Geige zu spielen, und »[m]it einer Mischung aus Naivität und Zähigkeit« (ebd.: 70) gelingt es ihm schließlich, mit seiner Kunst bereits im jugendlichen Alter die Gunst des Publikums zu erringen. Er reist in die Hauptstädte Europas und Amerikas und erinnert sich in seiner Lebensrückschau auch noch nach fünfzig

Jahren lebhaft an den Zuspruch und die »väterlich mitleidige Geste« von Franz List, der als einstiges Wunderkind selber wusste, »welcher Art von Leben Virtuosen jeder Art bevorsteht« (ebd.: 71). Doch Unthan braucht kein Mitgefühl. Er reist von Kontinent zu Kontinent und sieht sich aufgrund seiner Erfolge schon bald nicht mehr als Opfer, sondern als Triumphator über seine eingeschränkte natürliche Verfassung.

Beschrieben werden allerlei alltägliche und außeralltägliche Reiseabenteuer, die dem körperlich Uneingeschränkten vermutlich verschlossen geblieben wären, und die überwiegend mit Bravour gemeistert werden. Stilistisch klischeehaft und einfach geschrieben, verspricht diese sich selbst feiernde Erfolgsgeschichte keinen literarischen Gewinn. Sie ist jedoch insofern bemerkenswert, als der Icherzähler in ihr klar zum Ausdruck bringt, wie es ihm trotz vergleichsweise schlechter Ausgangsbedingungen gelingt, seine »Chance zur Teilhabe an der Normalität« (ebd.: 75) wahrzunehmen. Sloterdijk spricht in diesem Zusammenhang sogar wortreich von der Position Unthans »als die eines vitalistisch gefärbten ›Krüppelexistentialismus‹«, bei dem »der Behinderte die Chance [besitzt], seine Geworfenheit in die Behinderung als Ausgangspunkt einer umfassenden Selbstwahl zu erfassen« (ebd.: 74). Belegt wird diese Auffassung durch entsprechende Aussagen Unthans, die verdeutlichen, dass der behinderte Varietekünstler sein Leben nicht nur lebt, sondern führt, indem er sich, wie er sagt, »in die eiserne Faust« nimmt, um seinen Willen und »Trieb zur Selbständigkeit« (Unthan, zit. ebd.: 74) ausbilden zu können. Anerkannt wird Unthan nicht wegen seiner Virtuosität an der Geige, die er mit anderen teilt, sondern weil es ihm gelungen ist, »aus der Not der Anomalie eine artistische Tugend zu machen« (ebd.: 78).

»Darum durfte der *armless fiddler,* wie Unthans amerikanischer Bühnentitel hieß, um keinen Preis als bloßer Krüppel an die Rampe treten, wie es im europäischen Zirkus und mehr noch in den Freakshows jenseits des Atlantiks Usus war. Er mußte sich als Sieger über seine Behinderung präsentieren und das Gaffertum mit dessen eigenen Waffen schlagen« (ebd.).

Unthan nutzt seine Normalisierungschance, indem er seine Künstler-
existenz nicht etwa als Ausbruch aus bürgerlichen Konventionen begreift, sondern indem er Stolz und Anerkennung durch harte Arbeit
und beharrliches Streben erringt. Diese auch das gewöhnliche Leben
prägenden Notwendigkeiten verlangen ihm aufgrund seiner Behinderung freilich ungleich mehr beziehungsweise Ungewöhnliches ab.
Trotz der geschilderten Episoden und Abenteuer, deren vollständige
Aufzählung nach Selbsteinschätzung des Autors »Bücher füllen« (ebd.:
73) würde, neigt der Protagonist nicht zu ästhetischen Ausbrüchen oder
Exzessen. Er ist alles andere als ein Nonkonformist oder Bohémien,
der die Sorge um den täglichen Broterwerb der außeralltäglichen Lei-
denschaft einer freien, künstlerischen Existenz opfern würde. Ihm geht
es vielmehr darum, seiner Behinderung zum Trotz, ein vergleichsweise
»normales Leben« zu führen und ohne weitere Hilfen seinen Lebens-
unterhalt zu bestreiten. »Wenn er Künstler werden will, dann um Bürger sein zu können« (ebd.: 75). Ausgestattet mit einem gewissen Talent
und als vermeintlich »natürlicher Vertreter« einer Subkultur wäre es
ihm durchaus möglich gewesen, sich von etablierten Gepflogenheiten
und Konventionen abzugrenzen, doch anstelle gegenkultureller Motive
richtet Unthan alle Anstrengungen darauf, seine körperliche Benachtei-
ligung zu kompensieren und der »Ethik des Trotzdem« (ebd.: 77) zu
folgen. »Für ihn soll die Normalität zum Lohn der Unnormalität werden. Er muß also, um mit sich selbst im reinen zu bleiben, eine Lebensform entwickeln, bei der sich die pathologische Auffälligkeit in die
Voraussetzung eines Anpassungserfolgs umwandelt« (ebd.: 78).

Für Sloterdijk enthält dieser Anpassungserfolg eine generelle Botschaft. So, wie es Unthan letztlich gelungen ist, »als Krüppel-Virtuose
zu einem Subjekt zu werden« (ebd.), erlangt die produktive Arbeit am
behinderten Selbst schließlich Modellcharakter für übende Existenz-
weisen überhaupt: »Indem sie es schaffen, die Paradoxien ihrer Da-
seinsweise zu entfalten, können Behinderte zu überzeugenden Dozenten der *conditio humana* werden« (ebd.). Und wenn es stimmt, wie
eingangs angedeutet, dass die menschliche Natur insgesamt defizitär
ausfällt beziehungsweise verbesserungswürdig ist, dann erscheinen

Behinderungen nicht nur wie authentische Nachweise anthropologischer Unvollkommenheit, sondern erinnern damit zugleich »an die besseren Möglichkeiten des Menschseins« (ebd.: 80) überhaupt.[6]

Unter Berufung auf Hans Würtz, den vergessenen »nietzscheanisch inspirierten Initiator der staatlichen Behinderungspolitik« (ebd.: 81), der mit seinem 1932 erschienen Buch »Zerbrecht die Krücken« laut Sloterdijk »das bedeutendste Zeugnis des Trotzexistentialismus« (ebd.) vorgelegt hat, unternimmt der Autor schließlich die Probe aufs Exempel. Mit Blick auf die von Würtz in seinem Werk charakterisierten Krüppelexistenzen stellt Sloterdijk die Frage, »wie Behinderung, die richtige ›Beschulung‹ vorausgesetzt, in ein Surplus an Willen zum Lebenserfolg münden kann« (ebd.: 85). Ihre Beantwortung verdeutlicht zugleich die Ambivalenz des durch Behinderungen verschiedenster Art angereizten Konzeptes der »überwundenen Hemmung« (ebd.: 90) qua Kompensation und Überkompensation. So finden sich in der enzyklopädischen Übersicht über einschlägige Behinderungsformen bei Würtz etwa unter der Rubrik »Klumpfußkrüppel« gleichermaßen so illustre Namen wie der des Dichters Lord Byron und des NS-Agitators Josef Goebbels. Genauere Einteilungen nach »Wuchskrüppeltum«, »Mißwuchskrüppeltum«, »Andeutungskrüppeltum« und »Häßlichkeitskrüppeltum« versammeln so unterschiedliche Personen wie Jesus Christus (»Entstellungskrüppel«), Wilhelm II (»Deformationskrüppel« und »Krüppelpsychopath«), Ignatius von Loyola und Götz von Berlichingen (»Lähmungskrüppel«), Paulus und Caesar (»Krampfanfallskrüppel«) sowie weitere bekannte und auch weniger bekannte »Schicksals-

---

6 In diesem Zusammenhang ist daran zu erinnern, dass zumindest einige Behinderungsformen, wie etwa Blindheit oder geistige Verwirrung, lange Zeit als außergewöhnliche Existenzformen mit einer gewissen Nähe zu übernatürlichen Mächten geschätzt wurden. So war der antike Seher nach vorherrschender Auffassung kein Wundermann, dem durch eine Art Zauber die Erkundung der Zukunft gelang, sondern ein Wissender, der nur aufgrund seiner körperlichen Anomalie dem Allwissenden als Sprachrohr dienen konnte.

stiefkinder aller Zeiten« – so der Untertitel des Buches von Würtz.[7] Carl Hermann Unthan übrigens wird von Würtz zusammen mit zahlreichen Stiefverwandten unter die Kategorie »Schaukrüppel und Krüppel-Virtuosen« (Würtz, zit. nach Sloterdijk 2009: 86) eingestuft.

Mag diese Liste auch ein Beleg dafür sein, dass »Trauer und Trotz« als die entscheidenden »krüppelpsychologischen Universalien« (ebd.: 87) anzusehen sind, insofern die aufgeführten Personen – im Sinne von Würtz – ihre jeweiligen »Hemmungsüberwindungen« in eine spezifische »Vorwärtsdynamik« umlenken konnten, so fragwürdig bleiben freilich im Einzelfall die durch überwundene Anstrengungen und gesteigerte Lebensleistungen erzielten Ergebnisse. Sloterdijk verweist in diesem Zusammenhang auf weitere Beispiele aus dem Kreis der NSDAP, denen es nach seiner Auffassung nicht gelungen ist anzugeben, »worin jeweils ihr Kampf, ihr Traum und ihr großes Trotzdem bestand« (ebd.: 84-85). Hitler, als »emotional Behinderter«, Goebbels als »Fußkrüppel, der aufs große Parkett strebte« sowie Göring »als Suchtbehinderter« outeten sich nicht etwa als »verkrüppelte Krüppelführer«, sondern externalisierten ihr »eigenstes Motiv«, als sie den Auftrag der systematischen Vernichtung des von ihnen so bezeichneten »lebensunwerten Lebens« (vgl. ebd.: 84) gaben. Sloterdijk sieht in der völkischen Bewegung, die in auffälliger Weise durch Spannungsdynamiken und Hemmungsentladungen gekennzeichnet ist, folglich »eine militante Stellungnahme zur Krüppel- und Krückenfrage« (ebd.), das heißt er macht sich keine Illusionen über das Gewalt- und Vernichtungspotenzial ihrer zur Überkompensation neigenden Willensenergie. Die NS-Revolution als, so Sloterdijk, »externer Anwendungsfall des Kompensationsgesetzes« (ebd.: 88) zeigt allerdings nicht nur die missratene Kehrseite einer den eigenen Inferioritäten ausweichenden Hemmungsüberwindung. Schließlich steht seit der psychoanalytischen Ausdeutung des Zusammenwirkens von Überwindungs- und Verdrängungsmotiven das so genannte »Kompensationsgesetz« selbst

---

7   Siehe zum genauen Titel weiter unten die vollständige Angabe im Literaturverzeichnis.

im Zwielicht, und zwar unabhängig davon, ob die jeweiligen Antriebsmomente internalistisch oder externalistisch aufeinander bezogen werden. Sloterdijk ist sich dieser Schwierigkeit wohl bewusst, wenn er anmerkt, dass »[d]er Weg zu einer größeren Kompensationstheorie […] mit Verfänglichkeiten gepflastert« (ebd.) ist. Seine überbietende Hoffnung auf ein letztlich gutes Gelingen vertikal angelegter Selbst- und Weltverbesserungen wird hierdurch gleichwohl nicht beeinträchtigt.

Um ein, wie es zuvor hieß, »Surplus an Willen zum Lebenserfolg« zu entwickeln, bedarf es jedoch nicht nur einer, im abstrakten Sinne, »richtigen ›Beschulung‹« (ebd.: 85). Sloterdijk verweist daher ebenso auf die praktische Notwendigkeit, jemanden zur Seite zu haben, »der will, dass du willst« (ebd.: 91). In dieser Formulierung erkennt der Philosoph die »Definition der Trainerfunktion überhaupt« (ebd.). Während vormals spirituelle Typen von Lehrmeistern – vom indischen Guru bis zum christlichen Apostel – die Aufgabe übernahmen, die Übenden anzuleiten und zu befeuern, sind es unter den Bedingungen des modernen Lebens vor allem pragmatische Einzelkönner aus profanen Berufen, wie etwa Handwerksmeister, Pädagogen, Schriftsteller und eben Sporttrainer, die »als Garanten der Übertreibungskunst« (ebd.: 424) fungieren:

»Wie jeder Trainer praktiziert auch der des Athleten im Verhältnis zu seinem Schützling ein Unterstützungsverfahren, das man am besten als ›Technik der Motivationsverschränkung‹ beschreiben könnte. Wenn schon jeder Athlet von sich aus eine gute Portion Erfolgswillen mitbringt, obliegt es dem Trainer doch, in diesen Willen einen zweiten Willen einzupflanzen, seinen eigenen, der den ersten steigert und über seine Krisen hinwegträgt. Indem so ein gewollter Wille den wollenden Willen überformt, kann der Athlet zu Höhen der Leistung getragen werden, die sich ohne die Verschränkung der beiden Willen nie hätte erreichen lassen« (ebd.: 456).

In der Sprache der Pädagogik spricht man in diesem Zusammenhang vom Paradox der heteronom vermittelten Autonomie, das nur dadurch aufzulösen ist, dass sich der Vermittler, Lehrer oder Trainer in der Vermittlung nach und nach selber überflüssig macht. Doch wie die Geschichte vor allem der schwarzen Pädagogik nachdrücklich belegt, löst sich das Drama der vermittelten Selbständigkeit in der Erziehung nicht automatisch in Form geglückter »Motivationsverschränkungen« auf. So lässt beispielsweise Rousseau bei seinen Vermittlungsvorschlägen nur die beiden Alternativen »Überlistung« oder »Zwang« gelten, die darüber hinaus – ähnlich wie bei anderen Autoren auch – eng miteinander verschränkt werden.[8] Und auch die Sprache der Trainerpädagogik ist angefüllt mit rhetorischen Überwindungsfloskeln, martialischen Durchhalteparolen und kategorischen Steigerungsimperativen – wie etwa »den inneren Schweinehund besiegen«, »die Zähne zusammen beißen« oder dem inhaltsleeren »weiter, weiter, immer weiter«[9]. Dies gilt heute nach wie vor, wenngleich der moderne Trainerjargon insgesamt weniger durch repressive Formulierungen auffällt, sondern stär-

---

8   Die heimliche Hand des Erziehers zeigt sich bei Rousseau an verschiedenen Stellen:»Mag er [der Zögling] doch glauben, er sei der Herr, während in Wirklichkeit ihr es seid. Es gibt keine vollkommenere Unterwerfung als die, die den Schein der Freiheit wahrt: so nimmt man den Willen selbst gefangen. […] Zweifellos darf es [das Kind] tun, was es will. Aber es darf nur das wollen, was ihr wünscht, daß es tue. Es darf keinen Schritt tun, den ihr nicht vorausbedacht hättet; es darf nicht den Mund öffnen, ohne daß ihr wüsstet, was es sagen wird« Rousseau (1993: 105). Vgl. ausführlicher dazu Bockrath (2006).

9   So der Fußballtorhüter Oliver Kahn in einem Interview auf die Frage, was in antreibe? Der Sportler ergänzt in diesem Zusammenhang:»Ich möchte einmal das Gefühl haben, der Perfektion nahe zu sein in meinem Sport. Das habe ich vielleicht mal im Training, eine Minute, 30 Sekunden lang, wo du denkst: Ich bin unschlagbar. Dann ist das Gefühl schon wieder weg.« In: Focus Online (28.05.2001).

ker darum bemüht ist, möglichst differenziert und akteursbezogen an die Selbststeigerungsbemühungen der Athleten anzuknüpfen.[10]

Historisch aufschlussreich ist in diesem Zusammenhang übrigens, dass die auf den Körper konzentrierte Willenspädagogik mit den Anfängen der bürgerlichen Bewegungskultur zusammenfällt. In ihrem Bemühen um körperliche Schulung und Gymnastik, hier noch verstanden als »Arbeit im Gewande jugendlicher Freude« (GutsMuths 1999: 3), bedienten sich die Philanthropen eines ganzen Arsenals von am Reißbrett entworfenen künstlichen Übungen, um bei den Zöglingen einen spezifisch bürgerlichen Stil auszuprägen. Im Sinne des optimistischen Fortschrittsdenkens um 1800 orientierte sich die reformpädagogische Leibeserziehung zunächst an der Körperhaltung des Offiziers, der nach zeitgemäßer Auffassung »edel in seiner Stellung, fest im Tritt und kraftvoll in jeder Bewegung« (vgl. dazu Vieth 1930: 25) dem Ideal des aufgeklärten und freimütigen Bürgers in besonderer Weise zu entsprechen schien. Die hieran angelegte Körperschulung sah sich freilich weniger einer militärischen Gesinnung verpflichtet, sondern wurde eher durch die Abgrenzungsbemühungen des neu entstehenden Bürgertums gegenüber dem Adel sowie den unteren Schichten bestimmt, die gleichermaßen als unproduktiv, disziplinlos und schlaff verurteilt wurden. Eine körperliche gerade Haltung sowie ein dynamischer, fester Gang gaben der einzuübenden Tugend der Selbstdisziplin eine bereits äußerlich sichtbare Form, die »der lasziven Entspanntheit ebenso entgegengesetzt [war] wie der Trägheit in Gebärden und Haltungen, wie

---

10 Dieser Jargon beherrscht gleichermaßen die pädagogische Nomenklatur des Geformtwerdens und des Sich-selbst-Formens, die in Anschluss an Foucault unter den Begriff des »Regierens« zu fassen ist. Angesprochen werden damit nicht nur die unterschiedlichen Praktiken der Selbst- und Fremdführung, sondern ebenso das »Selbstbewusstsein des Regierens«, das heißt »die reflektierte Weise, wie man am besten regiert, und zugleich auch das Nachdenken über die bestmögliche Regierungsweise« (Foucault 2004: 14). Es liegt nahe, dass unter diesen Bedingungen Trainer und Athlet darum bemüht sind, möglichst kooperativ zusammenzuarbeiten.

man sie damals gern den Unterschichten attestiert[e]« (Warneken
1985: 185).[11] Demnach ist es kein Zufall, dass die Begrifflichkeit der
Haltungs- und Geherziehung auch in die Sprache des »Fortschrittsdenkens« jener Zeit einging. So signalisierte der bürgerlich-aufrechte
Gang auf den eigens dafür hergerichteten städtischen Promenaden in
ostentativer Abgrenzung zum feudalen Müßiggang nicht nur Freiheit,
Stolz und Souveränität, sondern fand zugleich Ausdruck in symbolträchtigen Formulierungen und Bezeichnungen wie etwa: »Gehen ist
Freiheit« (Kant) oder »Programm des Fortschritts« (Heine). Umschrie-
ben und eingefordert wurde damit sowohl der Anspruch intellektueller
Beweglichkeit als auch das Abwerfen überkommener Denk– und
Handlungsbeschränkungen. Der Verzicht auf den Wagen galt fortan
nicht mehr als Armutszeugnis, sondern als Ausdruck und Zurschaustel-
lung von Autonomie: »Zu Fuße! Da ist man sein eigener Herr!« (Salzmann 1786: 93).

Der dem englischen Sport entlehnte Fachausdruck »Training«[12]
wurde allerdings erst einhundert Jahre später, beim Übergang vom 19.
zum 20. Jahrhundert, eingeführt und mit der bereits disziplinspezifisch
organisierten »Stählung körperlicher Kraft und Erlangung moralischer
Selbstständigkeit« (Westrell 1907: 2) in Verbindung gebracht. Der
Begriff der »Leistung« war zu dieser Zeit bereits außerhalb des Sports
gesellschaftlich etabliert und hatte seine feudalgesellschaftliche Bedeutung längst abgelegt, die noch darauf abzielte, seine Schuldigkeit zu
tun, regelmäßige Abgaben zu leisten und dabei möglichst treu und
pflichtschuldig sich zu verhalten. Während dieses ältere Verständnis
noch »auf ein Objekt, eine Verpflichtung bezogen gewesen« war, war

---

11 Vgl. ausführlicher dazu Bockrath (2005: 11).

12 »Dieser um die Jahrhundertwende eingeführte Begriff, der zunächst im
    Maskulinum verwandt wurde (›der Training‹), bezeichnete ›die Entwick-
    lung der äußersten Leistungsfähigkeit, im Hinblick auf eine bestimmte
    Leistung, durch systematisch fortschreitende und gesteigerte Arbeit, bei
    entsprechender Ernährung und Pflege des Körpers‹.« (Eisenberg 1999:
    177).

dieses Objekt» [b]eim neuen Leistungsbegriff ... zunächst unbestimmt geworden (›viel‹, ›wenig‹, ›etwas leisten‹) und dann, wo es angebracht erschien, ganz fortgefallen« (Eisenberg 1999: 102)[13]. An die Stelle stabiler Vorgaben – wie seinen »Frohndienst« oder »den Zehnten« leisten –, wurden zunehmend dynamische Vorstellungen entwickelt, die mit dem im Sport sich durchsetzenden Rekordstreben konvergierten. Orientierte sich die traditionelle Begriffsverwendung des englischen »record« in weitgehender Übereinstimmung mit dem Sportverständnis der englischen Oberschicht noch daran, eine Leistung zur Kenntnis zu nehmen und gegebenenfalls zu vermerken, so wurde im Deutschen in den Jahren vor dem Ausbruch des Ersten Weltkrieges der Modebegriff »Rekord« schon mit dem Begriff »Höchstleistung« gleichgesetzt. Hiervon zeugt beispielsweise die zu dieser Zeit von dem ehemaligen Offizier und Sportjournalisten Hans Donalies herausgegebene Zeitschrift »Der Rekord«, in der neben Artikeln über Automobil- und Flugsportereignisse auch über die »›neusten Riesenleistungen der New Yorker Bautechnik‹, die ›größte Talsperre Europas‹, über ›Rekordzahlen im deutschen Getreideexport‹ und die ›größte Gewinsteigerung von allen Kohlezechen‹« (Eisenberg 1999: 233) berichtet wurde. Beispiele wie diese belegen gleichermaßen die gesellschaftliche Bedeutung des »Sports als Modernisierungsagent« (ebd.) wie auch das bereits erreichte Ausmaß der gesellschaftlichen Versportlichung. Der soziale Überbietungsbedürfnisse reflektierende Jargon des Heroismus vermittelt einen lebhaften Eindruck davon, wie weit verbreitet und fortgeschritten das allgemeine Streben nach Höchstleistung und Erfolg zu Beginn des – in vielerlei Hinsicht – »extremen 20. Jahrhunderts«[14] bereits war.

Der rhetorischen Frage Sloterdijks: »Falls Überkompensation von Behinderung das Geheimnis des Erfolgs ist, wäre hieraus zu folgern, die meisten Menschen seien nicht behindert genug?« (Sloterdijk 2009:

---

13 Siehe dazu auch die Ausführungen zum Stichwort »leisten« bei Grimm/ Grimm (2004).
14 Vgl. zu dieser Einschätzung Hobsbawm (1998).

88), wäre angesichts der bekannten historischen Entwicklungen mit begründeter Skepsis zu begegnen. Die aus nationalpolitischen sowie krüppelpsychologischen Unterlegenheitsaffekten gespeisten Hemmungsüberwindungen in den Katastrophen des Jahrhunderts zweier Weltkriege und Massenvernichtungen sprechen eine deutliche Sprache. Doch Sloterdijk geht es um mehr. Nicht die Krankheitssymptome verspäteter Nationen und politischer Hazardeure gilt es anzuklagen oder gar zu kurieren, sondern es geht dem Autor in grundsätzlicher Absicht um die unausweichlichen Perfektionierungserfordernisse des Menschen überhaupt:

»Kurzum, man mußte über die Behinderten, die anders Verfassten, reden, um auf einen Ausdruck zu stoßen, der die allgemeine Verfassung von Wesen unter Vertikalspannung ausspricht. ›Du mußt dein Leben ändern!‹, das heißt [...]: Du sollst auf die innere Senkrechte achten und prüfen, wie der Zug vom oberen Pol her auf dich wirkt! Es ist nicht der aufrechte Gang, der den Menschen zum Menschen macht, es ist das aufkeimende Bewußtsein des inneren Gefälles, das im Menschen die Aufrichtung bewirkt« (ebd.: 99).

Das Normalisierungsstreben von Behinderten wie Carl Hermann Unthan ist vor diesem Hintergrund nur ein am Normalitätsmaß orientiertes Zeugnis aus dem weit verzweigten Arsenal der Sloterdijkschen Trotzanthropologie. Wie weit »der Zug vom oberen Pol her« sich auswirkt und welche Konsequenzen die »Vertikalspannungen« nach sich ziehen, wenn sie das Streben nach Normalität übersteigen, soll nunmehr am Beispiel der beabsichtigten Perfektionierung des Humanen im klassisch-modernen Hochleistungssport[15] untersucht werden.

---

15 Hiervon zu unterscheiden sind die so genannten post-klassischen Sportarten, Spiele und Bewegungspraktiken (vgl. dazu Gebauer et al. 2004; Bette 2005), für die andere Arten des Übens und der Perfektionierung anzunehmen sind: »Was wir in den neuen Sportpraktiken erkennen, ist die Parodie eines Machtkampfs mit der Gesellschaft. Aber die Parodie hat einen ernsthaften Grund: Die Anklage richtet sich gegen die Einsperrung der Indivi-

3. Perfektionsstreben

Das Streben nach Perfektion unterscheidet sich vom Normalitätsstreben darin, dass Maß und Ziel der Bemühungen nicht am Vorgegeben sich orientieren und etwa im Erreichen allgemeiner Zustimmung eine bestimmbare Grenze finden. Vielmehr werden erhöhte Anstrengungen und gesteigerte Lebensleistungen gerade dadurch auf Dauer gestellt, dass Maß und Ziel selber dynamisch werden und ein, im Wortsinn, maß- und zielloses »Weiter, weiter, immer weiter!« (s.o.) evozieren. Kennzeichnend für diese Art der Hemmungsüberwindung ist das Prinzip der Überkompensation, das sich mit dem bereits Erreichten nicht zufrieden geben kann.[16] Dass hieraus unliebsame Probleme, Fehlentwicklungen und Übertreibungen erwachsen können, wird von Sloterdijk übrigens klar erkannt und auch benannt. So gehört zu den schädlichen Nebenwirkungen des modernen Sports, der im Sinne des Autors das ethische Prinzip der Menschwerdung durch Wahl des schwereren Weges auf die Bühne bringt, die Gefahr der Selbstzerstörung, hervorgerufen durch eine Melange aus Überbietungssucht und Sensationsgier. Dieser Eindruck drängt sich geradezu auf, wenn etwa »debile Fans ko-debile Stars mit Anerkennung von ganz unten überschütten, die ersten betrunken, die zweiten gedopt« (Sloterdijk 2009: 660). Doch auch wenn der moderne Sport am Scheideweg zwischen der vermeintlich guten– zum Vorbild der Massen tauglichen – Anstrengungsbereitschaft einerseits sowie der schlechten – zum Zerrbild seiner selbst mutierenden – Großmannssucht andererseits stehen mag, bleibt sein all-

---

duen in eine festgezurrte soziale Identität, die die andere Seite ihrer Subjektivität ausschließt. Gegen die Disziplinar- und Pastoralmacht, gegen Normen, Anforderungen, Erwartungen und Fürsorge, unter die sich das Individuum gestellt sieht – und die übrigens im klassischen Sport akzeptiert, manchmal sogar gefordert werden –, bricht das Subjekt auf, nicht zu neuen Ufern, sondern zu einem neuen Bild, zu einer neuen Wahrheit über sich selbst« Gebauer (2004: 179).

16 Aufschlussreich dazu übrigens nach wie vor Schumacher (1937).

gemeines Anregungspotenzial für ein Leben im Dauertraining hiervon unbeeindruckt:»Der beste Ausweg aus der Erschöpfung besteht darin, das Pensum zu verdoppeln. Auch wer sich nicht vorstellen kann, diese Maxime wörtlich zu befolgen, sollte sich von ihr anregen lassen. Daß es immer Spielraum nach oben gibt, ist eine These, die alle angeht« (ebd.). Allein die bloße Aussicht auf Vervollkommnung und Höher-entwicklung scheint das Bemühen zu rechtfertigen. Das »Weiter, weiter, immer weiter« erhält dadurch eine zu verfolgende Richtung, bei der zwar nicht klar ist, wohin sie führt, was für Sloterdijk jedoch angesichts der entfesselten Sogwirkung »vom oberen Pol her« unerheblich ist. Hauptsache, das »Basislager« körperlicher Trägheitszustände und Gewohnheiten, »in dem alle Aufstiege intern stattfinden« (ebd.: 292), wird verlassen und »das Außerordentliche« (ebd.: 291) wird gewagt. Was aber wäre, wenn der Sog einem Vakuum entspränge und der Aufstieg im Nichts endete? Schließlich ist vorstellbar, um im Bild zu bleiben, dass das traurige Empfinden einer tiefen Leere auf dem Gipfel nach einem Extremanstieg, von dem auffällig viele Bergsteiger berichten[17], mehr als nur eine subjektiv relevante Erfahrung bezeichnet.

Sloterdijk bleibt von derartigen Zweifeln unbeeindruckt, wenn er *homo sapiens* als »aufsteigendes Tendenztier« (vgl. ebd.: 29) bezeichnet, »das zur surrealistischen Anstrengung verurteilt ist« (ebd.). Nur an einer einzigen Stelle gibt der Autor Auskunft über seine eigenen Beweggründe – oder sollte man besser sagen, über den Grund seiner Verurteilung? –, wenn er darauf hinweist, dass »[b]eim Umgang mit Übungen, Askesen und Exerzitien, seien sie als solche deklariert oder nicht, [...] der Theoretiker unweigerlich auf seine eigene Verfasstheit, jenseits von Bejahung und Verneinung« (ebd.: 30-31) stößt. Da jedoch »alle ›Kulturen‹, »›Subkulturen‹ oder ›Szenen‹ « (ebd.: 28) im übungsanthropologischen Sinn durch Vertikalspannungen und Leitdifferenzen gekennzeichnet sind, weiß sich der Philosoph in bester Gesellschaft und wird »nichts unternehmen, um seine Befangenheit abzuwehren –

---

17 Vgl. dazu ausführlicher Bockrath (1999). Zur Metapher des philosophischen Aufstiegs vgl. Bockrath (2000).

von der üblichen Bereitschaft zur Abklärung des Befangenmachenden abgesehen« (ebd.: 31). Der Vorteil dieses Verfahrens scheint nach Auskunft des Autors einerseits in der »Affektion durch die Sache selbst« (ebd.) zu liegen, die ein Vorwärtsdenken ohne Hemmungen und Skrupel nahe legt. Darüber hinaus weiß sich dieser Zugang andererseits bereits auf der vermeintlich »guten Seite« menschlicher Verhaltensmöglichkeiten, das heißt zum Beispiel auf der Seite des Vollkommenen im Unterschied zum Unvollkommenen in »asketischen ›Kulturen‹«, auf der Seite des Wissens gegenüber dem Unwissen in »kognitiven ›Kulturen‹« oder auf der Seite des Mächtigen gegenüber dem Ohnmächtigen in »politischen ›Kulturen‹«.[18] Angesichts der hier dualistisch eingeführten Wahloptionen wäre es in der Tat erklärungsbedürftig, würde man die jeweils positiv gefassten »Attraktoren« zurückweisen, die in ihrer Wirkungsweise als »Richtgrößen von Vertikalspannungen« (ebd.: 29) bestimmt werden. Aus eben diesem Grund spricht Sloterdijk übrigens von »dem Umstand, daß jeder Diskurs über ›den Menschen‹ früher oder später über die Grenzen der bloßen Beschreibung hinausgeht und normative Ziele verfolgt – ob diese nun offengelegt werden oder nicht« (ebd.: 26). Doch steckt der Teufel hier, ebenso wie anderorts, bekanntlich im Detail. Will man genauer wissen, wie sich das Streben nach »Exzellenz versus Mittelmaß« in so genannten »athletischen ›Kulturen‹« (ebd.: 28) auswirkt, muss man entsprechend genau hinsehen. Erst dann erkennt man, dass gerade vom »oberen Pol her« Gefahren ausgehen, die die »Humanisierung des Humanen« zur Farce und »das Phänomen der Vertikalspannungen« (ebd.: 31) zur Fratze werden lassen.[19]

---

18 Zu diesen sowie weiteren kulturellen Leitdifferenzen vgl. Sloterdijk (2009: 28).

19 Erinnert sei in diesem Zusammenhang an die Kritik von Foucault an Sartres Humanismus-Existentialismus: »Allen, die noch vom Menschen, von seiner Herrschaft oder von seiner Befreiung sprechen wollen, all jenen, die noch fragen nach dem Menschen in seiner Essenz, jenen, die von ihm ausgehen wollen, um zur Wahrheit zu gelangen, jenen umgekehrt, die alle Er-

Zur Klärung dieser Behauptung bedarf es einer historischen Vorbe-
merkung. In der athletischen Kultur der Antike findet sich bereits ein
Motiv, das in säkularer Form bis heute nachwirkt. Der Sieger bei
Olympischen Spielen erreichte seinen Heldenstatus nicht aufgrund eigener Anstrengungen und Entbehrungen. Vielmehr galt der erfolgrei-
che Athlet, der sich im Wettkampf seinem Schicksal stellte, als ein von
den Göttern Auserwählter, der den mythischen Figuren durch die ihm
gewährte Gunst bereits tendenziell näher kam.[20] Die Exzellenz des Einzelnen war somit noch gebunden an die Bevorzugung durch höhere
Mächte, die dadurch allerdings selber zunehmend in den Horizont
menschlicher Einflussmöglichkeiten gerieten. Doch es dauerte noch bis
zur Etablierung des modernen Sports als rein innerweltliche Auffüh-

kenntnis auf die Wahrheiten des Menschen selbst zurückführen, allen, die
nicht formalisieren wollen, ohne zu anthropologisieren, die nicht mytholo-
gisieren wollen, ohne zu demystifizieren, die nicht denken wollen, ohne
zugleich zu denken, daß es der Mensch ist, der denkt, all diesen Formen
linker und linkischer Reflexion kann man nur ein philosophisches Lachen
entgegensetzen – das heißt: ein zum Teil schweigendes Lachen.« Foucault
(1974: 412) Es überrascht nicht, dass Sloterdijk derartige Formulierungen
entweder ignoriert oder aber den »paranoiden Resten« von Foucaults
»Macht-Untersuchungen« zurechnet. Vgl. dazu Sloterdijk (2009: 240).
Ähnlich polemisch fällt übrigens auch die Auseinandersetzung mit Bourdieus Habituslehre aus, die aufgrund ihrer vermeintlich klassenspezifisch-
intern beschränkten Vertikalfixiertheit den »Gedanke[n] an neue Höhen«
(ebd.: 297) auszuschließen scheint. Richtig ist, dass bei Bourdieu die Frage
nach bestimmten Habitusausprägungen im Vergleich zur Frage nach dem
Habituserwerb und seinen Veränderungen deutlich stärker akzentuiert wird.
Daraus allerdings eine Basislagermentalität abzuleiten, die den »Schein der
Kritik« (ebd.: 292) wahrt, um »hierdurch Distinktionsgewinne in der Kriti-
kerszene zu erzielen« (ebd.: 293), kommt einer klassischen Problemvermi-
schung zwischen unverhohlenen Ressentiments und vorgeblichen Einsichten nahe, die genau das leistet, was sie zu kritisieren vorgibt.

20 Vgl. dazu Guttmann (1979).

rung, bis der Athlet als Prinzipal über sein Schicksal in Erscheinung treten konnte. Sloterdijk markiert diesen Zeitpunkt übrigens am Beispiel von Pierre de Coubertins Wiederbegründung der olympischen Idee am Ende des 19. Jahrhunderts. Die neo-olympische Bewegung ist für den Autor ein Beispiel dafür, »wie eine als Kultreligion gestiftete Unternehmung ihrem religiösen Dasein entwuchs, um sich zur umfassendsten Organisationsform für menschliches Anstrengungs- und Übungsverhalten zu entwickeln, die je außerhalb von Arbeits- und Kriegswelten zu beobachten war« (ebd.: 133). Der moderne Olympismus mit seinen Idealen und Inszenierungsformen erscheint dem Autor allenfalls »als säkularer Kult ohne ernstgemeinten Überbau« (ebd.: 149), der jedoch nur auf diese Weise habe überleben können. Auch wenn dieser Einschätzung im Grundsatz zuzustimmen ist, enthält der längst entzauberte und durchkommerzialisierte Sport dennoch ein aus der Vergangenheit nachwirkendes Moment, das bis auf die Anfänge kapitalistischer Frühformen sich zurückverfolgen lässt. Denn ähnlich wie noch unter den Bedingungen reformatorischer Heilsvorstellungen und asketisch-systematischer Lebensführungen der wirtschaftliche Erfolg des einzelnen zum Beweis seiner göttlichen Auserwähltheit gewertet wurde, erscheint der sportliche Wettkampf heute für viele Menschen in besonderer Weise geeignet, um die eigenen Leistungen als quasi-religiöses Zeichen individueller Vortrefflichkeit hervorzuheben. Der »Geist des Kapitalismus« (Weber 1979) durchatmet auf diese Weise nach wie vor die unterschiedlichen Formen der innerweltlichen Askese, die im modernen Wettkampfsport immer wieder neu, in direkter Konkurrenz und in medial verstärkter Form auf die Probe gestellt werden. Hierfür bedarf es keiner protestantischen Prädestinationslehre. Es genügt, wenn vermittels körperlich-praktischer Überbietungsanstrengungen die eigene Besonderheit in der wettkampfsportlichen Welt öffentlich beglaubigt und ausgezeichnet wird.

Vor diesem Hintergrund erweisen sich die »Höhenunterschiede« und »Vertikalspannungen« schon nicht mehr als bloß abstrakter Anreiz- oder Aufforderungsmechanismus. Vielmehr entspringt die Sogwirkung dem zunächst noch schicksalsgeprägten und später arbeits-

ethisch gefassten Bemühen um die eigene Selbsterhaltung, das in der
entwickelten Moderne bis auf den Bereich der Freizeit und des Amu-
sements sich erstreckt. Dass die erfolgreichen Athleten heute aufgrund
ihres massenwirksamen Unterhaltungswerts als Professionals ungeahn-
te Profite erzielen, ist nur möglich, weil sie als vom Publikum Auser-
wählte ihr Talent und ihre Anstrengungsbereitschaft kompromisslos in
den Dienst ihrer Vermarktung stellen. Damit gleicht der Sog »vom
oberen Pol« her inzwischen eher einem durch die Eventmaschinerie
entfachten profanen und medial verstärkten Wirbel, der neben den
glanzvollen Erscheinungen und Lichtgestalten, die er in überschauba-
rer Zahl produziert, eben auch unzählige zerschundene Körper und ver-
letzte Seelen zurücklässt. Der Imperativ: »Du mußt dein Leben ändern!« bestimmt die Verbesserungsbemühungen der Akteure bereits in
so nachhaltiger Weise, dass sie gezwungen sind, ihren Körper in erster
Linie als verwertbaren Rohstoff, anstatt als Ziel seiner Veredelung zu
begreifen. Die »Kunst des Unmöglichen« (Sloterdijk 2009: 620) im
modernen Hochleistungssport gleicht heute eher der Arbeit von Tech-
nikern und Ingenieuren, die darum bemüht sind, dem Körper seine Un-
vollkommenheiten auszutreiben, indem er möglichst berechenbar und
funktionstüchtig gemacht wird, um genau das zu leisten, was ihm ma-
ximal abverlangt werden kann. Die von Sloterdijk vorgeschlagene
»Umwendung von Beherrscht-Werden in Sich-Beherrschen« (ebd.:
589, Anm.)[21] bezeichnet keineswegs, wie der Autor meint, »miteinander konkurrierende Modi anthropotechnischen Verhaltens« (ebd.: 589).
Im modernen Hochleistungssport sind individuelle Souveränität und
Überlegenheit längst identisch mit den bis ins Detail aufeinander abge-
stimmten Formen technologischer Bearbeitung und kulturindustrieller
Verwertung. Der Sportheld ist nicht etwa Herr seiner selbst oder seines
Schicksals, sondern er gerät als solcher nur umso tiefer in das Netz

---

21 Sloterdijk erläutert diese Umwendung als »Zusammenspiel von Sich-
Operieren und Sich-Operieren-Lassen«, in dem sich nach Meinung des Autors »die gesamte Sorge des Subjekts um sich selbst« vollzieht (ebd.).

physiologischer Zwangslagen und sich selbst überholender Machbarkeitsvorstellungen. Richtete sich das anfängliche Interesse der physiologischen Forschung in der zweiten Hälfte des 19. Jahrhunderts noch auf außergewöhnliche Maßnahmen und Experimente, um die Grenzen lebendiger
Organismen in der Grauzone zwischen Leben und Tod zu ermitteln –
Hoberman (1998: 491) nennt in diesem Zusammenhang »die Enthaup-
tung, das Erfrieren, die Überhitzung, die elektrische Tötung, die
Rauschmittelbetäubung oder das Ersticken« –, so gelten bereits mit
Beginn des 20. Jahrhunderts die Spitzen- und Hochleistungssportler als
ideale Versuchspersonen. Der Ausruf: »Ihr Mörder! Ihr verfluchten
Mörder!«, den der französische Radrennfahrer Octave Lapines bei seiner Gipfelankunft nach einer schweren Bergetappe gegen die Ausrich-
ter der Tour de France von 1910 richtete[22], erscheint heute, unter ent-
falteten sportlichen Konkurrenzbedingungen, eher als unprofessionel-
les Verhalten denn als Anklage gegen perfektionsgetriebene Leistungs-
anforderungen. Zu den Teams, die den Athleten heute zu Höchstleistungen und Rekorden führen, gehören neben den obligaten Trainern
außerdem noch Ärzte, Biomechaniker, Physiotherapeuten, Psycholo-
gen, Ernährungsberater, Karriereplaner etc.[23] Ihr Zusammenwirken

---

22 Vgl. dazu Hoberman (1998: 507).

23 Diese Liste ist durchaus variabel und keineswegs vollständig; sie orientiert
sich an der Angebotsstruktur der meisten Deutschen Olympiastützpunkte.
Inzwischen bedienen sich einzelne Trainer und Sportvereine auch der
Dienste dubioser Motivationskünstler und Mentalgurus, um Leistungsblo-
ckaden aufzulösen und Versagensängste abzubauen. Diese scheinen im
Profisport, glaubt man den autobiografischen Bekenntnissen einstiger
Sportstars (vgl. dazu etwa Rosentritt/Deisler 2009; Agassi 2009), insgesamt
eher zu- als abzunehmen. Dass es sich hierbei nicht nur um tragische Ein-
zelschicksale handelt, zeigt die nach dem Suizid des deutschen National-
torhüters Robert Enke im November 2009 ausgelöste öffentliche Diskussion über Belastungen und Verdrängungen im Profisport. Vgl. dazu u.a. die
entsprechenden Kommentare in »Zeit Online« vom 11.11.2009, in der

dient nicht allein dem Erhalt sowie der Regeneration des Sportkörpers nach erfolgter Anstrengung. Diese eher defensive Ausrichtung am traditionellen Modell der Präventions- und Wiederherstellungsmedizin wurde längst in die offensive Strategie der Steigerung und Perfektionierung des menschlichen Körpers überführt. So genannte »human enhancement technologies« (vgl. dazu Parens 1998) – wie etwa die Verwendung psychotropischer Substanzen, Dopingmittel oder der für den Bereich des Hochleistungssports vorhersehbare Einsatz so genannter Gentechnologien – wirken längst nicht mehr nur unterstützend, sondern setzen bereits neue Maßstäbe.

Es bedarf nur wenig Fantasie, um zu erkennen, dass die systematische Anwendung entsprechender Mittel und Technologien das gesamte Feld der Anthropotechniken im Hochleistungssport nachhaltig verändert. Nicht nur wird es zunehmend schwieriger, die sich beständig verschiebende und bisweilen auch auflösende Grenze zwischen dem vermeintlich Normalen und Pathologischen zu bestimmen.[24] Darüber hinaus lassen sich auch die erzielten Leistungen und Rekorde nicht mehr eindeutig einzelnen Akteuren zuordnen. Zwar mögen die Protagonisten auf dem Siegertreppchen ihre Medaillen noch persönlich in Empfang nehmen und die öffentliche Aufmerksamkeit für diesen Moment auf sich konzentrieren. Die hierfür notwendigen Aufwendungen technologischer, wissenschaftlicher, politischer und ökonomischer Art sind freilich ebenso in Rechnung zu stellen – auch wenn sie im Sinne des fortzuschreibenden Mythos vom Sporthelden möglichst unsichtbar bleiben sollen.

»Frankfurter Rundschau« vom 13.11.2009, in »Spiegel Online« vom 14.11.2009 sowie in »Frankfurter Allgemeine Sonntagszeitung« vom 15.11.2009.

24 So wird etwa der illegale Einsatz von Dopingmitteln im Sport von den Akteuren in der Regel mit therapeutischen Gründen gerechtfertigt, während parallel dazu die Dopingforschung offiziell als Präventivforschung deklariert wird.

Nach dieser Befundlage erscheint es für den modernen Hochleistungssport kaum noch ratsam, subjektphilosophisch-mystifizierend von »Eigenleistungen« (vgl. Lenk 1983) zu sprechen. Stattdessen wäre es an-
gemessener, von »parasubjektive[n] Leistungen« (Sloterdijk 2001)
auszugehen. Dadurch würde allerdings auch das klassische Modell der
Technik als bloßes Instrument in der Hand des Menschen an Bedeutung verlieren, das von Arnold Gehlen begrifflich verharmlosend als
»Organersatz« beziehungsweise als »Organentlastung« und »Organ-
überbietung« (Gehlen 2004: 152) gefasst wurde. Nicht mehr stehen
sich, im Sinne traditioneller Subjekt-Objekt-Unterscheidungen, Menschliches und Weltliches, Geistiges und Materielles, Individuelles und
Gesellschaftliches sowie Natürliches und Kulturelles eindimensional
gegenüber. Vielmehr lässt sich am Beispiel des Hochleistungssports
zeigen, wie in technischen Artefakten, intelligenten Übungsformen und
– was häufig vergessen wird –, in sozialen System-Umwelt-Be-
ziehungen, »ganz offenkundig ›Geist‹ oder Reflexion oder Denken in
Sachbestände eingeflossen sind« (Sloterdijk 2001: 102). Doch während
Sloterdijk vor diesem Hintergrund »das alte Bild von Technik als Hete-
ronomie und Versklavung von Materien und Personen« bereits im Verschwinden sieht und »eine nicht herrische Form von Operativität« zu
erkennen meint, der er den Namen »Homöotechnik« gibt (vgl. ebd.:
108), zeigt der perfektionsgetriebene Hochleistungssport, dass die
vermeintlich überwundene »Allianz von Höchsttechnologie und Nied-
rigsubjektivität« (ebd.: 110) tendenziell eher fester zu werden scheint.
Das im Sinne des Autors durch den Einsatz intelligenter Human- und
Sozialtechnologien am Horizont vermeintlich aufscheinende »verfei-
nerte, kooperative, [und] mit sich selbst spielende Subjekt« (vgl. ebd.:
111) trifft nicht die Wirklichkeit der technologisch aufgerüsteten, global konkurrierenden und – im Wortsinn – grenzenlos agierenden Hochleistungsathleten.

4. SCHLUSS

Die von Sloterdijk in lebens- und kultursteigender Absicht hervorge-
hobenen Vertikalspannungen und Anthropotechniken verweisen insgesamt auf eine nietzscheanisch inspirierte Form der Leibbejahung, die
den körperlichen Menschen nicht als Faktum, sondern als Aufbruch
begreift. Der Mut zur Selbstverwandlung als Form der gelebten Wut
gegen die Verächter des Leibes stand freilich schon früh unter Ver-
dacht, einem »biologischen Idealismus« (Horkheimer/Adorno 1972:
104) das Wort zu reden, der keine Schwächen duldet und das Unvollkommene bereitwillig dem »gefährlichen Leben« opfert. Dieser Hinweis, den Horkheimer und Adorno in ihrer Auseinandersetzung mit
Nietzsches »Genealogie der Moral« geben, welche die Identität von
Vernunft und Herrschaft mitleidslos ausspricht, lässt sich durchaus auf
den modernen Hochleistungssport beziehen: Hier gilt bereits, was der
Philosoph der Tat und des Lebens noch Gedanken versponnen die
»›Kühnheit‹ vornehmer Rassen« nennt, die in der »Gleichgültigkeit
und Verachtung gegen Sicherheit, Leib, Leben, Behagen, ihre entsetz-
liche Heiterkeit und Tiefe der Lust in allem Zerstören, in allen Wol-
lüsten des Sieges und der Grausamkeit« (Nietzsche 1983b: 297) zum
Ausdruck bringen. Anstelle der großen Ideen und Sinnentwürfe regiert
in diesem auf Enthemmung und Überwindung angelegten Lebensbereich längst die Nüchternheit kalkulatorischer Selbstverwandlung und
instrumenteller Selbstermächtigung, die bei Nietzsche noch im heroi-
schem Pathos vom »Leib und seine große Vernunft« (Nietzsche 1983a:
314) ihre großen Auftritte feiert.

Auch wenn der imperfekte Mensch im modernen Hochleistungssport nicht vorsätzlich »zugrunde gehen« soll, wie die »Schwachen
und Missratnen« bei Nietzsche (1986: 12), gilt er aufgrund seiner natürlichen Inferiorität und Antiquiertheit dennoch a priori als verbesse-
rungsbedürftig. Dem Hochleistungsathleten geht es inzwischen ähnlich
wie dem von Günther Anders vor einem halben Jahrhundert beschriebenen »selfmade man«, der danach strebt, »ein Produkt zu werden«,
das besser und vollkommener ist als er selbst: »Nicht deshalb weil er

nichts von ihm selbst nicht Gemachtes mehr duldete, will er sich selbst machen; sondern deshalb, weil auch er nichts Ungemachtes sein will. Nicht, weil es ihm indignierte, von Anderen (Gott, Götter, der Natur) gemacht zu sein; sondern weil er überhaupt nicht gemacht ist und als nichtgemachter allen seinen Fabrikaten unterlegen ist« (Anders 1980: 34). Die von Sloterdijk optimistisch herbeizitierte Aufforderung: »Du mußt dein Leben ändern« entlarvt sich bei genauerer Betrachtung technologisch zugespitzter Vertikalspannungen und Anthropotechniken im Hochleistungssport schnell als unausweichlicher Imperativ. Nicht nur handelt es sich hierbei um die wohlmeinende Aufforderung, den Leib übend »zum Höhepunkt seiner Möglichkeiten« (Baeumler 1934: 53) zu führen[25], sondern der bereits deutlich vernehmbare gebieterische Oberton zielt ebenso nachdrücklich darauf ab, den Körper vom Makel seiner Ungemachtheit zu befreien.

Trotz bereits erreichter »homo faber-Qualitäte[n]« (Anders 1980: 35) und Perfektionierungen des menschlichen Rohstoffes wirkt der Athlet aufgrund seiner kreatürlichen Unvollkommenheit und Ungenauigkeit noch immer wie eine potenzielle Störgröße. Und eben dies ist eine Umschreibung des Begriffes »mortal engines« aus der Überschrift zu diesem Beitrag. Günther Anders begreift diesen Zustand übrigens als »zweite Stufe in der Geschichte der Verdinglichung«, auf welcher der Mensch und damit auch der moderne Athlet möglichst handelnd und nicht bloß erleidend, »die Überlegenheit der Dinge anerkennt, sich mit diesen gleichschaltet, seine eigene Verdinglichung bejaht, bzw. sein Nichtverdinglichtsein als Manko verwirft« (ebd.: 39). Für den modernen Hochleistungssport bleibt zu resümieren, dass die dort un-

---

25 Das vollständige Zitat des NS-Lebens- und Leibphilosophen lautet: »Durch die Übung erreicht der beseelte Leib den Höhepunkt seiner Möglichkeiten. Die Übung macht aus ihm das, wozu er angelegt ist. Sie vollendet die Natur, indem sie die Natur durch das Reich des Zwanges hindurch auf einer höheren Stufe wieder zu sich zurückführt. Die Leibesübung führt zum Übungsleib, d.h. zu dem vollendeten, seiner selbst mächtigen Leib.« (Baeumler 1934: 53; im Original teilweise hervorgehoben).

ternommenen Anstrengungen zur Selbststeigerung und Selbstüberwindung zugleich die »Selbsterniedrigung vor Selbstgemachtem« (ebd.) befördern – freilich mit dem Nebeneffekt, dass die beabsichtigte leibliche Verdrängung der Sterblichkeit des Menschen nur umso nachdrücklicher ins Bewusstsein drängt.[26] Dies zeigt, dass der »Sog vom oberen Pol her« – trotz aller Bemühungen und Überwindungen – auf sein Gegenteil verwiesen bleibt.

LITERATUR

Agassi, André (2009): Open: An Autobiography. New York: Random House.

Anders, Günther (1980): Die Antiquiertheit des Menschen. Über die Seele im Zeitalter der zweiten industriellen Revolution. München: C. H. Beck.

Baeumler, Alfred (1934): Männerbund und Wissenschaft. Berlin: Junker und Dübenhaupt.

Bette, Karl-Heinrich (2005): X-treme. Zur Soziologie des Abenteuer- und Risikosports. Bielefeld: transcript.

Bockrath, Franz (1999): Selbstfindung durch Selbstüberwindung? Anmerkungen zu Eros und Tod im Extremsport. In: humboldt spektrum, 6 (4), S. 44-47.

Bockrath, Franz (2000): Platons Körperpädagogik – Überwindung der Sinnlichkeit? In: Ränsch-Trill, B. (Hg.): Natürlichkeit und Künstlichkeit. Philosophische Diskussionsgrundlagen zum Problem der Körperinszenierung. Hamburg: Czwalina. S. 77-87.

Bockrath, Franz (2005): »Ursprünglichkeit und ungebrochene Natürlichkeit« – Über reformierte Leiber und gelehrige Körper in der Bewegungsdidaktik. In: Bietz, Jörg/Laging, Ralf/Roscher, Monika (Hg.): Bildungstheoretische Grundlagen der Bewegungs- und Sportpädagogik. Baltmannsweiler: Schneider Verlag. S. 24-55.

---

26 Vgl. dazu König (1996).

Bockrath, Franz (2006):»Je suis autre.« – Rousseaus andere Geschichte der Subjektivität? In: Stache, Antje (Hg.): Das Harte und das Weiche. Körper-Erfahrung-Konstruktion. Bielefeld: transcript. S. 63-76.

Eisenberg, Christiane (1999):»English sports« und Deutsche Bürger. Eine Gesellschaftsgeschichte 1800-1939. Paderborn/München/ Wien/Zürich: Ferdinand Schöningh.

Foucault, Michel (1973): Wahnsinn und Gesellschaft. Eine Geschichte des Wahns im Zeitalter der Vernunft. Frankfurt am Main: Suhrkamp.

Foucault, Michel (1974): Die Ordnung der Dinge. Eine Archäologie der Humanwissenschaften. Frankfurt am Main: Suhrkamp.

Foucault, Michel (2004): Geschichte der Gouvernementalität II. Die Geburt der Biopolitik. Vorlesung am Collège der France 1978-1979. Frankfurt am Main: Suhrkamp.

Gebauer, Gunter (2004): Der Heroismus des gegenwärtigen Moments. In: Schaub, M. /Wenner, S. (Hg.): Körper-Kräfte. Diskurse der Macht über den Körper. Bielefeld: transcript. S. 159-184.

Gebauer, Gunter/Alkemeyer, Thomas/Boschert, Bernhard/Flick, Uwe/ Schmidt, Robert (2004): Treue zum Stil. Die aufgeführte Gesellschaft. Bielefeld: transcript.

Gehlen, Arnold (2004): Die Technik in der Sichtweise der Anthropologie. In: Ders.: Die Seele im technischen Zeitalter und andere soziologische Schriften und Kulturanalysen. Herausgegeben von Rehberg, Karl-Siegbert. Frankfurt am Main: Vittorio Klostermann. S. 151-163.

Guttmann, Allen (1979): Vom Ritual zum Rekord. Vom Wesen des modernen Sports. Schorndorf: Hofmann.

GutsMuths, Johann Christoph Friedrich (1999): Gymnastik für die Jugend. Faksimile der vollständig überarbeiteten Zweitauflage von 1804. Jena: Hain Verlag.

Grimm, Jacob/Grimm, Wilhelm (2004): Deutsches Wörterbuch. Elektronische Ausgabe der Erstbearbeitung. Herausgegeben vom Kompetenzzentrum für elektronische Erschließungs- und Publikationsverfahren in den Geisteswissenschaften an der Universität Trier in Verbindung mit der Berlin-Brandenburgischen Akademie der Wissenschaften. Frankfurt am Main: Zweitausendeins.

Heinrich, Klaus (1986): anthropomorphe. Zum Problem des Anthropomorphismus in der Religionsphilosophie. Dahlemer Vorlesungen. Frankfurt am Main: Stroemfeld/Roter Stern.

Hoberman, John (1998): »Mortal Engins«. Hochleistungssport und die physiologischen Grenzen des menschlichen Organismus. In: Sarasin, P./Tanner, J. (Hg.): Physiologie und industrielle Gesellschaft. Studien zur Verwissenschaftlichung des Körpers im 19. und 20. Jahrhundert. Frankfurt am Main: Suhrkamp. S. 491-507.

Hobsbawm, Eric (1998): Das Zeitalter der Extreme. Weltgeschichte des 20. Jahrhunderts. München: dtv.

Horkheimer, Max/Adorno, Theodor W. (1972): Dialektik der Aufklärung. Philosophische Fragmente. Frankfurt am Main: Fischer.

Kamper, Dietmar (2001): Normalität auf dem Prüfstand. Der versehrte Maßstab der Anthropologie: menschliche Identität – anthropologische Differenz – exzentrische Paradoxie. In: Stiftung Deutsches Hygiene-Museum und Deutsche Behindertenhilfe – Aktion Mensch e.V. (Hg.): Der (im-)perfekte Mensch. Vom Recht auf Unvollkommenheit. Ostfildern-Ruit: Hatje Cantz Verlag. S. 153-159.

König, Eugen (1996): Sport und Tod. Philosophische und soziologische Reflexionen zum anthropofugalen Sport. (Unveröffentlichter Habilitationsvortrag).

Lenk, Hans (1983): Eigenleistung. Plädoyer für eine positive Leistungskultur. Osnabrück: Edition Interfrom.

Merleau-Ponty, Maurice (1966): Phänomenologie der Wahrnehmung. Berlin: Walter de Gruyter.

Nietzsche, Friedrich (1983a): Also sprach Zarathustra. In: Werke in vier Bänden. Bd. I. Salzburg: Caesar Verlag. S. 279-576.

Nietzsche, Friedrich (1983b): Zur Genealogie der Moral. Eine Streitschrift. In: Werke in vier Bänden. Bd. IV. Salzburg: Caesar Verlag. S. 281-369.

Nietzsche, Friedrich (1986): Der Antichrist. Versuch einer Kritik des Christentums. Frankfurt am Main: Insel Verlag.

Parens, Erik (Hg.) (1998): Enhancing Human Traits: Ethical and Social Implications. Washington: Georgetown University Press.

Rosentritt, Michael/Deisler, Sebastian (2009): Zurück ins Leben – Die Geschichte eines Fußballspielers. Hamburg: Edel.

Rousseau, Jean Jacques (1993): Émile oder über die Erziehung. Paderborn: Schöningh.

Salzmann, Christian Gotthilf (1786): Reisen der Salzmannischen Zöglinge. 5 Bde, Bd. 2. Leipzig: Crusius.

Schumacher, Joachim (1937): Die Angst vor dem Chaos. Über die falsche Apokalypse des Bürgertums. Frankfurt am Main: Syndikat.

Sloterdijk, Peter (2001): Der operable Mensch. Anmerkungen zur ethischen Situation der Gen-Technologie. In: Stiftung Deutsches Hygiene-Museum und Deutsche Behindertenhilfe – Aktion Mensch e.V. (Hg.): Der (im-)perfekte Mensch. Vom Recht auf Unvollkommenheit. Ostfildern-Ruit: Hatje Cantz Verlag. S. 97-114.

Sloterdijk, Peter (2009): Du mußt dein Leben ändern. Über Anthropotechnik. Frankfurt am Main: Suhrkamp.

Unthan, Carl Hermann (1925): Das Pediskript. Aufzeichnungen aus dem Leben eines armlosen. Stuttgart: R. Lutz.

Vieth, Gerhard Ulrich Anton (1930): Versuch einer Encyklopädie der Leibesübungen. 2 Teile. Dresden: Limpert Verlag.

Warneken, Bernd Jürgen (1985): Bürgerliche Gehkultur in der Epoche der Französischen Revolution. In: Zeitschrift für Volkskunde, 85 (2), S. 177-187.

Weber, Max (1979): Die protestantische Ethik. Winckelmann, J. (Hg.). Gütersloh: Gütersloher Verlagshaus Mohn.

Westrell, Richard von (1907): Der Training des Pferdes und des Reiters für den kleinen Herrensport. Mit 4 Tafeln. Leipzig: Verlag von Friedrich Engelmann.

Würtz, Hans (1932): Zerbrecht die Krücken. Krüppel-Probleme der Menschheit. Schicksalskinder aller Zeiten in Wort und Bild. Leipzig: Leopold Voss.

Zeitungen
- Frankfurter Allgemeine Sonntagszeitung (15.11.2009)
- Frankfurter Rundschau (13.11.2009)

Zeitschriften (Onlinedienste)
- Focus Online (28.05.2001)
- Spiegel Online (14.11.2009)
- Zeit Online (11.11.2009)

Beim Sport sterben

Petra Gehring

Der Zusammenhang von Sport und Tod, vermerkt wurde das vielfach, ist ebenso eng wie paradox. Als probates Mittel der Ertüchtigung wird Sport von Krankenkassen und Sportartikelherstellern empfohlen, soll dann körperlich einseitige Arbeit oder auch körperlich allzu bequemes Leben kompensieren, bis ins Alter hinein die Gesundheit befördern und damit dem Todesaufschub dienen. Das Stichwort »Fitness« – also Eignung, Passung – fasst heute diverse therapeutische wie auch dem guten Aussehen dienende Versionen des Sports zusammen.

Umgekehrt führt die körperliche Anstrengung zumal im Leistungssport an Belastungsgrenzen und somit, durchaus freiwillig, in Todesnähe. Wenn Athleten den Tod schon nicht suchen, so riskieren sie ihn doch, und gerade auch dafür ist ihnen die Bewunderung des Publikums sicher. Zuschauer von Sportveranstaltungen mögen sich Stürze, Zusammenstöße, Zusammenbrüche von Wettkämpfern nicht direkt wünschen. Aber sie (und auch unser ansonsten sicherheitsbedachtes Gemeinwesen) nehmen dergleichen hin. Der Tod im Stadion, im Ring, im Wasser, an diversen rasenden oder fliegenden Geräten, wird in Kauf genommen und – gerade auch vom Publikum – durchaus begehrlich goutiert. Im Gelingensfall triumphieren Körper bzw. ein in diesen inkarnierter übermenschlicher Wille mittels kaum fassbarer Leistungen über die ihnen physisch eigentlich gesetzten Grenzen. Im selteneren, aber doch auch regelmäßig auftretenden Fall, dass jemand beim Sport stirbt, mischt sich Bestürzung mit dem Eingeständnis, eine Restgefahr gehöre zur Extremleistung hinzu. Die sportkritische, aber dennoch faszinierte sportphilosophische Literatur spiegelt diese Ambivalenz.[1]

1. Sport als Biotechnik

Das Paradox von Todesvermeidung und Todesnähe löst sich auf, sieht man im Zugewinn an Kontrolle, nicht allein einer Körperkontrolle, sondern einer Kontrolle des stofflich gefassten *Lebens*, den gemeinsamen Zug, welcher die Lebensversessenheit wie auch die Affinität des Sports zum Sterben begründet. Stünde der Körper im Zentrum des Sports, wäre der Ruin des Körpers ein Scheitern des Sports. Weil aber Sport nicht auf Körperbeherrschung, sondern auf Lebenssteigerung abzielt, verhält er sich gleichsam todesblind.

Tatsächlich lässt sich Sport als eine *Biotechnik* betrachten: Als eine Menschentechnik, die nicht nur im antiken Sinne schön macht und Mut beweist, die auch nicht einfach nur im alten Sinne von Krankheitsvermeidung *gesund* sein soll, sondern die eben *in* mir und durch mich hindurch das Leben über sich hinaustreibt und als steigerbar erweist. Das wiederum bezieht Formen des Sterbens – den Ausfall versagenden Lebens – konsequent und positiv in sich ein.

Meine Ausgangsthese lautet also: Jenseits der Kraft, des Willens, des Einsatzes, der Angst oder auch der Lust der Personen und Körper ist Medium sportlicher Aktion und Faszination heute das biostoffliche, biomedizinische Kontinuum Leben. Dieses Kontinuum wiederum hat –

---

1 Vgl. aus der Perspektive einer Begehrensökonomie Gebauer/Hortleder 1986; unter der Existenzperspektive Müller (2007). Zwischen (leerer) Information und (unbeholfener) Monumentalisierung verharrend erscheint mir typisch für die Publikumsperspektive der Wikipedia-Eintrag »Liste von Todesfällen im Leistungssport« http://de.wikipedia.org/wiki/Liste_von_To desf%C3%A4llen_im_Leistungssport [17.05.2011].

als Substrat und Subjekt der sportlichen Leistung – wohl immanente Grenzen. Sportler können das Leben verlieren. Dennoch besitzt Sport heute gerade keinen pathetischen oder auch moralisch-praktischen Bezug mehr zum Tod. Die Möglichkeit, beim Sport zu sterben, gleicht eher einer technischen Panne, einem Schwächefall, einem Scheitern des Lebens an sich selbst.

Sport als Biotechnik zu betrachten – das heißt, die Werkzeuge Michel Foucaults zu verwenden. Foucault (1966) hat die um 1800 beginnende Moderne als Zeitalter des physiologisch, biologisch, biotechnisch und dabei in einem nicht-nullsummen-mathematischen Sinne ›ökonomisch‹ gefassten Lebens rekonstruiert. Das Wasserzeichen einer »Biomacht« (Foucault 1976) charakterisiert gerade auch das ausgehende 19. Jahrhundert, in welchem der moderne Massen- und Leistungssport entsteht.

Aufgegriffen hat dies – mit Foucault – Peter Sloterdijk (2009) in seinem Buch *Du mußt Dein Leben ändern*, das Thesen zur Körpermoral und zur Ichführung einer als Universum des Übens interpretierten Geschichte Europas enthält. Kontrastierend möchte ich meiner Diskussion der Sloterdijkschen Thesen einen anregenden Aufsatz von Eugen König (2000), *Sport und Tod*, gegenüberstellen. Auch König bietet eine sportbezogene Modernediagnose, die – ohne von Biotechniken zu reden – auf den Zusammenhang von Sport und Leben abzielt.

Ich konfrontiere Sloterdijk und König miteinander, um dann auf das Problem der Biopolitik zurückzukommen und genauer herauszupräparieren, was *beim Sport sterben* in einer Epoche des Lebens für zeittypische Implikationen hat. Mein Interesse ist ein deskriptives. Lediglich ganz zum Ende frage ich kurz nach so etwas wie einem Ethos im lebenstechnisch gerahmten Sport.

2. Die Epoche des Lebens, der Tod und neue Subjektformen

»Leben« als eine stoffliche Naturgröße zu betrachten, ist eine Erfindung des ausgehenden 18. und beginnenden 19. Jahrhunderts. Diese gut belegte These Foucaults betrifft zunächst die Wissenschaftsgeschichte im engeren Sinn. Mit und nach der Romantik bildet sich ein ganzer Komplex von empirischen Disziplinen heraus, die den Bereich der Naturwissenschaft erweitern: Funktionale Physiologie und Gewebelehre, Populationswissenschaft, Entwicklungstheorie der Arten, Vererbungslehre, empirische Seelenkunde. Die moderne epistemische Ordnung entsteht. »Biologie«, »Biomedizin«, »Soziologie« »Psychologie« und über allem schwebend »Geschichte« und »Anthropologie« sind Disziplinennamen, die bleiben. Ab 1900 schiebt sich das Leben dann noch weiter nach vorn, und so sprechen wir heute von Lebenswissenschaften oder *Life Sciences*, die neben Biologe und Medizin auch Teile der Physik und Chemie sowie Psychologie/ Kognitionsforschung und normative Fächer wie Teile der Ethik und der Pädagogik umfassen.

Ich würde so weit gehen zu behaupten, dass die heute so genannten Lebenswissenschaften um 1900 bereits zu ihrer einheitswissenschaftlichen Form finden, denn in dieser Zeit wird die Leitdifferenz Natur/Kultur durch einen Monismus des Lebens abgelöst (vgl. Gehring 2009), der sich dann mit verschiedenen Konzepten anreichert und etwa den Informationsbegriff, aber auch den Systembegriff in sich aufnimmt. Etwas vorsichtiger ausgedrückt wird man sagen: Im Laufe des 19. Jahrhunderts ist eine kompakte Wissenschaftsformation entstanden, die *das* Leben zu einem seinem Wesen nach allerdings hartnäckig verborgenen Naturgegenstand macht und auch *den* Menschen und das Menschenleben zur empirischen Größe.

Der Kollektivsingular »Leben« bezeichnet damit tatsächlich etwas Neues. Das Wort benennt nicht mehr, was in den Jahrtausenden vorher Leben hieß, nämlich den erzählten oder jedenfalls potentiell erzählbaren Lebenslauf, ein Gefüge aus Widerfahrnissen und Handlungen und darin stets auch eine ethische Aufgabenstellung. Stattdessen steht der Terminus Leben nun für eine durch Naturgesetze bestimmte und überindividuelle, nämlich ganze Populationen oder Arten durchziehende Entität.

Auch der Tod verändert sich mit dem Siegeszug des modernen naturstofflichen (oder quasi naturstofflichen) Großkontinuums »Leben« – dies hat Foucault (1963) für die Medizin um 1800 skizziert, welche die Eindeutigkeit der Differenz von lebendig und tot auf der Ebene der Gewebeprozesse hinterfragt und damit die praktische Evidenz und Ereignisqualität des Todes unterminiert. Im lebenden Körper stirbt permanent etwas ab, diese Einsicht lanciert Modelle des Organischen als Gleichgewichtsphänomen, Konzepte eines autonomen »Lebens« der einzelnen Körperzelle sowie Anästhesie-Experimente, die Leben trotz tödlicher Funktionsstörungen als rückholbar erscheinen lassen. Der moderne Tod wird zu einer Art Unterfall, vielleicht sogar Sonderfall von Leben. Vermeidbar scheint er zwar, mindestens für komplexe Organismen, aus der Sicht der Biologie des 19. Jahrhunderts nicht. Eben das aber hat seinen Grund wiederum in einem Belang des Lebens: Dass komplexe Organismen sterben müssen, nachdem sie statistisch gesehen hinreichend Gelegenheit hatten, sich fortzupflanzen, dient der Qualität der Gattung damit dem Leben – dies ist der Gedankengang von August Weismann, der 1882 die Weichen stellt für das, worauf es aus evolutionsbiologischer Sicht ankommt: »Der« individuelle Tod ist lediglich das im Zweifel lebensdienliche oder lebensschädliche Lebensende geworden, das den Prioritäten *des* Lebens und Überlebens folgt. Tötung wird Absterben, Selbstauflösung und Selbstbeseitigung überflüssigen Lebens. Auch eine Politik des Massenmordes, die gar nicht mehr als Tötung von Menschen, sondern nur noch als lebensdienliche »Vernichtung« von Leben erscheint, kann im 20. Jahrhundert so ihren Rückhalt finden.

Sloterdijk folgt Foucault in allen diesen Punkten. Er ergänzt und verschärft jedoch die Perspektive. Er beklagt nicht die Repressionseffekte von Biologisierung oder das Verschwinden des Todes, sondern macht eine Gegenrechnung auf: Das neue Paradigma produziert etwas.

Das Leben ist eine intensivierungsfähige, zur Selbsterprobung und Selbstentgrenzung einladende Größe, die als »Attraktor« wirkt.[2] Leben heißt, physische Härten im Kampf um ›mehr‹ Leben in Kauf nehmen. Und da Leben aus sich selbst heraus das Unmögliche möglich werden lassen kann, ist Natur vom Standpunkt des Lebens eine Grenze von gestern. Sloterdijk zufolge spielen in der biotechnischen Epoche externe Disziplinierung und intrinsische, vertikale Spannungen zusammen.

Der Sport ist ein Beispiel für Subjektformen, die das hervorbringt. Sloterdijk umschreibt den seit 1900 in Europa explodierenden Sportkult als »eine Transformation, die man am besten als Re-Somatisierung bzw. als Entspiritualisierung der Askesen bezeichnen kann« (Sloterdijk 2009: 49). Der Extremsportler sei insofern der moderne Nachfahre des Heiligen, als dieser unter den reflexiv gewordenen Bedingungen, unter denen etwas als Leistung beeindruckt, gerade nicht einfach als ›naturbegabter‹ Held reüssiert, sondern als einer, der ohne Naturgaben auskommt, vielleicht sogar Behinderungen ertragen muss, dennoch dann aber allein aus der eigenen Maßlosigkeit heraus über sich hinauszuwachsen vermag. Was als Leistung zählt, ist das Maß an Unwahrscheinlichkeit, über das der Athlet am Ende im Medium des Trainings triumphiert. Und es zählt gerade nicht die womöglich von Anfang an in die Wiege gelegte und folglich ohne Übung erlangte Perfektheit.

Sloterdijk interpretiert die Epoche des Lebens zwar als Epoche der Biologie, ebenso sehr aber als eine von Technik und Kunst. Nietzsches vermeintlicher Biologismus sei eigentlich ein »Akrobatismus« (ebd.: 194), lautet daher eine philosophische Diagnose. Magnetisches Ideal der Zeit ist eine Biotechnik, die auch Ethik ist, Selbstüberforderung –

---

2 Sloterdijk spielt hier, um die Attraktion trotz Anstrengung modellhaft zu fassen, mit dem Bild des Vertikalen: Der Mensch ist sensibel oder jedenfalls sensibilisierbar für Zugkräfte »von oben«. (»Was ich hier die Attraktoren nenne, sind ihrer Wirkungsweise nach die Richtgrößen von Vertikalspannungen, die in psychischen Systemen für Ordnung sorgen. Die Anthropologie darf die Wirklichkeit solcher Größen nicht länger außer Betracht lassen...« (Sloterdijk 2009: 29)).

freilich eine technisch präzise durchgeführte und insofern auf überzeitliche Wirkung bedachte Selbstüberforderung: Man legt sich nicht irgendwie spontan, sondern ganz gezielt und vor allem geduldig mit dem Unmöglichen an. Selbstperfektionierung – auch physische – funktioniere gemäß diesem anthropotechnischen Ideal als »Artistik«, so Sloterdijk. Oder auch »Somatisierung des Unwahrscheinlichen« (ebd.: 195), die Bestehendes nicht unterlaufe, sondern »überwandere« (vgl. ebd.: 198).

3. SPORT UND TOD?

Dem Tod widmet *Du mußt dein Leben ändern* nur wenige Passagen. Bezüge zum Sport treten dabei allenfalls indirekt heraus. Für das übende Individuum sei der Tod diejenige Instanz, »die Menschen am stärksten in die Passivität drängt« (ebd.: 315). Der Tod stelle so schon für die antiken Ethiken eine ultimative Bewährungsprobe dar. Aus eigener Kraft errungene Haltungen des Sterbenkönnens, wie sie exemplarisch die Figuren Sokrates, Jesus und die christlichen Märtyrer verkörpern, dienen auch ganz praktisch als Techniken zur Festigung des antiken Selbst.

Das Besondere der modernen Konstellation ist demgegenüber ein Verlust an Transzendenz. Sloterdijk meint damit weniger die Säkularisierung als vielmehr eine Entradikalisierung: Was vormals scharfe persönliche Umkehr verlangte, kann heute auf den Überbau moralischer Kompromisslosigkeit verzichten.[3] Der eisige Ernstfall wird also gleich-

---

3   Das Buch arbeitet mit der metaphorischen Alternative zwischen (spannungsloser) horizontaler Gleichheit und (spannungsvoller) vertikaler, für Leistung und also Ungleichheit sorgender Anstrengung. Die ethische Kompromissbereitschaft der Moderne erscheint daher zusammenfassend als Zeitgeist eines »Antivertikalismus« nach 1945 sowie als »Devertikalisierung der Existenz« (vgl. Sloterdijk 2009: 638 u. 584f.).

sam auf Zimmertemperatur vorgewärmt. Eben das bildet der Sportbe-
trieb ab.

Das Buch charakterisiert vor allem den modernen Massensport als
geistlosen Zirkus, als Disziplin, die nicht weniger beinhalte »als die
Reindarstellung des neuzeitlichen Steigerungsverhaltens in spezifischen Theatralisierungen« (ebd.: 525). Training ist »entspiritualisierte
Askese« (ebd.: 525). Was in der Antike ethischer Appell war, wird auf
den Maßstab von Fitnessübungen reduziert und mit einem »Resultat-
fetischismus« kurzgeschlossen, »der dem zwanghaften Produktdenken
der ökonomischen Sphäre in nichts nachsteht« (ebd.: 332).

Die grundsätzliche Technizität asketischen Tuns wird von Sloterdijk ausdrücklich bejaht. Die ethisch entleerte Technisierung des modernen Sports hingegen sieht er als Selbstzerstörung. Der biotechnische
Terminus *enhancement* sei hier der Schlüsselbegriff.

Im Rahmen einer ganzen *Enhancement*-Industrie – mit den »Sekti-
onen plastische Chirurgie, Fitness Management, Wellness-Service und
systemisches Doping« – ›lasse‹ der Konsument inzwischen nur noch
Dinge mit sich machen, anstelle selbst etwas zu tun. Diese auf leichten
Konsum eingerichtete Körperindustrie operiere freilich, so Sloterdijk,
im wahrsten Sinne des Wortes am Subjekt vorbei.

Auch »in dieser entgeisterten Zeit« falle allerdings Spitzensportlern
»die Rolle zu, das heilige Feuer der Übertreibung zu hüten. Sie sind die
Übermenschen der modernen Welt, geköpfte Übermenschen, die in
Höhen streben, wohin der alte Mensch nicht folgt – auch nicht in ihnen
selbst. Es sind die inneren Androiden, die jetzt immer weiter über sich
hinausgehen« (ebd.: 638). Innere Androiden: diese metaphorische
Schöpfung ist positiv gemeint. Tief im Inneren enthalte der moderne
Sport nach wie vor die Alternative, das alte, vorbildliche Extrem zu
sein:

»Entweder fungiert der Sportler weiterhin als Zeuge für die menschliche Fähigkeit, an der Grenze zum Unmöglichen Schritte nach vorne zu tun – mit un-
absehbaren Übertragungswirkungen auf alle, die sich auf das schöne Schauspiel
einlassen, oder er geht den schon jetzt vorgezeichneten Weg der Selbstzerstö-

rung weiter, auf dem debile Fans ko-debile Stars mit Anerkennung von ganz unten überschütten, die ersten betrunken, die zweiten gedopt« (ebd.: 660).

Mindestens im vormodernen Rahmen sind Tod und sportliches Schauspiel folglich durchaus positiv aneinander gebunden: die Teleologie der Askese läuft auf die Schwelle eines aberwitzigen Todesmutes zu. Erstickt aber der Fan im Alkoholrausch am eigenen Erbrochenen oder wird der Star im Mannschaftsquartier vom Dopingtod ereilt, so haben wir lediglich eine Art leerlaufende Spaßindustrie vor uns, die von demjenigen Extremismus der Selbstformung, um den es eigentlich gehen müßte, gar nichts mehr weiß.

Entfremdung der Ethik also und der ethischen Todesbemeisterung von sich selbst – überall dort, wo Sport heutiger Prägung Sterben einerseits im Zeichen von rein körperlicher Gesundheit und Sicherheit ausschließt, andererseits mit dem Sterben aber rechnet und es vielleicht sogar, aber dann nur klammheimlich, inszeniert. Soweit Sloterdijk.

Eine etwas anders gelagerte Entfremdungsthese entfaltet Eugen König, die ich Sloterdijk um des Kontrastes willen gegenüberstellen möchte. König besteht ebenfalls auf einer intrinsischen Verbindung von Tod und sportlicher Anstrengung. Der Tod sei nichts aus anderen gesellschaftlichen Sphären (Religion, Krieg, Liebe) in die sportliche Aktivität Hineinprojiziertes, »sondern ein ganz alltäglicher, integraler Bestandteil des Sports« (König 2000: 90). König spricht auch von einer »sportlichen Todeslogik« (ebd.), und verfolgt deren Spuren ebenfalls bis in die griechische Antike zurück. Den nach Sloterdijk durch das Universum des Übens eröffneten ethischen Grenzgang interpretiert König nicht als Selbststeigerungstechnik, sondern als Beginn einer »anthropofugalen«, körper- und menschenfeindlichen Überhöhungsgeschichte des Todes. Das Subjekt werde in ein Seelenideal hineingetrieben, das es von leiblichen Regungen abtrennt. Königs Hauptbeleg ist Platon, demzufolge der Körper ein Gefängnis sei, der Philosoph nach dem Tod strebe und der Erkennende in der Sonne der Vernunft taub und blind stillgestellt werde. In der platonischen Tradition besiegele das Denken seither die – in der Moderne um den Faktor der prometheischen Scham[4] gesteigerte – Bereitschaft des Individuums, die eigene Natur zu verleugnen. Und eben so orientieren wir uns auch im Sport: Die Perfektion der Maschine zählt und das besiegelt gleichsam unser Verhältnis zu uns selbst: »Der moderne Sport ist zur Begräbnisstätte des Menschen geworden« (ebd.: 95).

König setzt dem mit Horkheimer und Adorno eine Idee des Leibes entgegen, in welcher »der verdinglichte Körper seine Grenze und zugleich seine utopische Transzendierung« (ebd.: 96) fände. Es gelte im Sport die »Transformation ins Tote« rückgängig zu machen. Folgt man dem Vortragsmanuskript, der dem Text von König zugrunde liegt, so soll dies durch die sich der Technik entgegen werfende Kraft des Lachens geschehen sowie durch das Gegen-Ideal eines stolpernden, »nonkonformistischen« Körpers (ebd.: 15), der sich dem Übungsgedanken anarchistisch widersetzt. Was den Sport noch retten könnte, wären Subversionen dessen, was ihn prägt.

Wie Sloterdijk sieht König modernen Massen- und Leistungssport als Spiegel einer Krise. Zielt Sloterdijks Entfremdungsdiagnose allerdings auf eine zerfallende Beziehung zwischen Tod und Ethik, welche der Körper nur vermittelt, sieht König primär Körper und Seele entfremdet, wobei die Ethik vermittelt – eine Vermittlungsleistung, die allerdings fehlt, da eine den Menschen instrumentalisierende Technik dazwischen tritt und sich einem humanen Körperverhältnis widersetzt. König gründet folglich seine Entfremdungsthese technikanthropologisch, wohingegen Sloterdijks Blick auf den Tod seinen Fluchtpunkt in einer Ethik hat, die in der Spannung von Handeln und Erleiden ohne anthropologische Fundierung auskommt. Deutlich verschieden ist auch das Technikverständnis beider Autoren. Technik und Tod, nämlich Körperverlust, erscheinen bei König eins. Sloterdijk hingegen sieht Selbsttechniken primär als Optionen der Freiheit. Wo für König die Instrumentalisierung beginnt, nämlich beim mechanischen Moment des

---

4 Mit dem Stichwort der »prometheischen Scham« greift Königs groß angelegte Moderne Kritik auf den Technikphilosophen Günther Anders zurück (vgl. Anders 1956).

Übens, entfaltet Sloterdijk die Facetten eines durch und durch positiven Übungsbegriffs. Während König den Tod allein mit anorganischer Leblosigkeit assoziiert umschließt bei Sloterdijk »Freiheit« mindestens der Möglichkeit nach auch das Sterben.

4. BEIM SPORT STERBEN

Damit komme ich auf das »Leben« sowie auf die mit Foucault als biopolitisch umrissene Typik des modernen Sterbens zurück. König und Sloterdijk gegeneinander auszuspielen ist nicht meine Absicht – Sloterdijks praxisphilosophische Perspektive steht Foucault näher, auch weil er sich grundbegrifflich von jeder Anthropologie fernhält. König hingegen muss seine Sportkritik nicht auf das schwierige Kriterium der ethisch-existentiellen Ernsthaftigkeit und Ganzheit der in Frage stehenden Anstrengungen stützen: Auch wenn Instrumentalisierungskritik sich angesichts des in jeder Hinsicht technischen Wesen des Sports stets irgendwie äußerlich ausnimmt, leuchtet Königs Zurückweisung des Doping als ruinös doch mehr ein als Sloterdijks Zurückweisung des Doping als etwas, das man mit sich lediglich machen »lasse«. Das Bild der flachen Abkürzung will schon auf die tragisch verstrickten Biografien derer, die sich von Trainingsärzten jahrelang hochspritzen lassen, nicht recht passen. Womöglich legt es aber auch nahe, ausgerechnet die autodidaktisch herumexperimentierenden Selbstdoper der Fitness-Szene (Kläber 2010) als ernsthafte Asketen zu sehen.

Ich möchte demgegenüber den biotechnischen Charakter des Sports noch einmal explizit herausstreichen und von daher zusätzliche Argumente ins Spiel bringen, die bei Sloterdijk fehlen, der den Sport im Wesentlichen als Verhaltensform des individuellen Körpers behandelt. Mein Ausgangspunkt ist der Gesichtspunkt der sterbepolitischen Transformation des Todes durch das biomedizinisch und zugleich biosozial (nämlich populationsstatistisch) bestimmte Kontinuum »Leben«.

Tritt in der von Foucault als Epoche eines *bio-pouvoir* apostrophierten Moderne (Gehring 2006) die Existenzspanne des Individualkörpers zugunsten der naturstofflichen Latenzgröße »Leben« zurück, eines Leben das *im* Körper und durch ihn hindurch behandelbar, nutzbar zu machen und steigerbar ist, so relativiert dies den Tod darauf, ein bloßes Lebensende zu sein und womöglich sogar auf verschiedenen Skalierungsebenen (Gattung, Zell-Linie, Gene) ein lebensdienliches Lebensende. Jedenfalls zielen Biotechniken, die biologisches Leben im Ganzen hantieren, an der Ebene des Sterbens eines je bloß Einzelnen vorbei. Leben machen – dafür aber sterben lassen, lautet Foucaults berühmte Formel für diesen »biopolitischen« Zug der Zeit. (vgl. Foucault 1976: 165).

Dass diese Diagnose nicht im luftleeren Raum schwebt, hat namentlich die Geschichte des 20. Jahrhunderts gezeigt. In einer Vielzahl von Formen haben Moral und Recht ab 1900 tatsächlich *das* Leben zum Subjekt erhoben – und die Bedeutung der Rechtseinheit der Person zumindest in Frage gestellt. Da ist die auf biohygienischen Wertentscheidungen beruhende, medizinisch zu vollziehende Sterbehilfe, die verschiedene Autoren Ende des 19. Jahrhunderts vorschlagen (Gehring 2006: 203ff.). Da ist die Heroisierung des Krieges um 1914 nicht länger nur als moralisch-körperliche Ertüchtigung und verdienter Weg zum Sieg, sondern als biomedizinische Reinigung einer degenerationsgefährdeten Population. Da ist die NS-Politik der so genannten »Vernichtung« – und nicht mehr »Tötung« – eines zum Ballast des völkischen Ganzen erklärten »lebensunwerten« Lebens. Da ist die Anstrengung einer Züchtung und Höherzüchtung erbgesunden Lebens: Mitte des 20. Jahrhunderts Vorderseite der NS-Sterbepolitik, später in Form »positiver Eugenik« weiterbetrieben – von der humangenetischen Beratung der Nachkriegszeit bis hin zu heutigen, mit hohem Aufwand betriebenen künstlichen Befruchtungstechnologien, welche die Verwendung qualitätsgesicherter Keimzellen vorsehen (ein Thema, über das in Deutschland unter dem Kürzel PID derzeit gestritten wird). Da ist der Transfer von lebenden Körperorganen zum Zweck des Aufschubs eines Versterbens von Patient A, während man zur Entnahme von Organen bei Patient B das Gestorbensein auf der Basis des 1969 eingeführten »Hirntodes« medizinisch herbeidefiniert. Da ist die im 20. Jahrhundert kontinuierlich verschärfte Politik eines »Lebensschutzes« bis in das Innere des schwangeren Körpers hinein – mittels der in den 1970er Jahren geschaffenen Rechtsfiktion eines vorgeburtlichen staatlichen Rechtsschutzes des Embryo – der nun »ungeborenes Leben« heißt – als Schutz auch vor etwaigen Zugriffen der schwangeren Frau. Und da sind futuristische Szenarien einer biotechnischen Ent-Endlichung des menschlichen Lebens durch einen *war on aging*, also das Projekt einer gezielten Beseitigung des biologischen Alterungsprozesses (de Grey/Rae 2007).

Die Aufzählung ergibt ein wildes Bild, dennoch sind die heterogenen Punkte uns alle mehr oder weniger vertraut: Es handelt sich um Soziotechniken oder Techno-Science-Projekte der Zeit um 1900 sowie dann des 20. und 21. Jahrhunderts. Und neu an den fraglichen Szenarien ist nicht nur, dass man sie realisieren konnte und kann, sondern vor allem, dass sie als moralisch rechtfertigungsfähig galten bzw. dass man sie heute *cum grano salis* für normal zu halten gelernt hat.

Das Phänomen Sport wie auch das Sterben im Sport fügen sich hier passgenau ins Muster. Auch im Sport wird am Individuum nicht nur der Einzelne geübt, belehrt und geformt, sondern es ist der bio- und soziotechnische Universalstoff *Leben*, welcher im Medium einer solchen Formung adressiert, bearbeitet und möglichst leistungsfähig gemacht wird. Moderner Sport folgte demnach biopolitischen Mustern. Hierfür im Folgenden einige Indizien.

a. Fitnessgebote gelten lebenslänglich

Von der Geburt bis zum letzten Atemzug – so die Maxime heutigen, auf »Gesundheit« angelegten Breitensports. Aufgefordert zum Sport sind nicht nur bestimmte soziale Gruppen oder Menschen in einem bestimmten Altersabschnitt. Vielmehr hat sich die Vorstellung, dass irgendeine Art von Sport zu jeder Lebenssituation hinzugehört auf singuläre Weise entgrenzt: Jede und Jeder *sollte* zumindest der Idee nach Sport treiben – und vom Babyschwimmen bis zum Kieser-Training hat sich das Angebot sportlicher Möglichkeiten entsprechend ausdifferenziert. Ob als Möbelpacker oder als Pharmareferentin und ob man auf dem Laufsteg sein Geld verdient oder in einer Behindertenwerkstatt: Richtig ausgewählt und betrieben ist Sport durchweg angebracht. Er verbürgt gleichsam ein Grundmaß an Vitalität.

Erfände jemand Turnprogramme für Ungeborene – ich bin sicher, sie würden eingeführt.

b. Training ist Leistungserbringung

Substanziell messbare Leistung zu erzielen ist das *telos* von Sport. Orchestriert wird die Leistungsmessung im engeren Sinne – Zeitdauer, Fehlerzahl, Torverhältnis, Durchführungsnote – zunehmend durch die Überwachung weiterer Kennzahlen: Geschwindigkeiten, Schrittzahlen, Puls- und Atemfrequenz. Vor allem im Training scheint eher die gemessene Körperbelastung als die eigentliche sportliche Betätigung zu zählen. In dieser Hinsicht gleichen sich Massensport und Leistungssport in Zielstellung, Ausstattung, Durchführung einander an: Professionell betrieben oder nicht? Mit Publikum oder ohne? Das Programm der Leistungserbringung ähnelt sich, das beginnt bei den ästhetischen Mustern (Sportkleidung aus dem Sportgeschäft gleicht den Outfits der Stars) und endet bei – nennen wir es: dem sportärztlichen Blick, den wir auf uns richten, auch wenn wir keinen Trainer haben und nie an einen Wettkampf denken.

Trifft man heute Läufer im Wald, agieren sie, als befänden sie sich in der Arena und als sei irgendwo eine Kamera aufgestellt.

c. Sportdaten sind Biodaten

Nicht mehr nur wettkampfrelevante Messung, sondern zunehmend allgemeine biomedizinische Parameter organisieren den Selbstbezug dessen, der Sport treibt. So wird im Alltag körperbewusster semiprofessionell oder jedenfalls so professionell wie möglich ein umfassendes Fitness-Monitoring etabliert: Gewicht, Muskelmasse, Blutdruck- und Stoffwechseldaten – bis hin zur Komponente einer medizi-

nischen Dauerüberwachung, etwa Sensoren, die Puls und andere physiologische Werte digital aufzeichnen und deren Messdaten man dann
auf dem PC zuhause mittels passender Programme täglich auswerten
und vergleichen kann. Kaufe ich heute ein Sport-Bustier von der Stan-
ge, so besitzt dies standardisierte Druckknöpfe, in welche ich ein
Herzfrequenzmessgerät (erhältlich in Sportfachgeschäften) einknöpfen
kann.

Sportdaten sind Biodaten in einem quasi metaphysischen Sinn: Wie
das biologische »Leben« erscheint der Kern der Leistung als ganzheit-
liche Latenzgröße der besonderen Art. Das, worauf es ankommt, ist
nicht sichtbar, sondern irgendwo im Inneren des Körpers verborgen.
Und es unterhält Beziehungen zu dem, woran wir als Individuum nur
teilhaben: den Fähigkeiten unserer biologischen Verwandten, den Eigenschaften unserer Gattung, dem Genpool unserer Art.

Ich bin sicher, irgendwann wird man Test-Kits erfinden, die auf
gendiagnostischer Basis diejenige Sportart empfehlen werden, in welcher man die besten Leistungschancen hat.

d. Vom Faktor »Psyche« zur Biotechnik der Emotion

So wie der Kollektivsingular »Leben« zwischen einem Naturstoff, einem Sozialstoff und einer informationellen Größe changiert, fungieren
als Substrat der sportlichen Anstrengung sowohl der Körper als auch
der Wille – oder in der Sprache naturalistischer Psychologien: die
»Psyche«. Grundsätzlich prägte ein ganzheitliches Ineinander von Leib
und Seele schon das Körperbild der Antike. Auch Platon, der das Phi-
losophieren als Ablösung von allein körperlichem Getriebensein vor-
stellt, muss nicht als der Körperfeind gelesen werden, zu dem König
ihn stilisiert. Der Philosoph als Vertreter einer Liebe zur Wahrheit
leugnet körperliches Begehren keineswegs (vgl. Foucault 1984). Worin
er sich übt, sind Verfeinerungstechniken, nicht roher Verzicht.

Insofern war Ethik als Balance von Körper und Seele immer schon
Technik. Allerdings kommt das moderne Konstrukt einer im Körper
physiologisch eingebetteten Materialität der Psyche – Hirn, Zentral-

nervensystem, dazu Hormone und psychoaktive Botenstoffe anderen Typs – der Idee einer Kausaltechnik der Psyche in besonderer Weise entgegen. Etwa einer pharmatechnischen Steuerung von »Emotionen«, die als im Training bearbeitbar betrachtet werden. Die dazugehörigen Konzepte sind diffus, sofern biowissenschaftliche und lebensstofflich-ganzheitliche Blickwinkel ineinander spielen. Gerade auch in Mannschaftssportarten läuft die Leistung begünstigende Arbeit mit den Emotionen auf das Ideal einer bearbeitbaren Materialität des Sozialen hinaus.

So würde ich mich nicht wundern, wenn neben physiologischen nun auch neuropsychologischen Zielgrößen im Sport Einzug halten würden – und eine Art Training der Emotionen Mode wird.

e. Sport als Gesundheits- und Sicherheitserweis

Der zum Wertwort avancierte Ausdruck »Leben« spielt für die Werbesprache eine zentrale Rolle – wie in anderen Feldern, so auch im von Werbung geprägten Sport. Auffällig erscheinen aber die vermehrten Werbeauftritte ausgerechnet von Sportlern oder, womöglich signifikanter noch, von Sport-Trainern für Produkte im Bereich der Ernährung, der Gesundheit und der Absicherung im Alter: Werbung für langfristig sichere Geldanlagen oder ausgerechnet für Lebensversicherungen wird mit dem Bild von Individuen verbunden, die für das verletzungsträchtige Sportgeschäft zumindest symbolisch verantwortlich zeichnen.[5]

Man mag die Beobachtung, dass Sport und die gesicherte Erwartung eines physisch langen Lebens sich offenbar werbeästhetisch verklammern lassen, für marginal halten. Auch sie offenbart jedoch den ebenso paradoxen wie grundlegenden Bezug von Sport heutigen Typs und biomedizinischer »Lebensqualität«: Sport ist nichts irrationales, kein ungerichteter Bewegungsbedarf. Sport zu treiben steht vielmehr

---

5 So Handballtrainer Heiner Brand (Postgiro, antea Fonds) oder Fußballtrainer Jürgen Klopp (Hamburg-Mannheimer).

für die rationale Lebensplanung des Einzelnen und für die Vorsorgebelange einer *Public Health*.

f. Sport fordert Lebenswillen um jeden Preis

Sterben Sportler, so ist der Schock dann unverhältnismäßig groß, wenn es nicht die Extremleistung selbst ist, die für Opfer sorgt, und auch ansonsten keine Schwäche des Körpers den Tod bedingt. Gemessen an der massenmedialen Routine, mit welcher Sterbefälle bei der Sportausübung registriert werden, löste der Selbstmord des Torwarts Robert Enke geradezu ein öffentliches Trauma aus.

Der »Fall Enke«, den der DFB Präsident unter anderem mit den Worten kommentierte: »Der deutsche Fußball muss Antworten finden, warum *junge Leistungssportler, die als Idole gelten*, in solche Situationen kommen können« (Focus 2009, meine Hervorhebung, pgg), zeigt neben vielem anderen: Sport und Resignation gehen nicht zusammen. Todesmut passt zum Sport, ein Sportler kann das Risiko vielleicht sogar in unvernünftiger Weise lieben – und also den Triumph über den Tod. Es kann jedoch nicht *nicht mehr leben wollen* und das Leben preisgeben.

Galt dies möglicherweise schon für den Wettkampf der Antike, dann zeigt der Fall Enke, wie die Moderne wiederum einer biopolitischen Logik gemäß reagiert. Nur kurz wurde der tote Torwart als tragische Größe, als Sonderfall oder in anderen Schicksalsbegriffen diskutiert. Stattdessen setzte nach wenigen Tagen eine Debatte über Depression als Volkskrankheit, über die Früherkennung von Krankheitssymptomen und über geeignete Präventionsmaßnahmen in Gang. Der widersprüchliche Freitod wurde als – dann doch wieder typischer – Ausgang einer Krankheit gerahmt. An die Stelle der Irritation am Sport traten eine *Public Health* Botschaft und eine generalisierte biomedizinische Sorge: Auch der fit erscheinende Sportler kann an einer verborgenen Seelenkrankheit leiden.

Im Grunde stirbt man nicht *am* Sport, sondern allenfalls *beim* Sport – von dieser Bionorm scheint die öffentliche Verarbeitung tödlicher Episoden im Sport getragen. Und stirbt man *beim* Sport, so kann tödlich höchstens das Übermaß von etwas gewirkt haben, dessen eigentlich »gesundes« Wesen nicht in Frage steht: bei richtiger Dosierung, richtigem biotechnischen Monitoring etc. wäre sicher nichts passiert. Oder aber man stirbt an einer individuell mitgebrachten Disposition, mit welcher das Sportsystem nicht rechnen musste: Am übersehenen Herzfehler, an der nicht rechtzeitig diagnostizierten Erschöpfung, am Materialfehler eines Geräts – bis hin zur Depression. Alles, was im Sport geschieht, war gewissermaßen *per se* mit dem Leben im Bunde.

Damit stoßen wir auf das eigenartige Paradox, dass es im Sport zwar um körperliche Selbstkontrolle geht, aber nicht in letzter Instanz um eine Selbstbeherrschung, die den Willen zum Tod mit einschließt. In dichte Rückkopplungsnetze von Disziplin, Regeln, Geräte, Details von Messverfahren eingebunden zeigt der Athlet nicht die Souveränität von jemandem, der seinen eigenen Köper im Angesicht des Todes perfekt steuert. Er ist vielmehr – im Vollzug der extremen Leistung – doch ein Sinnbild der Todesvergessenheit. Seine Selbstbeherrschung zielt auf eine biophysische Leistung, aber nicht existentiell auf eine Tat. Oder anders gesagt: Was der Sportkörper ausagiert, ist weniger ein Ego. Eher die anonyme Notwendigkeit des Leistens – dessen, was ein Publikum im Medium eines exemplarisch vorgeführten Körpers an übertragbarer Stofflichkeit seiner Selbst entdeckt: Ein vitales Wir. Und dies wiederum wäre gewissermaßen Leben pur.

5. SPORT UND LEBEN: WAS SAGT DIE ETHIK?

Der Vorschlag, Anthropotechniken im Sport nicht als Individualanstrengungen oder Selbsttechniken im allgemeinen, sondern – spezifischer – als moderne Biotechniken zu lesen, mündet in die Frage, was denn aus der geschilderten Konstellation für die Erlebensperspektive folgt. Lassen sich hier womöglich Gesichtspunkte für eine Ethik oder auch Politik des Sports gewinnen?

Die Diagnose nochmals in Kürze. Wie das Sterben in der Moderne generell so hat sich das Sterben im Stadion – der seiner triumphal verleugneten Möglichkeit nach in früheren Zeiten besonders zelebrierte Tod des gymnastischen Heroen – verwandelt in ein quasi-klinisches Vitalphänomen. Sport heute kennt keinen Tod. Es versagt nur mehr *beim* Sport ein schwaches Leben.

Sloterdijk hat hier den Verlust des Ethos einer aufs Ganze gehenden Übung beklagt: Im Leistungs- und Massensport heutigen Typs hat das keinen Namen mehr, was vormals den Ernstfall und den Fluchtpunkt der sportlichen Askese bildete: sterbend zusammensinken, sei es als Sieger oder Verlierer, jedenfalls in der Selbstüberwindung allemal wie der Läufer von Marathon am Ziel. Soll man also einem neuen Heroismus das Wort reden? Nehmt dem Sport die Lauheit, vielleicht auch das Massenpublikum und das Doping, all die geistlosen, rein physiologischen Trainingsmethoden, aber gebt ihm das Ich, die eigene Willkür, die Handlung, die dazugehörige Einsamkeit und auch den Tod zurück – das scheint die Botschaft von *Du mußt dein Leben ändern* zu sein. Königs Ideal geht in die entgegengesetzte Richtung. Er scheint an einen offensiv leistungslosen, jeden Tag neu erfinderischen Anti-Sport zu denken. Welche Rolle Übung, Anstrengung, Publikum und der eigene Wille in diesem Zusammenhang spielen sollen, führt er nicht aus.

Rückkehr zu athletischem Ernst oder Kunst des Stolperns, Sport als Lebensbekundung, die den Tod nicht fürchtet, oder aber als Demonstration einer Todesüberwindung, die dem Leben einen dissidenten Zusatz-Sinn abgewinnt? Mich überzeugt diese Alternative nicht. Weder positiv noch negativ sollte der Todesbezug die Nagelprobe sein, an welcher sich das Wesen sportlicher Aktivitäten entscheidet. Sport muss weder den Tod transzendieren, noch muss er »gesund« sein, um sich zu rechtfertigen. Jenseits der Frage, ob das Sterben zum Sport gehört (oder aber ihn widerlegt) ist er – wenn überhaupt – als eine Form der Freiheit interessant. Das Individuum mag hier genau darin sich wohlfühlen, dass es sich weder durch die Bedrohung mit dem Tod noch durch die Bindung an bestimmte, durch Überbietungsversprechen beliebig inflationierbare Begehrlichkeiten des biomedizinisch »leistungs-fähigen« Lebens bestimmen lassen muss.

Sollte Sport darauf hinauslaufen, zuweilen für sich selbst über Grenzen hinweg zu gehen, so sollte dies – todesethisch gesprochen – in epikureischer Manier geschehen: Im Stil einer Ethik des Vollzugs, die weder pathetisch den Tod wagt, noch umgekehrt sich auf unerschöpfli-che Vitalität verlässt und damit Sport quasi im abgesicherten Modus garantierter Todlosigkeit treibt. Beim Sport oder auch durch Sport den Tod zu finden – das mag dann vorkommen, aber es hätte keine heroi-sche Pointe mehr und es wäre auch nicht tragisch. Weder benötigten wir folglich eine sporttypische Kunst des Sterbens – jenen »inneren Androiden«, von welchen Sloterdijk schreibt. Noch zehrte Sportbegeis-terung von einem biotechnisch eingebetteten Heroismus des Lebens. Tod wie auch Leben machen erpressbar, wenn man sie zum ultimati-ven Beweisfall einer zur »Leistung« erklärten Askese hochstilisiert. Erpressung aber steht der Freiheit im Wege, und also dem Sinn von Ethik.

LITERATUR

Anders, Günther (1992): Die Antiquiertheit des Menschen. Über die Seele im Zeitalter der zweiten industriellen Revolution. München (Zuerst 1956).

De Grey, Aubrey/Rae, Michael (2007): Niemals alt! So lässt sich das Altern umkehren. Fortschritte der Verjüngungsforschung, übers. v. Patrick Burgermeister und Melanie Grundmann. Bielefeld (2010): transcript Verlag.

Focus (2009): Fall Enke: Zwanziger will Aufarbeitung. In: Focus 12.11.2009 http://www.focus.de/sport/fussball/bundesliga-fall-enke -zwanziger-will-aufarbeitung_aid_453526.html [abgerufen am 17. 05.2011].

Foucault, Michel (1963): La Naissance de la clinique, Paris. [Die Geburt der Klinik. Eine Archäologie des ärztlichen Blicks. Übers. v. W. Seitter, Frankfurt am Main 1988].

Foucault, Michel (1966): Les Mots et les Choses, Paris. [Die Ordnung der Dinge. Eine Archäologie der Humanwissenschaften. Übers. v. U. Köppen, Frankfurt am Main 1974].

Foucault, Michel (1976): Histoire de la sexualité I. La volonté de savoir, Paris. [Der Wille zum Wissen. Sexualität und Wahrheit 1. Übers. v. U. Raulff und W. Seitter, Frankfurt am Main 1983].

Foucault, Michel (1984): Histoire de la sexualité II: L'usage des plaisirs, Paris. [Der Gebrauch der Lüste. Sexualität und Wahrheit 2. Übers. v. U. Raulff und W. Seitter, Frankfurt am Main 1986].

Gebauer, Gunter/Hortleder, Gert (1986) (Hg.): Sport – Eros – Tod. Frankfurt am Main.

Gehring, Petra (2006): Was ist Biomacht? Vom zweifelhaften Mehrwert des Lebens. Frankfurt am Main, New York.

Gehring, Petra (2009): Wert, Wirklichkeit, Macht. Lebenswissenschaften um 1900. In: Allgemeine Zeitschrift für Philosophie 34/1. S. 117-135.

Kläber, Mischa (2010): Doping im Fitness-Studio. Die Sucht nach dem perfekten Körper. Bielfeld.

König, Eugen (1996): Sport und Tod. Philosophische und soziologische Reflexionen zum anthropofugalen Sport. [Univ. Habil. Vortrag am 13. Juni 1996, an der FU Berlin, FB Erziehungswissenschaft, Psychologie und Sportwissenschaft].

König, Eugen (2000): Sport und Tod. Philosophische Reflexionen zum anthropofugalen Sport. In: Barbara Ränsch-Trill (Hrsg.): Natürlichkeit und Künstlichkeit. Philosophische Diskussionsgrundlagen zum Problem der Körper-Inszenierung. Tagung der dvs-Sektion Sportphilosophie vom 12.-13.11.1998 in Köln. S. 89-97.

Müller, Arno (2008): Risikosport. Suizid oder Lebenskunst. Hamburg. Zunächst erschienen als: Sterben, Tod und Unendlichkeit im Sport. Eine existenzphilosophische Deutung (2007). Phil. Diss. Köln.

Sloterdijk, Peter (2009): Du mußt dein Leben ändern. Über Anthropotechnik. Frankfurt am Main.

Übungsversprechen

Die Schönheit der Wiederholung

Im Sport und in der Kunst

GERHARD GAMM

> ...eine Wiederholung bejahen, die vor
> der fesselnden rettet.
>
> Gilles Deleuze

Etwas zu wiederholen, ist langweilig, es macht die Dinge schal und verurteilt selbst lebendige Bewegungen zu monotonen Größen. Unmöglich, die Frische ursprünglichen Erlebens zu wiederholen. Und nicht nur das: »Die häufige Wiederholung derselben Eindrücke«, schreibt Maine de Biran in seinem 1803 erschienenen *Mémoire sur l'influence de l'habitude*, »schwächt zunehmend die ihnen entsprechenden Gemütsbewegungen, bis sie am Ende vom Bewusstsein mal mit Indifferenz und mal überhaupt nicht wahrgenommen werden«[1]. Bei der Wiederholung handelt es sich um eine im höchsten Grade abstoßende Kraft.

---

1 De Biran (1987: 204). An anderer Stelle heißt es: Man fällt in einen Zustand der Betäubung und Trägheit, der kaum mehr vom Tod zu unterscheiden ist.

Ist es nicht sonderbar, fragt Kierkegaard, dass »Langeweile, die selbst ein so ruhiges und gesetztes Wesen ist, eine derartige Kraft hat, etwas in Bewegung zu setzen«[2]? Verhält es sich mit der Wiederholung nicht ähnlich? Es ist erstaunlich, wie schnell man von ihr wegkommen möchte; wie sehr sie mit Gewohnheit und Konditionierung, mit blindem Üben, Automatismen und solchen in jeder Hinsicht unfreien und abgestumpften Verhältnissen assoziiert wird. Dagegen verblasst unweigerlich ihr großes Versprechen, Sicherheit und Vertrautheit, Stabilität und Orientierung, Lerngewinne und Berechenbarkeit zu garantieren, ja, die unersetzlichen Tugenden herzustellen, die bekanntlich in nichts anderem so gut aufgehoben sind wie in der Gewohnheit. Nichts garantiert die Fortsetzung des (sozialen) Sinns so sicher wie die Wiederholung – zu Recht gilt sie daher als das Anti-Chaos-Programm par excellence. Selbst- und Temporalsinn, Sach- und Sozialsinn finden in den Gleisen der Habitualisierung ihre schönste und sicherste Verbindung. Ihr bietet die Soziologie als Wissenschaft von der Wiederholung eine breite Plattform, hatte doch, gleich zu Anfang, Gabriel de Tarde in der Grundlegung der *faits sociaux*, die ›Gesetze der Nachahmung‹ zur entscheidenden Wissenschaftsbasis der Soziologie erklärt.

Nicht nur Aristoteles, auch Kant hat die tragende Rolle der Gewohnheit in der Bildungsgeschichte der Tugenden herausgestellt (vgl. Kant 1968: 47ff.). Mit ihr als Geländer gelingt es dem Einzelnen, sowohl sein Selbstverhältnis als auch seine Beziehung zur Gesellschaft dauerhaft zu stabilisieren und zu rationalisieren.

Sind Langeweile, Trägheits- und Abstumpfungseffekte im Bildungsprozess bürgerlicher Tugenden noch mit Händen zu greifen, könnten Wiederholungsphänomene wie »Iterationen« (von der fraktalen Geometrie über die Hermeneutik bis zur Dekonstruktion) oder die

---

2   Kierkegaard (1975: 331). Kierkegaard geht in Betrachtung von Langeweile und Gewohnheit noch weiter, er schreibt, dass man selbst Kindermädchen eher danach aussuche, ob sie in ästhetischer Rücksicht die Kinder gut zu unterhalten wüssten, weniger, ob es in der Erziehung eher nüchtern, zuverlässig und anständig zugehe.

Verwendung von »Zitaten« (die Wiederholung von Siegerposen, zuletzt der Usain Bolts) schon Zweifel aufkommen lassen. Das »reentry«, die Wiedereinführung einer Unterscheidung in den durch die Unterscheidung getroffenen Unterscheidungsbereich, wurde systemtheoretisch zu einer großen Nummer. Überhaupt sind Iterationen die besondere Form des Wiederholens im Denken, Wahrnehmen und Handeln unter radikal modernen Bedingungen.

Filme, Bücher, Autos, Fitnessprogramme werden heute fast ausschließlich in »Serie(n)« zur Welt gebracht oder in »Reihen« geordnet, lange bevor ihr phantasmagorischer Warenkörper das Licht der Welt erblickt. Ständig geht die Reihe (die Kette) dem Glied, die Marke dem Eigennamen, das Format dem Formatierten voran.

Die *Serie* ist eine ungemein intelligente Erfindung, kombiniert sie doch auf geschickte Weise das Bedürfnis nach Neuerung mit der lustvollen Befriedigung, die aus dem Wiedererkennen oder dem, wie Nietzsche sagt, »Frohlocken des wiedererlangten Sicherheitsgefühls« erwächst. Mittels der typischen Korollarien in der Wahrnehmung der Serie weiß man, was man zu erwarten hat, um in eben diesem Rahmen mehr oder weniger große Variationen, Modifikationen, Transformationen, Juxtapositionen, d. h. Individuationen, vornehmen und genießen zu können. Alles im Leben ist Wiederholung, aber so, das ständig variiert wird. Der Quellcode dieser Geschichte lautet: Die Götter lieben den Wechsel, die Menschen die Wiederholung. Da die Menschen aber partout nicht vom Privilegium der Götter ablassen wollten, erfanden sie die Serie.

Und dennoch, in dem, was man wiederholt, bleibt man unweigerlich an die Vergangenheit gekettet. Jeder Sinn für die Zukunft, jeder Wille zur Veränderung scheint der konservativen Natur von Routinen, Rollen und Ritualen, von Traditionen und Institutionen fern zu liegen. Kein Abgrund gräbt tiefer als der, den wir in Richtung des Neuen oder Spontanen zu überbrücken haben. Das lässt gleichwohl die unumstößliche Tatsache unberührt, dass man mit ihr und nur mit ihr und ihrer Mechanik unendlich viel in Bewegung setzen kann. Nahezu jede Exzellenz und jedes höhere Gelingen speist sich aus dieser dubiosen

Quelle. Kierkegaard überbietet dies noch, wenn er glaubt, dass alles in der Welt einzig durch Wiederholung Bestand hat. »Wenn Gott nicht selber die Wiederholung gewollt hätte, dann wäre die Welt nie entstanden [...], deshalb besteht die Welt und besteht dadurch, daß sie eine Wiederholung ist, Wiederholung, das ist die Wirklichkeit und der Ernst des Daseins« (Kierkegaard 1955: 5). Das leuchtet auch der modernen Erfahrung unmittelbar ein, so sehr sie auch die vorbildlose Produktion (und Präsentation) des Neuen als ihr Markenzeichen erkoren hat; sie sieht die Natur wie die Kultur der ganzen Anlage nach, so Sloterdijk, als »Wiederholungssysteme für das Bewährte«.[3]

Aber dass die Wiederholung »schön« sei, wie der Beitragstitel es nahelegt –, das kann man beim besten Willen nicht behaupten. Zwischen der Poesie des Schönen und der Prosa alltäglicher Bewährungsproben liegen durchaus einige Stolpersteine des Begriffs; es sei denn, man erinnert sich nochmals an Kierkegaard, der in seinem *Versuch in experimentierender Psychologie*, so der Untertitel seines schmalen Bands *Die Wiederholung*, eben dies propagiert:

»Wer aber nicht begreift, daß das Leben eine Wiederholung [...], und [...] dies des Lebens Schönheit ist, der hat sich selbst gerichtet und verdient nichts besseres, als daß er umkommt [...]; die Wiederholung [...] ist das tägliche Brot, welches satt macht und dabei segnet« (Kierkegaard 1955: 4).

---

3 Sloterdijk (2009: 505). Interessanterweise berührt Sloterdijk den Witz des kierkegaardschen Wiederholungsverständnisses mit keiner Zeile. In der Relektüre Kierkegaards, Nietzsches und Freuds war es im Übrigen Gilles Deleuze in seinem Versuch, die Differenz in die Wiederholung und die Wiederholung in die Differenz einzuführen, vorbehalten, das Moment des Neuen in der Selbstwiederholung herauszuarbeiten. Kierkegaard zeigt auch, dass die Wiederholung unmöglich ist; dass die Reise, die er einst nach Berlin unternommen hat, um die schönen Stunden noch einmal zu erleben (erinnern), in der Wiederholung eine andere ist.

So hoch möchte ich meinen Versuch in experimentierender Sozialphilosophie nicht hängen, aber doch darauf bestehen, dass die rohe Kost der Wiederholung nicht nur sättigt, sondern, wie gesagt, »segnet«: Kierkegaard mit seinem Rückgriff auf ein sakral grundiertes Vokabular nicht ganz falsch liegt.[4] Es geht hier nicht – wie bei Kierkegaard – um die zwiespältige Explikation des Lebenssinns aus dem Geist der Wiederholung und seiner Schönheit, sondern eingeschränkter, prosaischer um die Schönheit der Wiederholung im Sport (und in der Kunst). Es geht weder um ein Programm noch um eine ausgefeilte These, sondern um einige Gedanken, die bei der Lektüre eines Interviews mit dem Skispringer Sven Hannawald entstanden sind.

Was die Methode dieser kleinen Unternehmung betrifft, ist – angesichts einer theoretischen Ausgangslage, die von: ›alles im Leben ist Wiederholung‹ bis ›streng genommen gibt es keine Wiederholung‹ reicht – mit einer Definition wenig gewonnen. Was auch für die stark ramponierte kulturkritische Konstruktion einer Unterscheidung von Wiederholungstypen gilt, bei der auf der einen, der besseren Seite *rhythmische*, dynamische, verschobene, maskierte usf. Wiederholungen auftreten, denen auf der anderen Seite *metrische*, statische, mechanische, stereotype usf. entgegenstehen. Besser ist es, gleich das Register zu wechseln, und die Aufmerksamkeit auf das Besondere offensichtlicher Wiederholungen zu lenken.

GUTE SPRÜNGE MACHT MAN, PERFEKTE PASSIEREN

Ästhetische Erfahrung ist nicht allein eine Domäne der Kunst, wir machen sie auch im Sport. Auch hier scheint sie eine unerschöpfliche Quelle der(selben) Lust zu sein. Bei ihr liegen, wie so oft, Wiederholungszwang und Wiederholungslust eng zusammen. Um das näher zu

---

4 Dass sie »segnet«, gilt Kierkegaard zufolge vor allem für die ethische und einen Teil der ästhetischen Wiederholung.

erläutern, könnte es zweckmäßig sein, erstens, die kantische Definition, dass schön sei, was interesselos *gefällt*, als Vorbegriff zu nutzen
und dahingehend zu modifizieren, dass schön sei, was absichtslos (d. h.
auf bestimmt unbestimmte Weise) *gelingt*; sich dabei, zweitens, zunächst auf die Innenperspektive der Beteiligten, d. h. die Erfahrung des
Sportlers und des Künstlers zu stützen; um, drittens, die Startbedin-
gung ins Auge zu fassen, nach der die Serien der Wiederholung eine
Bedingung dafür sind (oder sein können), dass der überwältigend
schöne Augenblick einer sportlich initiierten Bewegung eintreten kann.
Um ein Verständnis dieses Augenblicks soll es im Folgenden gehen.

Dass dieser Augenblick einer gelungenen Bewegung hinzutritt,
hängt nach allgemeiner Auffassung nicht vom Sporttreibenden allein
ab – gleichgültig, ob er geduldig auf ihn wartet oder versucht, ihn strategisch herbeizuführen: Der schöne Augenblick entzieht sich allen
Versuchen, ihn planmäßig durch eine willentliche Anstrengung zu organisieren. *Er passiert.* Seine Erfahrung in Form einer gelungenen
Bewegung ist gleichsam der Spalt, der sich innerhalb der Zeit öffnet,
um dem anderen, das im Hier und Jetzt auftaucht, zu seiner flüchtigen
Existenz zu verhelfen. Was schön ist, erhaschen wir nur im Flug, wir
erleben den erfüllten Augenblick nur, indem er vergeht. Im besagten
Interview zitiert Sven Hannawald eine österreichische Skiikone: »Gute
Sprünge macht man, perfekte passieren«.

Die Basis dafür legt eine schier endlose Zahl von Trainingssprün-
gen. Nicht zu wissen, wie es passiert, heißt, in Weiterführung des Ge-
dankens, nicht zu wissen, was man im Einzelnen dafür tun muss(te),
um vom Gewöhnlichen zum Außergewöhnlichen, von einer im *Können*
des Athleten gut koordinierten und integrierten Bewegungsfigur zu ihrem *Gelingen* zu kommen.

Die hohe Kunst besteht offensichtlich darin, sich aus den Fesseln
des Willens zu befreien und sich einem leicht tranceähnlichen Zustand
zu überlassen, der der Bewegung die Vollkommenheit der mechanischen und unbewussten Verrichtung überträgt – ohne weitere Überlegung oder Absicht. Es scheint, als ob der Körper, das Sportgerät, das
endlose Üben und selbst die Umgebung vergessen würden, als ob der

Tennisschläger oder die Ski sich (wie) von selbst führten – und einem dieses Vergessen der Bewegung, des Anderen seiner selbst, wie sonst nichts auf der Welt Gelegenheit böte, es zu genießen: ein unbeschreibliches Vergnügen an einem Tun, das sich selbst vollzieht und sich dabei auf unerklärliche Weise von den Anstrengungen des Willens gelöst hat. ›Es passiert‹ trägt den dreifach geteilten Wortsinn von *geschehen* (sich ereignen), *vorbeigehen* und *hinüberschreiten*. Von Entscheidungszwängen und Intentionen befreit, wohnt man den verschiedenen Bewegungen wie den Verrichtungen eines anderen bei und bewundert doch seine unabsichtliche Vortrefflichkeit – die Kunst des Skifahrens oder Skisprungs.

Man könnte sagen, die Bewegung selbst wird zu ihrem eigenen Demiurgen, die Bewegung selbst führt Regie. Man muss schon tief in die Begriffskiste der Metaphysik greifen, um mit Formeln, wie der des unbewegten Bewegers, diesen Punkt (oder Augenblick) genau zu bestimmen. Die Formel soll an die Unvergleichlichkeit des Höhepunkts erinnern, an dem die Bewegung zur Urheberin ihrer selbst wird, kein Autor oder Regisseur mit seinen Absichten störend dazwischentritt. In Schillers *Briefen über die ästhetische Erziehung des Menschen* heißt es: »In dem ästhetischen Zustand ist der Mensch also Null« (Schiller 1966: 254). Man selbst hört auf, etwas zu produzieren. Anstatt etwas zu machen, erfährt (oder betrachtet) man, – mitgerissen, aber ohne Zwang, was auf unerklärliche Weise mit einem passiert. Für den schwindenden Augenblick bietet die Bewegung dem Sportler oder auch dem Künstler die Möglichkeit, das zu betrachten, was aus dem wurde, aus dem er sich wie von selbst (»traumwandlerisch sicher«) zurückgezogen findet. Es ist gleichsam diese sich ermöglichende göttliche Position des Gelingens einer Bewegung im Sport oder Spiel, die in ihrem unvergleichlichen Rausch alles andere in den Schatten stellt. Steckt schon im *Können* ein befreiender Genuss, steckt im *Gelingen* eine Erfüllung. Wären nicht »Offenbarung« und »Verheißung« ein wegen theologisch-emphatischer Untertöne lange entsorgtes Begriffspaar, es hätte an dieser Stelle seine Berechtigung: »Jede Saison«, sagt Hannawald, »fängt mit der Jagd nach dem geilen Gefühl an. Man hofft, daß sich so schnell wie möglich wieder eine Granate meldet. Das ist Gänsehaut pur, das will man so oft wie möglich erleben, dem fiebere ich entgegen. Kein Laie kann sich das vorstellen: Wenn man nahezu den perfekten Sprung erwischt, vergeht die Zeit vom Absprung bis zur Landung wie in einem Nebeltraum; ganz langsam wie in Zeitlupe. Man kennt das von manchen Filmen, wenn die *slow motion* alles extrem verzögert darstellt«.[5]

Sportler wie Künstler vergleichen die radikale Intervention des Gelingens ins Können häufig mit einer Sucht. Gelingen macht süchtig. Gelingen heißt, Tuchfühlung mit dem Vollendeten, seiner Erfahrung und seiner Darstellung aufnehmen. »Adrenalin pur« ist nur das neurobiologisch versimpelte modische Stereotyp des höchsten Ausdrucks der Gefühle. In jedem Fall schlägt es alles andere in seinen Bann. Schöne Sprünge, weiß Hannawald, sind wie eine Sucht. Die Suche nach dem Absoluten: nach der treffend, passend, formvollendet schönen Bewegung und dem Augenblick seiner Erfahrung ist kein geringer Anlass, den Schlag oder Sprung, den Schwung oder Wurf, den Lauf oder das Spiel, den Stoß oder den Kampf endlos zu wiederholen, nicht nur im Spitzen-, auch im Breitensport – jeder kennt das –, in der Hoffnung, dass gleichsam in der »Überraschung durch das Erwartete« (P. Valéry) jener wunderbare Augenblick eintritt: in dem man endlich den Tennisball bei genauem Timing und dem entsprechenden Spin (Topspin) in die richtige, vom Gegner unerwartete, Ecke platziert; in dem man endlich bei richtiger Balance und dem Körperschwerpunkt über der Skimitte die Kanten so dynamisch wechselt, dass sich der nächste Schwung wie von selbst einleitet und einem darüber hinaus das

---

5 Hannawald (2003: 35). Eine andere Beschreibung, aber nicht weniger drastisch, liest man bei dem den *Neuen Wilden* zugerechneten Maler Albert Oehlen, der mit seiner Umsetzung des *Bad Painting* zu den bedeutenden Malern seiner Generation zählt: »Andererseits, wenn es *gelungen* [Hervorheb. G. G.] ist, dann fühlt man sich wie Toni Schumacher, wenn er mit 400 Kilometer pro Stunde dem Linienrichter über die Fahne kachelt« (Oehlen 2010: V2/8).

unvergleichlich (narzisstische) Glück zuteil wird, im Schwung – und in Begleitung seines Schattens – auch noch die äußere Gestalt der Bewegung, das fliehende Bewegungsbild, wie in einem Spiegel wahrnehmen und genießen zu können. Der ästhetische Reiz liegt hier wie überall in der Annäherung an den Umschlagpunkt in das Unmögliche. Die Millisekunde entscheidet über ›zu kurz‹ oder ›Granate‹, wie Hannawald sagt, ob man den Balken trifft oder nicht. Die Granate sei das, was ihn über Wasser halte und dieser innere Antrieb komme automatisch: »weil man schon mal das Schöne erlebt hat, das ist die Sucht«. In der »Granate« koinzidieren die objektiv-vergleichbare (messbare) Höchstweite und das Selbstgefühl formvollendeten Gelingens.

Unter die vielen Vorzüge, die der Sport bietet, zählt der jeder Idealisierung des Sports höchst unverdächtige Robert Musil auch die, wie er schreibt, »beinahe mirakulöse Natur des besonders guten Gelingens, wo der Erfolg sozusagen schon vor der Anstrengung da ist« (Musil 1955: 819).

Vermutlich genügt es schon, in die Nähe dieser Erfahrung gekommen zu sein, um zu verstehen, dass sie alles verwandelt, dass sie, wie bei einer Initiation, eine Schwelle überwindet, oberhalb derer alles anders wird. Aus der Teilnehmer- wie der Beobachterperspektive sieht man den Sportler über sich hinauswachsen (hinüberschreiten). Es hinterlässt beim Sportler Erfahrungsspuren, die der große französische Schriftsteller und Antiphilosoph P. Valéry auch beim Künstler beobachtet hat: eine Lust, die das seltsame Bedürfnis auslöst, eine Bewegung, einen Zustand, ein Ereignis, ein Objekt zu produzieren und zu reproduzieren, mit dem sie verbunden zu einer »Quelle von Aktivität *ohne einen bestimmten Endpunkt* wird, und einem ganzen Leben Disziplin, Eifer und Beunruhigung aufprägen« (Valéry 1955: 226). Der kleine unerklärliche Rest dieser an Schönheit außergewöhnlichen Bewegungserfahrung schlägt unweigerlich groß zu Buche, er wird, nochmals Valéry, zur Suche nach einem »unbegrenzten Neubeginn«.

SCHÖNHEIT, WIEDERHOLUNG UND VOLLENDUNG

Es könnte in diesem Zusammenhang interessant sein, dem, was Valéry über Schönheit, Wiederholung und Vollendung zu sagen hat, auch unter sportästhetischen Aspekten weiter nachzugehen. Schön sei, heißt es in den *Cahiers*, »wenn das *Er*blicken des Gegenstands zum *An*blicken reizt«, wenn der Gegenstand etwas enthält, »wodurch sich dies ›unbegrenzt‹ wiederholen will« (Valéry 1993: 34).

Der Schönheitssinn der eigenen Bewegung wird angesprochen, wenn das Erleben einer Bewegungsfigur zum Fortfahren [qua Wiederholen] reizt; wenn die gelungene Bewegung in ihrer Zweckmäßigkeit ohne Zweck so zwingend wird, dass im Wiederholen die bedenklichen Gewohnheitseffekte nicht nur heruntergespielt, sondern aufgehoben werden: ein Bild oder eine Bewegung von sich aus so attraktiv sind, sie laufend zu wiederholen. Diese vom wirklichen Gelingen ausgehende Wiederholung besitzt nach Valéry die Macht eines »unbegrenzten Neubeginns«. Das Schöne und seine die Vollendung tangierende Erfahrungsform haben an sich selbst genug, sie sind daher versucht, ständig auf sich zurückzukommen.

»Die Schönheit eines Gegenstandes ist das, was ihn für einen bestimmten Menschen zu einer praktisch unerschöpflichen Quelle von Aufmerksamkeitsenergie macht; er ist zwar wehrlos dagegen, aber er ermüdet auch nicht. […] Mithin kann ein Gegenstand einen Funktionsablauf in Gang bringen, der sich tendenziell selber aufrechterhält« (ebd.: 42).

Cézanne wird nicht müde, den Mont Sainte Victoire unzählige Male auf Leinwand zu bannen. Marc Rothko vergleichbar bearbeitet Josef Albers über Jahre hinweg dasselbe Motiv, er huldigt seiner Liebe zum Quadrat in unzähligen Farbvariationen. Die Quadrate im Bild wiederholen selbstbezüglich die Form der Leinwand und eröffnen in ihren Farbkombinationen nahezu unendliche Möglichkeiten der Variation.

Entscheidend ist, dass das Gefesseltsein im Anblick des Schönen nicht vom Gefühl eines äußeren Zwangs begleitet wird: Dem Schönen gibt man sich gerne hin. »Frei« und »determiniert« bilden angesichts des Gelingens keine unversöhnlichen Gegensätze. Paradoxerweise fühlt man sich in dieser Art des Ausgeliefertseins freier als in jeder anderen Situation. Der eigentlich ästhetische Genuss beim rezeptiven Subjekt besteht darin, sein eigenes Nichteingeschränktsein durch die faktische Welt zu genießen. Was das Schöne der Kunst und den Augenblick der gelungenen Bewegung aufs Engste verbindet, ist, nochmals Valéry,

»der Wunsch nach ständigem Neubeginn – scheinbar unendliches Wiederholen – und ist daher das Gegenteil der Sucht nach dem Neuen. Man kann sich nicht sattsehen am Immergleichen – was paradoxe Überraschung ist – *Überraschung durch das Erwartete*. Das Schöne ist Sehnsucht nach dem Selben, das Neue Sehnsucht nach dem Anderen« (ebd.: 56).

Dabei kommt der sportlichen Bewegung ein besonderer, seine Sinnes- und Erfahrungsmodalität betreffender Umstand zur Hilfe, auf ihn hat bereits der zu Anfang erwähnte Aufklärungsphilosoph Maine de Biran aufmerksam gemacht. Er hebt hervor, dass sich Wiederholungen auf die Sinneswahrnehmung anders auswirken als auf Bewegungen. Während sich die Wahrnehmung unter dem Einfluss der Gewohnheit regelmäßig trübt, die Aufmerksamkeit einschläfert und in ihrer Schärfe abnehmen lässt, ist das bei Bewegungen anders, sie erhalten durch Übung größere Flüssigkeit, Genauigkeit und Leichtigkeit. Was auf der Seite der Wahrnehmung Abstumpfung und Indifferenz zur Folge hat, führt auf Seiten der Grob- und Feinmotorik zu größerem Können, was im Übrigen, wie er weiter herausstreicht, auch für das höchstplatzierte Organ, das Denkvermögen, gilt.

Wenig fehlt, um daraus eine Definition zu machen: Schön ist, was uns wie von selbst Anlass gibt, es zu wiederholen. Was, wenn nicht das (außergewöhnlich) Schöne (einer gelungenen Bewegung im Sport), kann uns durch sein bloßes Dasein in einer Art zwanglosem Zwang dahin bringen, es wieder und wieder zu tun (oder anzublicken)? Das Schöne ist, um Kant abzuwandeln, die Freiheit in dem Zwange, es zu wiederholen. »Nachdenken«, schreibt Valéry, »heißt: beharrlich auf die gleiche Farbe, das gleiche Pferd, die gleiche Zahl setzen«.[6] Sport treiben heißt: beharrlich auf die gleiche Bewegung, das gleiche Timing, den gleichen Kraftaufwand zu setzen und aus der minimalen Differenz in der Wiederholung, d. h. der Variation, den größten Leistungs- und Lustgewinn zu ziehen, möglichst so, dass sich – in der »Überraschung durch das Erwartete« – jener Spalt öffnet, der den überragend schönen Augenblick des Gelingens hinzutreten lässt.[7]

Jede Arroganz des Intellektuellen ist hier fehl am Platze. Das Glück eines nahezu perfekten Sprungs ist in demselben Sinn eine *promesse de bonheur* wie der Anblick des Schönen bei einem Bild von van Gogh. Es kann wegen der sinnlich verkörperten Bewegungslust den intellektuell verfeinerten Genuss einer Theateraufführung leicht übertreffen. Mit seinem fast untrüglichen Instinkt für den materialistischen Unterbau und seine Symbole hat Freud das Schönheitsempfinden in seiner Abkunft von triebhaft körperlichen Freuden gesehen. Adorno ist ihm trotz gravierender Unterschiede in entscheidenden Punkten gefolgt: »Am Ende wäre das ästhetische Verhalten zu definieren als die Fähigkeit irgend zu erschauern, so als wäre die Gänsehaut das erste ästhetische Bild« (Adorno 1970: 489).

---

6   Valéry (1989: 80). Zudem spielt bei Valéry der Zufall eine große Rolle: »Ohne Zufall keine Reflexion«.

7   M. Seel hat m. E. zu Recht darauf bestanden, dass die sportliche Leistung in einem entscheidenden Aspekt keine Leistung, sondern ein Gelingen ist: die »Fähigkeit des Sportlers […] es zu diesem Gelingen kommen zu lassen, sich zum Geschehen der Welt bewusstlos zu verhalten, dass es zu Augenblicken eines letztlich nicht intendierbaren Gelingens kommt« (Seel 1993: 96).

UNBESTIMMTE BESTIMMTHEIT DES GELINGENS

Wenn Hannawald sagt, kein Laie könne sich die Geilheit dieses Augenblicks vorstellen, hat er recht und unrecht zugleich. Unrecht hat er, weil jeder nur ein wenig in seiner Sportart oder Disziplin engagierter Freizeitsportler durchaus diese Erfahrung kennt, wenngleich wohl eher in der Negativ-Variante eines Gefälles zwischen dem bewegungstechnisch verkörperten Ist- und dem Sollwert; seltener, schwächer, aber doch ausreichend bestimmt, bekommt allerdings auch er ein Gefühl, wie es richtig sein müsste. Was einem dabei aufgeht – der Lernprozess –, ist die freudige Teilnahme an einem Geschehen, das sich selbst reguliert. Selbst das leidlich geübte Auge des Zuschauers wird dessen gewahr, wenn in dem schrecklich langweiligen, halbkreisförmigen Hin- und Hergeschiebe des Balls im Mittelfeld ganz unerwartet ein stürmischer Angriff gelingt.

Recht hat Hannawald insofern, als der Hochleistungssport die dramatische, ja krisenhafte Bedingung schafft, die für die Eintrittswahrscheinlichkeit jenes Unwahrscheinlichen beste Voraussetzungen bietet. Im Rahmen des Sports kommt es gleichsam zu einer Konzentration der für diesen Augenblick des Gelingens förderlichen Voraussetzungen. Sie bestehen in der theateranalogen Dramatisierung einer Spiel- oder Sportsituation, die durch mehrere Faktoren bestimmt wird: Da ist zunächst der Wettkampfcharakter und also die Konkurrenz, die über Sieg oder Niederlage entscheidet. Es steht etwas auf dem Spiel – teilweise in einer von den gewöhnlichen Arbeits- und Lebenszwängen entkoppelten Situation. Deren Bedeutung wird dadurch gesteigert, dass sie bestimmten zeitlichen und räumlichen, symbolischen und sozialen Beschränkungen unterliegt: den Sportler in seiner sportlichen Identität auf einen öffentlichen Prüfstand stellt, auf dem die Chance riesengroß ist, dass er sich entweder blamiert oder zum Star der Szene wird. Die Unbestimmtheit und Unvorhersehbarkeit, die allgemeine Unsicherheit der Spielsituation, das Ausgeliefertsein an sie, ist eine wesentliche Bedingung dafür, dass der mirakulöse Augenblick hinzutreten kann. Sie wird interessanterweise durch eine Professionalisierung gefördert, welche die Leistung konsequent in den Raum einer Grenzerfahrung *coram publico* stellt.

Niemand muss so blauäugig sein und das, was Hannawald sagt, als bare – und einzige – Münze nehmen und die finanz- und medienbasierte Großunternehmung mit ihrem prestige-, symbol- und kulturträchtigen Überbaukapital – einer Ikone – gering veranschlagen. Aber es mag genügen, auf die Unverfügbarkeit eines nichtintendierbaren Gelingens hinzuweisen, um deutlich zu machen, dass ein unerklärlicher Rest übrig bleibt, der weder in einem strikt über Können und Hochleistung organisierten Paradigma der Selbstkonditionierung noch in einer extern organisierten Motivation durch Distinktionsgewinne (in Folge aller Kapitalsorten, die der Sport zu bieten hat) aufgeht.

Der Vorwurf einer Idealisierung des Leistungssports – im Grunde gehe es nur um's Geschäft – bleibt so lange stumpf, bis der Eigensinn des funktional ausdifferenzierten Sportrahmens endgültig seine institutionalisierte Kraft verliert und zwischen den Gesetzen des Marktes, den Verhandlungen ordentlicher Zivil- und Strafgerichtsbarkeiten sowie den circensischen Ansprüchen der Medien aufgerieben wird.

Die schiere Demonstration der Hochleistung im Können, wie sie bei den Bewegungs- und Verbiegungskünsten im Zirkus und Varieté zu bewundern ist, scheint weit weniger spannend, packend, fesselnd zu sein, als der lose vom Lebens- und Berufsalltag entkoppelte und über unmittelbare Konkurrenz vermittelte Sport. Das Perfekte im Sinne einer technisch vollendeten, d. h. einer nahezu vollständig beherrschten Leistung, gleicht eher den humanoid verkleideten mechanischen Bewegungsmustern der Roboter, nicht denen derer, die Sport treiben. Sportliches Gelingen braucht die Fallhöhe großer, fast möchte man sagen: existentieller Unsicherheit über den Ausgang einer individuell oder kollektiv (mann-/frauschaftlich) erbrachten Leistung (vgl. Seel 1993: 97f.). Anders als bei einer Lotterie steht man mit seinem körperlichen und bewegungstechnischen Unvermögen selbst auf dem Spiel – radikale Kontingenz als Voraussetzung und Komplement des Gelingens. Leistungen kann man abrufen, Gelingen aber nicht. Es sei denn, man rückt auf der Skala des Könnens an den äußersten Rand planmäßiger Berechenbarkeit. Ihn findet man in einem Hauptsatz von Ashbys kybernetischer Informationstheorie:»Regelung macht das Gelingen jeder Steuerung möglich.«

Die transdialektische und d. h. nichtkybernetische Struktur von Können und Gelingen, von Leistenkönnen und Sein ist von entscheidender Bedeutung. Dass etwas, z. B. Können, Übung usf. im Gelingen notwendig vorausgesetzt wird oder eine *conditio sine qua non* darstellt, man es aber trotzdem nicht – als gleichsam natürliche Konsequenz – daraus ableiten kann, ist das logische, handlungs- wie systemtheoretische Ärgernis im Verhalten des betreffenden Subjekts oder Systems. Das Gelingen lässt sich auch durch ein noch so umfassendes Arrangement nicht herbeizwingen. Es ist unmöglich, es durch Angabe seiner Bedingungen zu ermitteln, d. h. durch Bereitstellung seiner notwendigen Voraussetzungen in den Wirklichkeitsmodus zu überführen. Die Bedingungen zur Aufführung des Gelingens bereitzustellen, ist notwendig; unmöglich aber, sein Auftreten zu prognostizieren oder es planmäßig herbeizuführen. Eine Betrachtung unter statistisch geregelten Wahrscheinlichkeiten verdeckt diesen (entscheidenden) begrifflichen Gesichtspunkt. Von radikaler Unbestimmtheit oder einer unbestimmten Bestimmtheit ist dann die Rede, wenn ein Verhalten oder Sein uns diese logischen Verdrießlichkeiten (Paradoxien) beschert und das Können in ein und derselben Hinsicht sowohl als Ermöglichungsbedingung als auch als Selbstsabotage des magischen Moments erscheint.

Sicher, die Authentifizierung des Gelingens (als höchster Stufe entindividuierter Individuation) ist mittlerweile selbst eine soziale Kommunikationsform, wie sie auch in anderen Bereichen des gesellschaftlichen Event- und Starkinos – vom Fernsehen bis zur Wissenschaft – üblich ist. Sie wird massenweise in Szene gesetzt, von ihr lebt die Kommunikation des Sports in einem nicht unerheblichen Maße, auch und gerade dort, wo die Erklärungsversuche an ihre Grenzen stoßen. Man zelebriert die »Granate«, den ekstatischen Moment, in »dem alles gestimmt hat« – und hört doch nicht auf, mittels einer Semantik des Könnens, des Leistungablieferns und Leistungabrufens den harten Kern eines nicht intendierbaren Gelingens zu verdecken. Mir scheint, dass er sich nicht schon dadurch auflöst, dass versucht wird, ihn gleichsam von zwei Seiten her zu zertrümmern – vom Management der ständig übererregten Medien auf der einen Seite und dem am (poietischen) Können orientierten Paradigma der Leistungsoptimierung auf der anderen.

ANTHROPOTECHNIKEN

Nicht ganz überraschend fällt von hier aus auch ein Licht auf die Frage nach den Anthropotechniken und ihre Rolle in dieser oder jener Kultur, die P. Sloterdijk in seinem Buch *Du mußt dein Leben ändern* zum Thema gemacht hat. Wiederholungen in der Form des Trainings, die auf ein Können zielen, sind einerseits Bedingung der Möglichkeit dafür, dem unwahrscheinlichen Augenblick des Gelingens eine Chance einzuräumen, andererseits aber nur Anlass, um auf das grandiose Selbstgefühl – die Granate – zurückzukommen und in einer Art retro- und prospektiver Selbstverstärkung an der Perfektionierung der körperlichen Bewegung zu arbeiten.

Sloterdijk, so scheint es, fällt auf sich selbst herein, er erliegt dem suggestiven Ton seiner ständig erhaben-erhebenden Rede, der glauben macht, die guten und richtigen Zwecke entsprängen wie von selbst den Endlosschleifen wiederholten Übens, als sorgten diese selbst für die Rechtfertigung der höchsten Kulturzwecke: als könnten die bloßen Übungsreihen – soviel Zuverlässigkeit und Glanz sie auch ausstrahlen – die Zwecke, die in ihnen angezielt werden, legitimieren. Doch bloßes Üben führt in der Regel nur dazu, das Können endlos zu steigern und zu verfeinern. Seine Resultate sind die Akrobaten des Geistes und die Meister ihres Fachs, die die Klaviatur einer Kulturtechnik virtuos zu bedienen oder zu bespielen wissen. Der entscheidende Schritt vom *Können* zum *Sein*, vom *Üben* zum *Gelingen* kann über die maßlos gesteigerten Leistungsspiralen allein nicht erklärt werden. Ihnen fehlt der kleine Zusatz des Absichtslosen, der jedes Gelingen begleitet (und die

Sachlage *toto coelo* verändert), der erfüllte, d. h. der unbestimmt bestimmte Augenblick, der uns in seiner Unvorhergesehenheit ebenso überrascht wie das ungewohnte, aber treffende Wort einer Rede. Das Perfekte kann im *Können* liegen, obgleich es erst im *Gelingen* zu sich selbst kommt. Sloterdijk bläst das Können zum Sein auf und verschließt auf fatale Weise ihre Differenz.

Es wird geübt und geübt, Übungssysteme als Selbsttechniken, von der Meditation über die biologischen und biotechnologischen Arbeitstechniken am neuen Menschen – Übung ist der Oberbegriff für alle kulturellen Übungssysteme (religiöse, soziale, sportliche, technische, medizinische oder auch ästhetisch übermenschorientierte Selbstformungspraktiken). Aber die Aufgipfelung des Übens im Können bleibt, wie gezeigt, begrifflich vom Gelingen getrennt. Das, was gelingt, behauptet sich in einem wesentlichen Moment gegen das Können (und die Leistung) aller gut geschulten Athleten des Geistes und der Seele, des Körpers und der Gesundheit. Das Perfekte im Sinne des schönen oder guten Gelingens ist keine Sache des Übens, es ist so wenig die Folge einer Anthropotechnik wohltemperierten Wiederholens wie eine Sache der Zucht. Kein Glück, das nicht auf (etwas) Unbestimmbares, das hinzutritt, rechnen muss.

Darüber hinaus bleibt zu bedenken, eine Anthropotechnik bleibt eine Anthropotechnik, eine technè der Kultur, sie kann für gute wie für schlechte Zwecke gleichermaßen genutzt werden, ob und wie sie eingesetzt wird, liegt nicht bei ihr allein. Das Perfekte ist nicht – unter Verschleifung oder Einebnung der Differenz von Mittel und Zweck – die Folge optimierter Selbsttechniken, sondern die Unterbrechung, der Riss in den Steigerungsspiralen und Optimierungstechniken. Ohne die Höherqualifikation ihres Ziels zeigen sie nur jene leere Betriebsamkeit der Rechen- und Hungerkünstler, der akrobatischen Bewegungs- und Verbiegungskünstler.

Obgleich Sloterdijk programmatisch mit Nietzsche auf einer Linie liegt, traut er sich selten, die Fragen zu stellen, die Nietzsche Zeit seines Lebens (und in seiner unnachahmlichen Art einer feingeschliffenen Grobheit) experimentell hin- und herbewegt hat: »Wozu«? Wozu die ungeheuren Anstrengungen der Kultur, die Arbeiten und Übungen des Geistes, der Wenigen und der Vielen, der Starken und der Schwachen, der Aktiven und der Re-Aktiven, der Leistungsträger und der Leistungsschwachen, der Leistungsoptimierer und derer, die sich souverän über alle Leistungslasten hinwegsetzen?

Sloterdijk spart sorgsam alle Fragen aus, die sich darauf beziehen, für welche Zwecke denn das ständige Üben gut sein soll. Er weigert sich, »die Wiederholungssysteme für das Bewährte« daraufhin zu befragen, in welcher Weise sie denn ein gutes Leben befördern und in welcher Weise eher nicht, welche Übungssysteme einer Gesellschaft gut tun und welche nicht bzw. bleibt über 500 Seiten hinweg vage. An seiner Auseinandersetzung mit P. Bourdieus Habituskonzept lässt sich das vielleicht am besten ablesen.

Zugrunde gelegt erscheint eine Perspektive der Kulturkritik, in der es in einer treffenden, aber allgemein gehaltenen Formulierung Nietzsches darum geht, »den Begriff des Menschen weiter auszuspannen«. Die Verwirklichung dieses Ziels sei nur möglich durch die unendlichen Reihen des Übens und Trainierens, die freilich nur bei wenigen Einzelnen Spitzen- und Höchstleistungen eines Niveaus zulassen, welche die Kultur insgesamt stimulieren und weiterbringen.

Die Quintessenz seiner Kritik an Bourdieu lautet: Der ganzen Anlage nach ziele das Interesse seiner Untersuchungen über den Habitus darauf, das mit vielen Menschen bestückte Basislager (der Kultur- und Menschheitsexpedition) als Ganzes einige hundert Meter höher zu legen. Bourdieu kümmere sich aber nicht um die alles entscheidende Größe: die Gipfelstürmer. Diese aber bestimmten den einzigartigen Wert der Kultur bzw. der kulturellen Höchstleistungen. Sloterdijk ergreift energisch und in einem sympathisch unterkühlten Pathos Partei für die, die den Wert der Kultur in der außerordentlichen Leistung und Exzellenz derselben sehen, getreu der Intention Nietzsches (und in der bekannten Diktion Valérys): die Kultur habe im Mittelmaß Bestand, Wert aber nur in ihren Extremen. Die Elite, das Außergewöhnliche, die Höchstleistung, die Akrobaten des Geistes und der Kunst rechtfertigten das Dasein, sie allein höben die Menschen über sich selbst empor.

Wie für Nietzsche die Masse der anstelligen Arbeitstiere den Unterbau für die kulturellen Höchstleistungen der Wenigen bilden, so sind für Sloterdijk die Basislager der Habitusformen der Vielen dasjenige, über das sich die Gesellschaft koordiniert und stabilisiert: die notwendige Voraussetzung, um zu den Höchstleistungen der Athleten, Ästheten und Asketen der Kultur zu gelangen. Sie geben dem Ganzen erst ihren alles entscheidenden Sinn. Nur angesichts der Spitzenleistungen und der Eliten sind die Basislager – das breite Heer der Träger und Kundschafter, der Arbeitstiere und der Unterhaltungskünstler – in ihrem Dasein gerechtfertigt.

Zusammenfassend könnte man sagen, Sloterdijks Denken sei eingebettet in eine Ethik des erhabenen Tons, der es in erster Linie darum gehe, eine »Technik zur Vermeidung des Kleinbürgerlichen« zu sein, ohne den melancholischen Zügen buddhistischer Weltüberhobenheit und Desinteressiertheit ganz zu entraten.

LITERATUR

Adorno, Theodor W. (1970): Ästhetische Theorie. In: Tiedemann, R. (Hg.): Ges. Schriften. Bd. 7. Frankfurt am Main.

De Biran, Maine (1987): Oeuvres. Tome II. Premier mémoire sur l'influence de l'habitude. Librairie philosophique J. Vrin. Paris.

Hannawald, Sven (5.12.2003): Schöne Sprünge sind wie eine Sucht. In: Frankfurter Allgemeine Zeitung (FAZ). S.35.

Kant, Immanuel (1968): Die Religion in den Grenzen der bloßen Vernunft. In: Kants Werke. Akademie Textausgabe. Bd. VI. Berlin.

Kierkegaard, Søren (1955): Die Wiederholung. Ges. Werke. 5. und 6. Abteilung. Düsseldorf.

Kierkegaard, Søren (1975): Entweder/Oder. München.

Musil, Robert (1955): Tagebücher, Aphorismen, Essays und Reden. In: Frisé, Adolf v. (Hg.): Ges. Werke in Einzelausgaben. Hamburg.

Oehlen, Albert (9./10.10.2010): Über Rabauken. In: Süddeutsche Zeitung (SZ). S. V2/8.

Schiller, Friedrich (1966): Über die ästhetische Erziehung des Menschen in einer Reihe von Briefen. In: Schillers Werke. Schriften Bd. 4. Frankfurt am Main. (21. Brief).

Seel, Martin (1993): Die Zelebration des Unvermögens. In: Merkur, 47 (2), München. S. 91-100.

Sloterdijk, Peter (2009): Du mußt dein Leben ändern. Frankfurt am Main.

Valéry, Paul (1955): Rede über die Ästhetik. In: Schmidt-Radefeldt, J. (Hg.): Zur Ästhetik und Philosophie der Künste, Werke. Frankfurt am Main.

Valéry, Paul (1989): Cahiers/Hefte. Köhler, H./Schmidt-Radefeldt, J. (Hg.): Bd. 3. Frankfurt am Main.

Valéry, Paul (1993). Cahiers/Hefte. Köhler, H./Schmidt-Radefeldt, J. (Hg.): Bd. 6. Frankfurt am Main.

Übungsimperative

Enhancement: Doping oder Selbsttechnik?

VOLKER CAYSA

DOPING ODER ENHANCEMENT?

Die Etymologie des Wortes »Doping« ist noch nicht eindeutig festgestellt. Allgemein wird der Dopingbegriff auf die Eingeborenensprache der im südöstlichen Afrika lebenden Kaffern zurückgeführt. Im Dialekt der Kaffern bezeichnet »Dop« einen hochprozentigen, selbstgebrannten Schnaps, der bei Festen und Kulthandlungen als Stimulans verwendet wurde (vgl. Haug 2007: 43f.).

Der Begriff Doping wurde durch die Buren, den weißen Einwanderern Südafrikas, übernommen und gelangte vom Afrikaans ins Englische, in dem er erstmals 1889 in einem englischen Wörterbuch erwähnt wird. Der Definition dieses Lexikons zufolge bezeichnet »Doping« eine Mischung aus Opium und Narkotika, die bei Pferderennen derart zum Einsatz kam, dass das eigene Pferd aufgeputscht (dope to win) und das gegnerische Pferd vergiftet (dope to lose) wurde. Anfänglich wurde Doping also nicht nur als positives Doping im Sinne der Leistungssteigerung, sondern auch als negatives Doping im Sinne der Verabreichung leistungshemmender Mittel beim Gegner verwendet.

Ein anderer Ansatz erklärt den Ursprung des Wortes Doping aus dem Niederländischen, was nicht unbedingt im Widerspruch zu der ersten Erklärung stehen muss, bedenkt man, dass die Buren niederländischer Abstammung sind. Das Wort »dopen« bedeutet im älteren Niederländisch »taufen«. Ein »doper« war demnach ein »Täufer«.

Nordamerikaner sollen das Wort übernommen haben zur Beschreibung krimineller Handlungen von Zigeunern, die andere betäubten, um sie auszurauben. Deshalb veränderte sich die Bedeutung des Wortes »dop« hin zu »dope« im Sinne von Gift oder Rauschgift.

Des Weiteren behaupten einige Autoren, niederländische Kolonisten sollen zur Steigerung ihrer Arbeitsleistung beim Aufbau New Yorks eine dickflüssige Mixtur verwendet haben, die sie »doop« nannten, wodurch der besagte Wortstamm ins Amerikanische gelangt sein könnte.

Im Alltagsverständnis dominiert das englische Bedeutungsfeld von Doping, wonach »dope« u.a. Aufputschmittel, Rauschmittel, Drogen und »to dope« u.a. aufputschen, sich spritzen, narkotisieren, betäuben bezeichnet. Folglich wird im alltäglichen Sprachgebrauch Doping mit der Einnahme von Drogen, Stimulantien, Aufputschmitteln, Erregungs- und Anregungsmitteln aller Art gleichgesetzt. Doping ist im Alltagsverständnis der Überbegriff für den Gebrauch leistungssteigernder Mittel aller Art.

Dies aber hat zur Konsequenz, dass im Alltagsverständnis Doping mit Enhancement verwechselt wird. Letzteres ist nichts anderes als der legale Einsatz medizinischer Mittel und Techniken zur Verstärkung (bzw. der Wiederherstellung) »normaler« Funktionalität mit dem Zweck der Wiedererlangung und des Erhalts der Leistungsfähigkeit sowie der Leistungssteigerung bei Gesunden (wie z.B. durch Schönheitschirurgie, Hormonkuren, Potenzpillen und Antidepressiva) (vgl. Schöne-Seifert 2006: 279f. und Haubl/Liebsch 2008: 7).

Folgt man aber der Gleichsetzung von Doping und Enhancement, muss man den Sport von seinen antiken Anfängen an als Dopingsport bezeichnen, während dagegen zu sagen ist, dass nicht jeder Sport Dopingsport ist (vgl. Meinberg 2006), und man müßte außerdem nicht nur von Doping in einigen Bereichen der Gesellschaft, sondern von einer »gedopten Gesellschaft« überhaupt sprechen, in der alle alle mit leistungssteigernden Mitteln betrügen. Ein Dopingverbot würde dann das Verbot aller künstlichen, dem Menschen von außen zugeführten, nicht angeborenen leistungssteigernden Mitteln und Verfahren in Sport und Gesellschaft insgesamt zur Konsequenz haben, um die Illusion einer »reinen« Naturleistung des Menschen aufrechtzuerhalten, die doch selbst ein Produkt unserer Kultur ist und unsere Zivilisation zerstören würde, die gerade auf Leistungssteigerung durch vom Menschen erfundenen und insofern auf künstlichen Mitteln basiert. Aber die menschliche Natur ist kein rein biologisches Wesen, sondern sie basiert wesentlich darauf, dass der Mensch künstliche Mittel ersann, mit denen er trotz seiner (Mängel-)Natur in der Natur und in seiner Zivilisation überleben konnte.

Die Natürlichkeitsillusion menschlicher Kulturleistungen beruft sich auf den von den Begründern der modernen olympischen Bewegung vertretenen fundamentalistischen Natürlichkeitsromantizismus wie er klassisch bei Pierre de Coubertin und Carl Diem zu finden ist und lebt heute weiter in dem auch in Deutschland anzutreffenden Ressentiment gegenüber jeglicher Form der technologischen Höherzüchtung des Menschen.

Dieses Ressentiment, das aus einer christlich-philanthropischen Moral erwachsen ist, ist auch der eigentliche Grund für die Forderung, Doping zum Straftatbestand zu erklären. Würde dies geschehen, würde wieder einmal offensichtlich werden, wie aus dem Geist christlich-humanistischer und konservativer Moral künstlich eine neue Klasse von Straftätern entstehen würde, ähnlich den Cannabis-Konsumenten, die es ohne diese Kriminalisierung aus Moral per Recht gar nicht geben würde.

Bei der moralistischen Warnung vor Doping und Enhancement geht es auch um die Durchsetzung einer bestimmten Biopolitik: man benutzt moralische und medizinische Begründungen, die sich oft gegenseitig stützen und erzeugen, um Ängste vor dem biotechnologischen Fortschritt zu erzeugen, um ein christlich-humanistisches Menschenbild zu konservieren und um mit institutionalisierter Moral z.B. die Verwertungsinteressen der Sportverbände zu schützen, die eine funktionierende Sportmoral brauchen, damit die Käufer, also das Publikum, unter dem Anschein der Glaubwürdigkeit ihre Produkte, also die sportiven Höchstleistungen, konsumieren.

Wird aber Doping zum Straftatbestand erklärt und setzt man dann noch Doping mit Enhancement gleich, stellt sich die Frage, ob dann nicht auch Viagra-, Ritalin- und Prozac-Konsumenten zu Betrügern und Straftätern gemacht werden – weil man in Wahrheit die Körpertechnologisierung insgesamt für »unnatürlich« und deshalb für unmoralisch hält, wobei dann oft noch unbewußt »unmoralisch« mit »unchristlich« gleichgesetzt wird.

Dadurch wird nicht nur der im öffentlichen Dopingdiskurs übliche Fehler wiederholt, dass das Künstliche mit dem Widernatürlichen gleichgesetzt wird, sondern auch das Sittenwidrige wird mit dem Moralwidrigen und das Moralwidrige mit dem Sozialwidrigen abstrakt identifiziert. Auf diese Art und Weise werden moderne, normale Körperverhältnisse konservativ moralisiert und in diesem Sinne mit Moral vergiftet, in dem legale, ethisch gerechtfertigte Techniken der Leistungssteigerung per Natürlichkeitsgewissen diffamiert und kriminalisiert werden, und so mindestens Skrupel wenn nicht gar Schuldgefühle bei der Anwendung legaler Techniken der Leistungssteigerung entstehen, die in dem inszenierten Diskurs über die »gedopte Gesellschaft« mitschwingen und die es gar nicht gäbe, würden sie nicht von einer konservativen Natürlichkeitsmoral selbst künstlich erzeugt.

Um einen romantischen Natürlichkeitsfundamentalismus einzudämmen, der gerade im Sport in Form der Ideologie »rein« natürlicher Eigenleistung anzutreffen ist, und zu einer praktikablen und justiziablen Dopingdefinition zumindest im Sport zu gelangen, geht man heute von einer pragmatischen Definition aus, nach der Doping im Kern der Versuch der unerlaubten Leistungssteigerung durch die Anwendung verbotener Wirkstoffgruppen (wie z.B. anabole Steroide oder Wachstumshormone) und die Anwendung verbotener Methoden (wie z.B. Blutdoping) ist.

Wobei allerdings angemerkt werden muss, dass die Welt-Anti-Doping-Agentur (WADA) diesen Kernbestand der pragmatischen Dopingdefinition zwar in ihren Anti-Dopingbestimmungen aufgenommen hat, aber damit zugleich eine Aufzählung verbotener Handlungsweisen und Zustände verbindet, wie die explizite Gleichstellung von Versuch und vollendeter Tat, Verstöße gegen die Meldepflicht der Athleten und damit verbundener Entzug bei angekündigten Probenahmen, die Erweiterung des Dopingtatbestandes auf den Besitz durch Athleten und Betreuer, das Verbot des Handelns und jegliche Tatbeteiligung durch Dritte, die zwar geeignet sind, das »System-Doping« und nicht nur den Athleten zu belangen und zu bestrafen (vgl. Haug 2007: 48f.), die aber auf der anderen Seite zu einem »gläsernen Athleten« führen, für den sich die Frage stellt, ob dessen Freiheitsrechte durch die Dopingbestimmungen der WADA nicht massiv eingeschränkt werden.

Versteht man Doping pragmatisch ist klar, dass eine Eigenleistung im Sport nie in einem absoluten Sinne natürlich ist, sondern immer auch durch legale leistungssteigernde Mittel und Verfahren hervorgebracht wird und damit ist auch klar, dass man von Doping im Grunde erst seit dem 19. Jahrhundert zunächst in Zusammenhang mit Pferderennen, dann mit dem Radrennsport und schließlich im Kontext der Gründung der modernen olympischen Bewegung sprechen kann.

Mit der olympischen Bewegung in der Moderne und der damit verbundenen rasanten Verbreitung des modernen Sports war von Anfang an ein gigantisches biologisches und biopolitisches Experiment verbunden, in dem es darum ging, die Utopie unendlicher Leistungssteigerung des Menschen zu verwirklichen. Um diese Utopie zu verwirklichen, wurden immer mehr und bessere künstliche Mittel ersonnen, um den biologischen Grenzbereich der natürlichen, »echten« Eigenleistung des Menschen zu erreichen und möglicherweise zu überschreiten.

Die dadurch in Gang gesetzte Logik der immer professionelleren technischen Stimulation und Nachrüstung der natürlich-angeborenen Leistungsfähigkeit des Menschen bedroht aber zwei andere Gründungsmythen des modernen Sports durch die er so erfolgreich funktioniert: nämlich die Illusion, dass im sportlichen Sieger »das Echte«,

nämlich »die Natur« siegt und dem Wunsch, dass jeder Mensch gerecht, d.h. fair, nach seiner Leistung im Sinne angeborener, natürlicher
Eigenleistung, unabhängig von rassischer, religiöser und sozialer Herkunft, bewertet wird (vgl. Pawlenka 2010).

DOPING ALS MODERNE UTOPIE UND SEINE TRANSFORMATION PER ENHANCEMENT

In der Dopingproblematik fokussiert sich die alte, große und wir-
kungsmächtige Utopie, schöne Menschen zu machen, in dem man Herr
über den eigenen Körper wird, dadurch dass man ihn selbst herstellt.
Diese Utopie scheint in der Vermittlung durch die Verknüpfung von
Sport, Unterhaltungs- und Sexindustrie in der Moderne Wirklichkeit zu
werden.

Es ist daher nur konsequent, dass die Techniken der industriellen
Auf- und Zurüstung von Körpern des Hochleistungssports schon längst
Eingang in den Alltag der Fitness- und Lifestylebewegung gefunden
haben. Es ist also ein Irrtum anzunehmen, Doping sei nur ein Problem
des Hochleistungssports. Immer mehr Menschen werden sich »dopen«,
weil sie einfach »gut drauf sein«, weil sie sich gut fühlen, weil sie einfach »gut aussehen« wollen; kurz: weil sie für sich und für andere
»echt«, also so wie sie sich sehen und wie sie gesehen werden möchten, erscheinen wollen – und nicht wie Profi-Bodybuilder bei Schau-
Wettkämpfen gewinnen möchten.

In diesem Kontext zeigt sich, wie eine bestimme Ästhetik der
Machbarkeit und machbaren Verschönerung normativ wirkt: Alle wollen sportiv und gut aussehen, nicht nur weil sie es als schön empfinden,
sondern weil es alle auch machen können, machen sie es auch. Machen
sie es nicht, provozieren sie nämlich die Frage, warum sie das Machbare mit sich nicht machen und sich »gehen« lassen, denn als das »Echte« gilt immer mehr auch das Machbare. D.h. diese Machbarkeitsästhe-
tik erzeugt auch einen Machbarkeitsdruck: ständig fragt man sich, was

man noch alles besser und Neues mit sich machen könnte, da ja immer mehr machbar erscheint.

Man muss aber nicht nur sportlich und gesund sein, sondern vor allem gesund und sportlich aussehen. Das »Survival of the Fittest« ist schon längst nicht mehr vom »Survival of the Prettiest« zu trennen. Die mit dieser Tendenz verbundene Ästhetik echt-machbarer Schönheit ist nicht von der Industrialisierung (idealer) Körperbilder zu trennen, die immer mehr Menschen per Bodybuilding im weitesten Sinne nachzuahmen versuchen. Unter Bodybuilding wird dabei nicht nur die sogenannte Sportart mit den entsprechenden Wettbewerben verstanden, sondern alle Arten sportiven Trainings sowie die boomende plastische Chirurgie. Der schöne Körper wird dabei Gegenstand der endlich möglichen Traumrealisierung vom eigenen, gewünschten, »echten« Selbst, in dem wir unsere Einbildungen von idealer Schönheit am eigenen Körper technologisch umsetzen. Er wird zu einem Luxuskonsumgut, mit dem man, wie bei Markenkleidung, Markenuhren, Markenautos, seine Wünsche, Träume, Sehnsüchte nach einem »echt-schönen« Leben erfüllt (vgl. Kläber 2010).

Um diese Sehnsüchte verschönter Authentizität zu realisieren, greifen immer mehr Menschen auf die modernsten technologischen Mittel der Körperstilisierung zurück und damit auch auf Techniken des Dopings im Hochleistungssport. Denn die modernsten Formen des Dopings sind nichts anderes als die Spitzenprodukte der Körperindustrie, die nun »demokratisiert« werden und das heißt eben nicht mehr nur von einer kleinen Leistungselite, sondern von immer mehr Menschen im Alltag praktiziert werden, um ihre Leistungsfähigkeit und Lebensqualität zu verbessern. Der gedopte Athlet erscheint in diesem Kontext nur als Vorbote einer technikbesessenen Körper-Avantgarde, die endlich die Mängel des Naturkörpers (als dem alten Echtheitskörper) überwindet, in dem dieser hochtechnisch nachgerüstet und verbessert wird.

Diese Transformation des Dopings des Hochleistungssports in den Alltag von immer mehr Menschen vollzieht sich mit Hilfe des Enhancements, mit Hilfe des legalen Gebrauchs unterstützender biotechnologischer Mittel zur Leistungssteigerung bei Gesunden, das unterschieden werden muss vom Doping im engeren Sinne, also dem illegalen Sportdoping. Beide führen je unterschiedlich dazu, dass physische, emotionale und intellektuelle Leistungserbringung geplant und serialisiert werden kann und damit natürlich neue Anforderungen an eine sichere, gewünschte, psychophysische Leistungserbringung entstehen – jeder kann anscheinend immer besser zum richtigen Zeitpunkt die geforderte physische, emotionale und intellektuelle Leistung erbringen und darum wird auch von ihm erwartet, dass er das kann, wenn er es soll.

Mit dem Enhancement ist nicht nur eine Demokratisierung des Dopings verbunden, sondern auch eine Utilitarisierung der Gesellschaft per »Prinzip Pille«. Egal ob Viagra, Ritalin oder Prozac – alle diese Mittel sind wesentlicher Träger der Verwirklichung der utilitaristischen Idee immer mehr Glück für immer mehr Menschen zu ermöglichen. Per Enhancement scheint es zu einer Egalisierung des Glücks zu kommen:

»Und warum sollte man im Glückbringen am Gehirn haltmachen? Wo sind die Grenzen für Eingriffe an der Natur? Sollten wir auf Regenschirme und Deiche verzichten, weil sie dem natürlichen Lauf des Wassers entgegenstehen? Sollen wir auf Hirnoperationen verzichten, weil sie naturgegebene Personalitäten verändern? Was spricht dagegen, daß wir Indivualitäten aus einem vorgegebenen Gehirn so herausmodellieren, daß es nicht nur unserem Gesundheitsbegriff, sondern vielleicht auch unserem Glücksbegriff entspricht?« (Linke 1996: 149-150).

Die Dopingskandale liegen nicht außerhalb der Logik des modernen Sports und der modernen Köperkultur, sondern entsprechen ihrer Steigerungsideologie und der damit verbundenen Tendenz industrieller Perfektionierung und Effektivierung der Produktion hochleistungsfähiger Körper in modernen Gesellschaften. Das Doping stellt daher nicht einfach eine bloße Abweichung von der anscheinend jetzt noch vorherrschenden Körpernormalkultur dar, sondern es nimmt möglicherweise die neue Körpernormalität des biotechnologischen Zeitalters vorweg, für die gelten wird, dass der echte, angeborene Naturkörper etwas Mangelhaftes ist, das technisch verbessert werden kann, um dann um so schöner authentisch zu erscheinen.

Die Ästhetisierung des alten Authentizitätskörpers per (sportiven) Doping und Enhancement führt nicht nur zu einer Säkularisierung des Körperumgangs, sondern auch zur Industrialisierung des Körpers. Damit wird die Vorstellung von der »Gott- oder Naturgegebenheit« des Körpers (und des Geschlechts), die noch bis in die Mitte des 20. Jahrhunderts wesentlich das ausmachte, was man unter einem sportlichen, wissenschaftlichen, künstlerischen Talent und seiner natürlichen, echten Leistungskraft verstand, grundlegend zerstört. Doping und Enhancement verstärken die Tendenz, dass die menschliche Körpernatur immer besser nach einem technischen Willen modelliert werden kann und daher die bisher geltenden Natürlichkeits- und Künstlichkeitsvorstellungen in Bezug auf den Menschen und seinen Körper umgewertet werden. Auch für den Körper des Menschen zeigt sich immer deutlicher, dass das, was einst als natürlich gegebene Leistungsfähigkeit des Menschen galt, wesentlich durch Technik hervorgebrachtes Menschenwerk ist: der Körper des Menschen ist nie Natur pur, sondern immer schon ein technisch erzeugter Artefakt.

Die mit dem Doping verbundene Krise des Hochleistungs- und Berufssports ist nur ein erstes Anzeichen einer möglichen bioethischen Krise, die aus der technologischen Revolutionierung des Körperumgangs des Menschen in der Moderne resultiert.

Diese aufkommende bioethische Krise reflektiert die alltägliche Gleichsetzung von Doping und Enhancement, die in der Rede von der »gedopten Gesellschaft« mitschwingt, hinter der sich eine tiefe Verunsicherung darüber verbirgt, was eine »echte« Eigenleistung des Menschen ist. Denn offenbar ist es für immer mehr Menschen so, dass die einem Menschen zurechenbare körperliche, emotionale und intellektuelle Eigenleistung nicht nur das ist, was er allein durch die ihm angeborenen Fähig- und Fertigkeiten zu gestalten vermag, sondern auch die Fähigkeiten und Fertigkeiten gelten als seine psychophysischen Eigenleistungen, die er mit Hilfe von außen zugeführter leistungssteigernder, die eigene Leistungsfähigkeit unterstützender Mittel realisiert.

Mit der Körpertechnologisierung, die Bedingung der Möglichkeit der Körperindustrialisierung und industrialisierter Leistungssteigerung des Menschen überhaupt ist, ereignet sich eine Umwertung nicht nur der körperlichen Existenzformen des Menschen, sondern seiner Existenzform überhaupt, die wesentlich durch Mode, Werbung, Fernsehen, Internet, Sex, Sport und Unhaltungsindustrie insgesamt vermittelt wird.

Durch die erst beginnende Körperindustrialisierung scheinen Ausnahme-Körper zu einem technologisch massenweise reproduzierbaren Kunstwerk zu werden. Genau wie alle anderen Kunstwerke im Zeitalter ihrer technologischen Reproduzierbarkeit ihre Einmaligkeit verlieren, könnten bspw. auch die Ausnahme-Körper der Spitzenathleten, Models und Stars der Sport-, Sex- und Filmindustrie ihre Aura verlieren, denn an die Stelle ihres einmaligen Vorkommens tritt vielleicht nun ihre massenweise Vervielfältigung. Die ewige Wiederkehr der gleichen Körperideale betrifft aber nicht nur das Bodybuilding, sondern auch das Bodybuilding in der Mode: auch die Kandidatinnen für Deutschlands nächstes Topmodel gleichen sich in ihren Körperformen dem herrschenden Geschmack an.

Der Übergang vom Doping als Biopolitik zum Doping als Selbstpolitik, in dem das konspirative Systemdoping zu einem liberalaufgeklärten, transparenten Dopingsystem umgebaut wird vollzieht sich nun im nichtsportiven Alltag von immer mehr Menschen in einer Form, die es in Wirtschaft und Kultur immer je schon gegeben hat: dem Enhancement, das verallgemeinert wird. Enhancement erweist sich nun für immer mehr Menschen als legales Doping in einer liberalen Gesellschaft; Enhancement ist die Fortsetzung des Dopings unter den Bedingungen einer liberalen Biohightechdemokratie.

Im Enhancement zeigt sich, dass das Doping nicht bloß ein Sonderphänomen des Sports ist, sondern dass es hier um ein allgemeines Phänomen der modernen Körperkultur geht, das bisher nur in der Form des Sportdopings reduziert wahrgenommen wurde.

Durch die Einführung und Vermarktung von Enhancementtechniken scheint man einen, wenn nicht gar den Hintergrundtraum des modernen Sportdopings verwirklichen zu können: nämlich dass es möglich sei, die natürliche Leistungsfähgkeit des Menschen zu erhalten und zu steigern durch künstliche Mittel, die möglichst keine oder wenn, dann nur sehr geringe gesundheitliche Schädigungen zur Folge hätten und die außerdem kontrollierbar sowie reparierbar seien und somit legitim erscheinen könnten.

Denn mit dem Enhancement ist die Liberalisierung und Normalisierung des Dopings gelungen, in dem man im Gegensatz zu dem Ruf der (sportiven) Dopingpräparate, Präparate erfand, die scheinbar einen eindeutigen Nutzen für die Lebensqualität der einzelnen haben, und die von allen, begleitet durch Gesundheitskontrollen, um mögliche Nebenwirkungen zu beherrschen, unproblematisch legal angewandt und erworben werden können.

Daher ist es verständlich, dass große Teile der Bevölkerung Enhancement nicht als verbotenes Doping, sondern als legale Therapie anerkennen, weil sie es auch für sich als nützlich, d.h. als gesundheitsfördernd, leistungs- und lebensqualitätssteigernd akzeptieren.

Dadurch entsteht zugleich eine neue Gesundheitsvorstellung. Gesundheit scheint immer mehr darin zu bestehen, die eigene Leistungsfähigkeit auf lange Zeit mindestens konstant zu halten, d.h. auf hohem Niveau körperliche und mentale Fertigkeiten, Schönheit, Lern- und Denkfähigkeit möglichst bis ins hohe Alter zu erhalten. Wenn es um ein »gutes Leben«, wenn es um Gesundheit und Lebensqualitätssteigerung in unserer Gesellschaft geht, ist fast alles erlaubt. Die Beispiele Viagra, Ritalin und Prozac weisen in diese Richtung. Das »Zeitalter der Pille« könnte also erst noch anbrechen. Denn was in der Wirtschaft, der Politik, der Kultur- und Unterhaltungsindustrie wie auch in der Wissenschaft gang und gäbe ist, nämlich Drogen zur Steigerung der Performance zu verwenden, können in einer liberalen Gesellschaft nicht nur Sportler, sondern auch alle anderen Individuen zur Verbesserung ihrer Leistungsfähigkeit für sich reklamieren. Eine liberale Gesellschaft kann einem gesunden Menschen nicht verbieten, seine Leistungsfähigkeit und seine Lebensqualität zu verbessern, wenn er dies unter Rücksichtnahme auf den anderen tut und ihm nicht schadet.

ENHANCEMENT – NORMALES SELBSTDOPING!?

Der freie, selbstbestimmte Gebrauch legaler unterstützender Mittel zur physischen und psychischen Leistungssteigerung, der teilweise im Sport per Dopingverbot stark eingeschränkt ist, aber in den verschiedenen historischen Formen des Enhancement immer je schon praktiziert wurde, ist die Basis moderner Körperselbstverhältnisse. Das Dopingverbot gilt nur im gegenwärtigen modernen Sport: Sportrecht ist Sonderrecht.[1] Das Sportrecht gilt nicht für normale, nach bürgerlichem Strafrecht, moderne Körperselbstverhältnisse, für die gilt, dass der einzelne das Recht hat, selbstbestimmt seinen Körper nachzurüsten, solange er niemandem anderen schadet und sich nicht versklavt und verrohstofflicht. Darum darf das Dopingverbot des gegenwärtigen Sports nicht mit naturalistischen Analogien auf die Sexualität und auf Bewusstseinzustände übertragen werden, denn das hätte eine Moralisierung und Kriminalisierung menschlicher Eigenleistungen zur Folge, in dem sie bspw. als nicht natürlich, sondern als künstlich unterstützt und damit als Betrug verstanden werden könnten, was dann übrigens auch in Ehen und in der Wissenschaft analog zu den Dopingkontrollen im

---

1 Vgl. Asmuth (2010: 42 ff.). Es gibt in letzter Zeit sich verstärkende Argumentationsstrategien, die nicht nur implizit, sondern explizit in der Konsequenz auf die gesellschaftliche Verallgemeinerung des sportiven Dopingverbots zielen und die folglich die sich abzeichnende Dopifizierung der alltäglichen Körperselbstverhältnisse nach dem Modell des Dopingverbots im Sport bekämpfen wollen sowie das Dopingverbot des Sports per Strafrecht verallgemeinern möchten, um den Körpergebrauch aller paternalistisch zu normieren. Da wird dann auch, ansonsten politisch völlig inkorrekt, die »Volksgesundheit« bemüht. Vgl. FAZ (28.9.2006) sowie Asmuth (2010: 109 und 152f.).

Sport ähnliche Strukturen zur Konsequenz haben könnte, die übrigens die bürgerlichen Freiheitsrechte des einzelnen beträchtlich einschränken und auch zum Verlust des Selbststolzes führen kann, weil man ja annehmen könnte, die entsprechende sexuelle oder emotionale Leistung habe man nicht mehr aus eigenen Kräften erbracht und demzufolge kann man nicht auf sich stolz sein.

Will man seine Selbstachtung und die Achtung vor dem anderen wahren, stellt sich allerdings die Frage, wenn man davon ausgeht, dass man den anderen so lieben soll, dass man ihn nicht gegen seinen Willen schädigt, ob man dann nicht auch ein gemäßigtes, moderates Enhancement betreiben sollte, durch das der andere sich nicht psychophysisch getäuscht fühlt.

Doping galt einst als Zugriff auf die gesicherte Zukunft körperlicher Leistungsfähigkeit. Heute warnt man nur noch vor diesem Zugriff. Folgt man dieser weit verbreiteten Position im sportiven Dopingdiskurs, dann ist es nur konsequent, dass wenn von der Zukunft des Körpers die Rede ist, dann ist in der Bioethik allzuoft nicht mehr von Traumstoffen, sondern nur noch von Schadstoffen die Rede. Dieser körpertechnologische Puritanismus entspricht dem herrschenden sportpolitischen Moralismus, der Fortschritt in der Körpertechnologisierung schlechthin mit dem Dopingverbot gleichsetzt, weil Risikobeherrschung mit Risikoverbot gleichgesetzt wird. Diese Auffassung der Risikovermeidung ist in der alten Ideologie der Risikobeherrschung durch Risikoverbot befangen, die im Grunde auch im Sport gescheitert ist, weil andererseits immer mehr Risiko zur Leistungssteigerung gefordert wird, damit der vermarktungsfähige Show-Mehrwert einer sportiven Leistung wächst.

Diese verlogene Ideologie der Risikoeindämmung verhindert es zu fragen, welche Risiken durch Körpertechnologisierung produziert werden, weil sie per Verbot bloß verdrängt werden; sie verhindert auch, im Hinblick auf Enhancement genau zu analysieren, welche Risiken positive Effekte haben, die daher erlaubt sein könnten. Die Ideologie des pauschalen Risikoverbotes bei gleichzeitiger Forderung nach Leistungssteigerung und damit nach Risikosteigerung, die davon ausgeht, dass nicht sein darf, was moralisch nicht sein soll, hat nicht nur zum Hase-Igel-Wettlauf zwischen Dopern und Dopingkontrolleuren geführt, sondern sie hat dazu geführt, dass freilich vorhandene körpertechnologische Risiken bloß kriminalisiert werden, anstatt sich auch verantwortungsbewußt um sie zu sorgen und sie zu analysieren. Die Ideologie der risikofreien Körpertechnologisierung, die sich hinter dem totalen Doping- und Enhancementverbot verbirgt, hat dazu geführt, dass Enhancenmt allzuoft nur als Gefahr, nicht auch als Chance in der medialen Öffentlichkeit verstanden wird. Negativistisch sieht man im Enhancement durch die Gleichsetzung mit dem sportiven Doping allzuoft nur ein selbstzerstörerisches Risiko, nicht auch ein Experiment, einen Versuch, die Zukunft des Körpers für sich und mit anderen positiv zu gestalten. Anstatt die bestehenden Risiken aber zu reflektieren und zu transformieren, will man sie nur verbieten. Doch dies wird nicht gelingen. Vielmehr muss gerade im Sinne einer Leibökologie auch hinsichtlich des Selbstdopings der Übergang von einer restriktiven zu einer konstruktiven Risikopolitik vollzogen werden. Die Gefahren dürfen nicht bloß verdrängt und verboten, sondern sie müssen thematisiert und bearbeitbar gemacht werden.

Sicherlich: »Doping ist Enhancement im Sport« (Asmuth 2010: 114). Aber Enhancement ist kein Doping, wie nicht jede künstliche Leistungssteigerung als sportives Doping betrachtet werden muss und Doping auch nicht mit Drogenkonsum gleichgesetzt werden darf.

Das Selbstdopingrisiko des Enhancement sollte also nicht analog dem Sportdoping und dem Drogenkonsum kriminalisiert und so in eine sich der Kontrolle entziehende Illegalität abgedrängt werden, durch die verhindert wird, dass Enhancement aufgeklärt reguliert werden könnte. Nur durch eine selbstaufgeklärte Kontrolle ist man von den Gefahren des Enhancement nicht nur betroffen, sondern kann über sie entscheiden. Das schließt ein zu akzeptieren, dass der mündige einzelne Bürger auch das Recht hat, Selbstdopingrisiken für sich freiwillig und aufgeklärt zu entwerfen und zu wählen, um nicht von ihnen bloß geworfen zu werden.

Selbstbestimmtes Enhancement ist folglich von fremdbestimmtem Enhancement zu unterscheiden. Es ist ein Unterschied, ob jemand von außen zur Selbstverbesserung gezwungen wird oder ob er selbst bestimmt, wie und was er an sich verbessern will. Klar ist aber auch, dass autonomes und heteronomes Enhancement nicht immer klar voneinander zu unterscheiden sind und ineinander übergehen, so wie Selbstzwänge sich allzuoft als verinnerlichte Fremdzwänge erweisen und Fremdzwänge zu Selbstzwängen werden können. Autonomens Enhancement versucht dagegen Biotechnologien als Selbsttechnologien zu nutzen, was einschließt, die verwendeten Leistungsstimuli selbstbewusst zu kontrollieren und als unternehmerisches Selbst selbstbestimmt über Biotechnologien zu verfügen, die dann als Selbsttechnologien, also als Techniken freier Selbstbestimmung, wirken (vgl. Caysa 2003: 160-181).

In diesem Kontext stellt sich die Frage, wieweit das Recht auf berufliche Selbstentfaltung und sexuelle Selbstbestimmung mit dem Recht auf Selbstschädigung und der Verfügungsgewalt über den eigenen Körper verknüpft werden darf. Selbstschädigung ist strafrechtlich irrelevant. Eine eigenverantwortliche und eigenhändige Selbstschädigung ist kein strafwürdiges Unrecht.

Daraus folgt aber für den freien Körpergebrauch im Alltag, dass für den volljährigen, mündigen und über die Risiken aufgeklärten Bürger der freiwillige Gebrauch Leistungsfähigkeit und Lebensqualität verbessernder Mittel auch im Falle gesundheitsschädigender Wirkungen kein strafrechtlich relevantes Unrecht in Form von Körperverletzungen darstellt.

Die Nichtbestrafung des Selbstenhancements im Alltag dient also der Wahrung der Selbstbestimmungsfähigkeit des Einzelnen wie übrigens auch der Gewährleistung von Chancengleichheit. Die Nichtbestrafung des Selbstenhancements entspricht dem Grundsatz, dass Gesetze nur unter einer Bedingung, nämlich der der Versklavung und Verrohstofflichung, mich vor mir selbst schützen dürfen. Ansonsten gilt, dass sie »mich vor dem Unrecht der Anderen« und »die Anderen vor dem Unrecht, das ich ihnen antun kann«, schützen (vgl. Arendt 2002: 150).

»Sie dürfen aber nie vorgeben, mich vor mir selbst zu schützen – wie alle Ge-
setzgebung gegen Laster, Spiel, Trunksucht etc. Aller Einbruch der Moral ins
Politische, d.h. moralisierenden Raisonierens, das über den Begriff des Un-
rechts, verübt am Anderen, hinausgeht, ist immer ein Angriff auf die Freiheit«
(ebd.).

Dies bedeutet für das Doping, dass eine Dopinggesetzgebung nur den
bestrafen darf, der Doping illegal verkauft und dadurch einem Anderen
schadet, indem er sich an dessen Lust und möglicher Sucht bereichert.
Der Käufer, der das Doping nur für den Selbstbedarf benutzt, darf
demzufolge auch nicht belangt werden, solange er nicht selbst krimi-
nell wird (vgl. ebd.).

Es ist nicht nötig, Enhancement damit zu legitimieren, dass eine
Erkrankung vorliegt oder einer Erkrankung vorgebeugt werden soll,
denn vom Standpunkt personaler Autonomie ist nicht nur ethisch erlaubt, was dem Kampf gegen eine Krankheit und der medizinischen
Vorsorge dient, sondern man kann auch medizinische Leistungen in
Anspruch nehmen, ohne dass eine medizinische Indikation vorliegen
muss. Aber auch das Verbot von Enhancement lässt sich mit dem Argument der Gesundheitsgefährdung nicht überzeugend begründen, weil
es eine paternalistische Bevormundung des mündigen und freien Bürgers impliziert, die ihn als Person de facto nicht anerkennt und seinen
Willen nicht ernst nimmt.

Ein Selbstdopingverbot durch Gesundheitsgefährdung zu begründen, läuft des Weiteren »auf eine massive Beeinträchtigung der beruf-
lichen Selbstentfaltung hinaus, gemäß derer jeder für sich selbst Kosten und Ertrag bestimmter Handlungen abwägen darf, solange er keinen anderen schädigt« (Bette/Schimank 1998: 364).

Entsprechend der Idee personaler Autonomie kann niemand dazu
gezwungen werden, eine überdurchschnittlich gesundheitsgefährdende
Tätigkeit auszuüben, wie man ihn auch nicht daran hindern kann, sich

aus freien Stücken für eine solche Tätigkeit zu entscheiden: »Er ist dann selbst für die Gesundheitsschäden, die er eventuell erleidet, verantwortlich. Diese personale Selbstverantwortung gilt erst recht dann, wenn die jeweilige Tätigkeit dem Betreffenden zu einem hohen Einkommen verhilft« (ebd.). Dieses Einkommen müsste dann aber auch dazu verwandt werden, die Kosten für mögliche Gesundheitsschäden durch Selbstdoping selbst zu tragen, so dass die Solidargemeinschaft nicht die Reparatur der Schäden des zukünftigen Lebens, die man sich um eines kurzfristigen Vorteils willen gegenwärtig zufügt, zu tragen hat. Riskante und extreme Lebensstile sind also unter der Bedingung der Selbstfinanzierung erlaubt. Die Vorsorgegemeinschaft kann niemandem mögliche Selbstschädigungen verbieten, solange die Betroffenen deren Folgen selbst tragen und solange sie nicht die Bedingungen der Freiheit aller in Frage stellen.

Wenn aber Enhancement von immer mehr Menschen praktiziert wird, stellt sich die Frage, ob die, die es nicht praktizieren wollen oder können, nicht ihrer Chancengleichheit beraubt werden. Der aus der Nichtpraktizierung von Enhancement entstehenden neuen Ungleichheit kann man auf zwei Wegen begegnen. Man kann Enhancement für alle radikal verbieten, was aber mit den Freiheitsrechten der einzelnen in modernen Gesellschaften kollidiert. Oder aber man lässt das Enhancement zu, was zum negativen Nebeneffekt hat, dass auch die Enhancement betreiben müssen, die es nicht wollen, um ihre gleichen Chancen zu wahren. Man müsste außerdem allen Gesellschaftsmitgliedern in einer Gesellschaft, die sich der Gewährung von Chancengleichheit verpflichtet fühlt, Enhancement ermöglichen – einschließlich denen, die nicht über die entsprechenden finanziellen Ressourcen zum Erwerb der Enhancementmittel verfügen, was wiederum um der Wahrung der Chancengleichheit willen ein »sozialstaatliches Enhancement« (Gesang 2007: 52) zur Folge hätte, um allen Bürgern Zugang zu den neuen Techniken der Leistungssteigerung zu gewähren, womit die Möglichkeit gegeben wäre, dass alle Bürger bei gleichem Einsatz gleicher Mittel »prinzipiell die gleichen sozialen Aufstiegschancen haben« (ebd.: 50).

Hier stellt sich natürlich die Frage, ob selbst die Sozial- und Gesundheitssysteme der reichen Industrienation mit einem solchen »Super-Kompensatorischen-Enhancement« (ebd.: 71). nicht völlig überfordert sind und ob es um der Wahrung der Chancengleichheit und des sozialen Friedens willen nicht zunächst angebrachter wäre, statt für gleiche Aufstiegschancen für alle, zunächst »nur die Schlechtgestellten auf das Niveau des Durchschnitts« mit »sozialstaatlich-kompensatorischen Enhancement« heraufzuholen (vgl. ebd.: 69-70), das eingesetzt werden könnte, um die Ungerechtigkeiten der genetischen und sozialen Lotterie, die dem einen weniger und dem anderen mehr Begabungen zuteilt, den einen hier und die andere dort hinstellt, auszugleichen.

LITERATUR

Arendt, Hannah (2002): Denktagebuch 1950-1973. Erster Band. München/Zürich 2002.

Asmuth, Christoph (Hg.) (2010): Was ist Doping? Fakten und Probleme der aktuellen Diskussion. Bielefeld.

Bette, Karl-Heinrich/Schimank, Uwe (1998): Doping und Recht - soziologisch betrachtet. In: Vieweg, K. (Hg.): Doping. Realität und Recht. Berlin.

Gesang, Bernward (2007): Perfektionierung des Menschen. Berlin/New York.

Caysa, Volker (2003): Körperutopien. Eine philosophische Anthropologie des Sports. Frankfurt am Main/New York.

Haubl, Rolf/Liebsch, Katharina (2008): Mit Ritalin leben. Zur Bedeutung der AD[H]S-Medizin für die Betroffenen. In: Psyche, 62 (7), 673-693.

Haug, Tanja (2007): Die Geschichte des Dopinggeschehens und der Dopingdefinition. In: Nickel, R./Rous, T. (Hg.): Das Anti-Doping Handbuch. Band 1 und 2. Aachen.

Kläber, Mischa (2010): Doping im Fitness-Studio. Die Sucht nach dem perfekten Körper. Bielefeld.

Linke, Detlef B. (1996): Hirnverpflanzung. Die erste Unsterblichkeit auf Erden. Reinbek bei Hamburg.

Meinberg, Eckhard (2006): Dopingsport – im Brennpunkt der Ethik. Hamburg.

Pawlenka, Claudia (2010): Ethik, Natur und Doping. Paderborn.

Schöne-Seifert, Bettina (2006): Pillen-Glück statt Psycho-Arbeit. Was wäre dagegen einzuwenden? In: Ach, J.S./Pollmann, A.: (Hg.): no body is perfect. Baumaßnahmen am menschlichen Körper – Bioethische und ästhetische Aufrisse. Bielefeld.

Anthropotechnik und Behinderung

MARKUS DEDERICH UND SVENJA MEUSER

1. EINLEITUNG

Seit Peter Sloterdijk im Jahr 1999 in seiner provokanten Elmauer Rede den Begriff ›Anthropotechnik‹ aufgegriffen hat, ist dieser zu einem gängigen Topos in philosophischen Debatten geworden. Dies gilt insbesondere in Bezug auf die Humanbiotechnologien und das ›Enhancement‹. Während der Begriff bei Sloterdijk in eine großräumige anthropologische und geschichtsphilosophische Theorie eingebettet ist, geht es im Kontext der Bearbeitung bzw. nicht-krankheitsbezogenen ›Verbesserung‹ des Menschen in erster Linie um normative Fragen. In diesem Beitrag, den wir als Problemaufriss verstehen, gehen wir der Frage nach, ob Sloterdijks Theorie und Verwendung des Begriffs ›Anthropotechnik‹ in Bezug auf die normativen Problemkonstellationen überhaupt weiterführend ist. Diese Frage werden wir nicht systematisch untersuchen, sondern am Beispiel ›Behinderung‹, das – ungewöhnlich genug für einen Philosophen – bei Sloterdijk eine theoriestrategisch nicht unwichtige Rolle spielt. Wir gehen hierzu auf den ›Fall Pistorius‹ ein, der für eine spezifische Problematik des Komplexes ›Anthropotechniken im Sport‹ steht, nämlich für das so genannte Techno-Doping.

2. ANTHROPOTECHNIKEN – GRUNDZÜGE DER METAERZÄHLUNG VON PETER SLOTERDIJK

Bereits in früheren Schriften hatte Peter Sloterdijk im Rahmen einer von ihm als historisch bezeichneten Anthropologie einen Theorierahmen skizziert, demzufolge der Mensch bereits seit der Frühzeit als ›Projekt‹ aufgefasst werden kann: Ein Lebewesen, das sich als ›nicht festgestelltes Tier‹ auf eine noch offene Zukunft hin entwirft, sich erstrebenswerte Zustände, Fähigkeiten, soziale Positionen usw. ausmalt und höchst unterschiedliche Techniken und Verfahrensweisen entwickelt, um sich diesen Entwürfen anzugleichen.

Für diese komplexen Prozesse hat Sloterdijk in seiner Elmauer Rede den Terminus ›Anthropotechnik‹ eingeführt (vgl. Sloterdijk 1999). Ausgehend von Heideggers sehr weiter Definition von Technik als Hervor-Bringen und Vorliegen-Machen von Seiendem (vgl. Heidegger 1991), weist er dem Terminus eine zentrale Stellung in einer historisch ausgerichteten Anthropologie zu. Diese versteht den Menschen grundlegend als Produkt und macht folgerichtig die Analyse der Produktionsverfahren zur zentralen Aufgabe der Philosophie und philosophisch aufgeklärter Menschenwissenschaften.

»Tatsächlich ist der Mensch, als Gattungswesen wie als Matrix von Individualisierungschancen verstanden, eine Größe, die es in der bloßen Natur nicht gibt und niemals geben kann und die sich erst unter der Rückwirkung spontaner Prototechniken in sehr langen formativen Prozessen mit kontra-naturaler Tendenz hat bilden können. Die menschliche Kondition ist durchweg Produkt und Resultat […]« (Sloterdijk 2001: 13).

Sloterdijk beschreibt Kulturen metaphorisch als Menschentreibhäuser, die menschgemacht und menschenmachend in einem sind. Gemäß dieser Anthropologie ist der Mensch ein Wesen, das handelnd in die vorfindliche Umwelt eingreift und diese verändert. Diese gesellschaftliche und kulturelle Umwelt umfasst die Sprache, soziale Umgangsformen und Regeln, Herrschaft und institutionalisierte Formen der Konfliktlösung, die Ordnung von Verwandtschaftsverhältnissen, Religion und Heilungswissen, Wirtschaft, Technik und anderes mehr. Als ermöglichendes, formendes und begrenzendes Milieu wirken die von Menschen geschaffenen Umwelten und Lebensbedingungen produktiverzeugend auf die Individuen zurück. Sloterdijks anthropologische Kernthese lautet: Der Mensch ist autoplastisch – indem er eine technische und kulturelle Welt schafft, schafft er zugleich sich selbst. Handlungen oder Produkte von Handlungen wirken in rekursiven Schleifen auf die Handelnden zurück, vorangehende (oder auch antizipierte) Kommunikationen wirken auf aktuelle Kommunikationen ein.

Diese – aus der soziologischen Theorie wohlbekannten – Prozesse bilden Sloterdijk zufolge den Rahmen, in dem Individuen und Kollektive ihr Leben übend gestalten. Solche autoplastischen Verfahren werden im Begriff Anthropotechniken gebündelt.

»Ich verstehe hierunter die mentalen und physischen Übungsverfahren, mit denen die Menschen verschiedenster Kulturen versucht haben, ihren kosmischen und sozialen Immunstatus angesichts von vagen Lebensrisiken und akuten Todesgewissheiten zu optimieren« (Sloterdijk 2009: 23).

Praktiken der Selbst- und Weltgestaltung haben Sloterdijk zufolge zwei Funktionen. Erstens handelt es sich um Immunisierungsstrategien, die der Abwehr oder Bewältigung stets vorhandener Gefährdungen des leiblichen, psychischen und sozialen Wohls der Menschen (durch Krankheiten und Gebrechen, Gewalt, Armut, Unterdrückung, Angst, soziale Konflikte usw.) dienen. Mit Hilfe dieser Praktiken gelingt es den Menschen von alters her, »ihre Verwundbarkeit durch das Schicksal, die Sterblichkeit inbegriffen, in Form von imaginären Vorwegnahmen und mentalen Rüstungen mehr oder weniger gut zu bewältigen« (ebd.: 22). Sloterdijk unterscheidet im Wesentlichen drei Immunsysteme, die miteinander verschränkt sind und zusammen ein Funktionsganzes bilden: a) solche, die das biologische Substrat betreffen; b) juristische, solidaristische und militärische Praktiken sowie c) symbolische bzw. psycho-immunologische Praktiken.

Die zweite Funktion der Anthropotechniken ist die der Steigerung, Verbesserung oder Erhöhung menschlicher Fähigkeiten. Tatsächlich, so Sloterdijk, basieren alle Kulturen seit frühester Zeit auf Leitdifferenzen, die das Feld möglicher menschlicher Verhaltensweisen zwischen entgegengesetzten Polen aufspannen: Zwischen Vollkommenheit und Unvollkommenheit, heilig und profan, vornehm und gemein, tapfer und feige, mächtig und ohnmächtig, vorgesetzt und nachgeordnet, Exzellenz und Mittelmaß, Fülle und Mangel, Wissen und Unwissen, Erleuchtung und Verblendung usw. (ebd.: 28). Die unterschiedlichsten Anthropotechniken dienen seit jeher dem Zweck, dem jeweils als höher, wertvoller, erstrebenswerter angesehenen Pol möglichst nahe zu kommen. Somit lassen sich beide Funktionen nicht klar voneinander abgrenzen. Zwar ist die Immunisierungsfunktion Grundlage der Steigerungsfunktion, aber bereits die Abwehr von Gefährdungen aller Art ist eine Form der Verbesserung gegenüber dem ›Status quo‹. Dieses Fehlen einer klaren Angrenzung hat, wie wir weiter unten noch zeigen werden, Konsequenzen für die Beurteilung normativer Fragen.

Wie Sloterdijk immer wieder betont, ist das Arsenal der verschiedenen Anthropotechniken spätestens seit der Achsenzeit mit einem gewissen asketischen Ideal verknüpft. Dieses bezieht sich auf die Askese gegenüber dem faktisch Gegebenen, dem Vorfindlichen, der Welt und dem Leben, wie sie sich den Menschen in ihrer schlichten Gegebenheit darstellt. Anthropotechniken zielen in ihrem konstruktiven, auf produktive Steigerungen abzielenden Aspekt darauf ab, dieses Gegebene hin zu einem als besser erachteten Zustand oder Können zu transzendieren. Unter Bezugnahme auf Foucault spricht Sloterdijk im Zusammenhang mit asketischen Anthropotechniken von einer ›Sorge um sich‹, die – eingebettet in eine allgemeine Übungstheorie – eine »Angleichung an das Höchste« (ebd.: 64) anstrebt.

Wichtig ist nun, dass in der Moderne ein allmählicher Wandel der Anthropotechniken stattgefunden hat. Waren diese Techniken für die längste Zeit der Menschheitsgeschichte mit Erziehung und Kulturen des Übens verbunden, also im weitesten Sinne geistige oder spirituelle Praktiken, findet nun eine zunehmende Entspiritualisierung der Askesen statt, das heißt ihre Herauslösung aus religiösen, spirituellen, humanistischen und sonstigen Kontexten. Zugleich haben die zunehmend individualisierten Anthropotechniken mehr und mehr das körperliche Substrat zum Gegenstand. Ging es beispielsweise in früheren Jahrhunderten darum, den Charakter durch Erziehung oder asketisch-übende Selbsttechniken zu formen, wird heute zunehmend über gentechnologische oder pharmakologische Optionen diskutiert (vgl. hierzu auch Gehring 2006).

So imposant und materialreich die von Sloterdijk vorgelegte geschichtsphilosophische Metaerzählung ist, so allgemein und folglich unscharf bleibt sie auch. Zumindest müsste sie in Hinblick auf konkrete Epochen, Gesellschaften oder kulturelle Zusammenhänge spezifiziert und konkretisiert werden. So kann das, was als das ›Höchste‹, dem nahe zu kommen die Anthropotechniken in ihrem Steigerungsaspekt bezwecken, höchst unterschiedlich ausgelegt werden. Die Konkretisierung der Theorie erfordert daher auf einer deskriptiven Ebene jeweils zu fragen, was dieses ›Höchste‹ genau sein soll. Das kann aber nur gelingen, wenn klar ist, welche Vorstellungen von einem guten und gelingenden Leben in einem spezifischen Kontext vorliegen und für die Menschen handlungsleitend sind.

Hiermit hängt eine weitere Problematik zusammen: Der Terminus ›Anthropotechnik‹, der von Sloterdijk hauptsächlich deskriptiv und explikativ verwendet wird, verweist auf Praktiken und Technologien, die in ihrer Anwendung stets auf die Verwirklichung werthaltiger Zwecke abzielen. Das zeigt eines der von Sloterdijk in seiner Elmauer Rede angesprochenen Anwendungsfelder von Anthropotechniken, die gentechnologische »züchterische Steuerung der Reproduktion« (Sloterdijk 1999: 52). Dieses Anwendungsfeld wirft Fragen auf, die, sobald es um individual- und sozialethische sowie biopolitische Abwägungs- und Bewertungsprozesse geht, nur in einem ethisch-normativen Rahmen diskutiert werden können.[1] Unsere These lautet daher: Für eine

---

1 Darüber hinaus ist der Terminus ›Anthropotechnik‹ keineswegs normativ neutral. Als Mittel zum Zweck weisen Anthropotechniken eine teleologi-

ethische Beurteilung der etwa durch die Gentechnologie aufgeworfenen Fragen taugt der Begriff Anthropotechnik nicht. Gleiches gilt, wie weiter unten noch deutlich werden soll, für die Enhancementdebatte.

Bevor wir hierauf eingehen, wollen wir jedoch in einem Exkurs der Frage nachgehen, wie Sloterdijk das Thema Behinderung in seiner Theorie repräsentiert und welche theoriestrategische Funktion ihm zukommt.

3. EXKURS:
ANTHROPOTECHNIKEN UND BEHINDERUNG

Für die Zeit seit der zweiten Hälfte des 19. Jahrhunderts konstatiert Sloterdijk das Aufkommen eines »Krüppeldiskurses«, der im Kontext einer Theorie der Anthropotechniken deshalb von Interesse ist, weil er »weitere Aufschlüsse über den Strukturwandel der menschlichen Steigerungsmotive in neueren Zeiten« (Sloterdijk 2009: 69) gibt. Der »Krüppeldiskurs« macht mit anderen Worten auf ein Phänomen anthropologischen Ausmaßes aufmerksam, das ohne diesen Diskurs allzu leicht im Verborgenen bliebe: Die »Krüppelanthropologie«, so Sloterdijk, macht den Menschen als das Tier kenntlich, »das voran kommen muß, weil es von Etwas behindert wird« (ebd.). Um dies zu zeigen, wendet sich Sloterdijk Carl-Hermann Unthan (1848-1929) zu, der ihm gleichsam als Prototyp eines übenden Krüppels dient. Sloterdijk sieht in Unthan einen »Krüppelexistenzialismus« verkörpert, demzufolge der behinderte Mensch die Chance hat, »seine Geworfenheit in die Behinderung als Ausgangspunkt einer umfassenden Selbstwahl zu erfas-

sche bzw. finale Struktur auf: es handelt sich um Praktiken der Hervorbringung von körperlichen, psychischen, mentalen, spirituellen Eigenschaften, die ihrerseits entweder in sich wertvoll sind oder instrumentell der »Angleichung an das Höchste« dienen. Wie Sloterdijk deutlich macht, stehen Immunisierungsstrategien im Dienste einer ›Sorge um sich‹, einer im Sinne Foucaults ethischen Kategorie (vgl. Foucault 1989).

sen« (S. 74). Demnach ist die Behinderung eine Herausforderung, die –
psychologisch ausgedrückt – den Prozess der Herausbildung einer ko-
härenten Identität einerseits erschwert oder gar in Frage stellt, dessen
Gelingen andererseits aber umso dringlicher macht. Die Bewältigung
der Behinderung wird zu einer Schule des Willens, der aufgeboten
werden muss, um positiv gestimmt nach vorne blicken zu können und
sich durch Rückschläge nicht entmutigen zu lassen.

In diesem Willen kommt zweierlei zum Ausdruck: ein Emanzipati-
onsdrang und ein Teilhabeverlangen. Hierzu ein längeres Zitat:

»Im ethischen Kern von Unthans Krüppelexistenzialismus entdeckt man das
Paradox einer Normalität für Unnormale. Existenzialistisch im engeren Sinne
des Wortes hieran sind drei Motive, deren Ausarbeitung der Philosophie des
20. Jahrhunderts vorbehalten war: Zum einen die Figur der Selbstwahl, kraft
welcher das Subjekt etwas aus dem macht, was aus ihm gemacht wurde; zum
anderen die sozial-ontologische Zwangslage in der sich jeder befindet, der unter
dem ›Blick des Anderen‹ existiert: aus ihr ergibt sich der Freiheitsimpuls,
sprich der ›Anstoß‹, sich gegen die feststellende Gewalt, die von fremden Augen ausgeht, zu behaupten; und schließlich die Versuchung der Unaufrichtig-
keit, mit der das Subjekt seine Freiheit von sich wirft, um die Rolle eines Dings
unter Dingen, eines An-Sich, einer Naturtatsache zu spielen« (S. 76).

Für Sloterdijk sind die Beobachtungen zur Krüppelemanzipation und
deren behindertenpädagogische Verarbeitung von allgemeiner Relevanz, sind doch, so seine Unterstellung, Behinderte »überzeugende
Dozenten der conditio humana […] – übende Wesen einer besonderen
Kategorie mit einer Botschaft für übende Wesen im Allgemeinen« (S.
78). Der Gedanke, dass Behinderte Probleme bzw. Sachverhalte von
anthropologischer Relevanz sichtbar machen, findet sich bei Sloterdijks zweitem Hauptgewährsmann zu diesem Thema, dem Körperbe-
hindertenpädagogen Hans Würtz (1875-1958). Deshalb stellt das Phänomen der Behinderung »die allgemeine Asketologie vor ihre Feuer-
probe« (S. 81). Auch wenn die philosophische Anthropologie des 20.
Jahrhunderts von der Behinderungsthematik und den darauf bezogenen

Veröffentlichungen keine Kenntnis genommen hat, kam sie nach Sloterdijk zu ähnlichen und sinnverwandten Erkenntnissen, denn sie
zeichnete ein Bild vom Menschen, das diesen vor allem als Mängelwe-
sen charakterisierte. Insofern hält der ›Krüppel‹ der Menschheit einen
Spiegel vor. Er versinnbildlicht einen zentralen und unabweisbaren
Aspekt der ›conditio humana‹: Um zu überleben und sein Leben führen
zu können, ist der Mensch ontologisch und existenziell auf Prothesen
im weitesten Sinn des Wortes angewiesen. Mit Prothesen sind nicht
nur am Körper ansetzende technische Artefakte, etwa Geh-, Seh-, Hör-
oder Sprechhilfen gemeint. Auch beispielsweise gesellschaftliche Institutionen, die das Zusammenleben strukturieren und schematisierte
Problemlösungen bereitstellen, haben quasi prothetische Funktionen.
Solche gesellschaftlichen und kulturellen Prothesen haben doppelsin-
nige Effekte. Gehören sie auf der einen Seite zur *conditio sine qua non*
menschlichen Lebens, die sich zumindest in rudimentärer Form als un-
verzichtbar erweisen, schränken sie menschliches Handeln auch ein,
lenken es in vorgegebene Bahnen und begrenzen somit Möglichkeiten
der Individuen. Dies kann bis hin zu einer Totalisierung von Institutionen führen, die Freiheits- und Individuationsbestrebungen im Keim ersticken (vgl. Goffman 1973).

Was folgt aus diesem Befund? Sloterdijks Botschaft ist simpel:
»Wenn Menschen ausnahmslos auf verschiedene Weise Krüppel sind,
haben sie jeder und jede auf seine und ihre Art Grund und Anlass, ihr
Dasein als Anreiz zu korrigierenden Exerzitien zu begreifen« (Sloterdijk 2009: 98).

An diesem Punkt offenbart die Metaerzählung Sloterdijks in aller
Deutlichkeit dessen Motiv, auf die »Krüppelthematik« zurückzugrei-
fen. Es geht nicht um Erfahrungen behinderter Menschen selbst und
schon gar nicht darum, ihren durch Aussonderung, Marginalisierung
und Stigmatisierung stets mehr oder weniger prekären Status in der
Gesellschaft zu kritisieren oder gar einen Beitrag zur Verbesserung ihrer Lebensumstände zu leisten. Vielmehr geht es darum, die Behinderungsthematik als Beleg und Illustration für die zentrale anthropologische und geschichtsphilosophische These des Buchs »Du mußt dein

ANTHROPOTECHNIK UND BEHINDERUNG | 135

Leben ändern« heranzuziehen. Damit hat die Behinderungsthematik eine zugleich theoriestrategische und metaphorische Funktion.

In ihrem Buch »Narrative Prosthesis« (2000) gehen die amerikanischen Kulturwissenschaftler David Mitchell und Sharon Snyder der Frage nach, mit welchen stilistischen und kompositorischen Mitteln in Prosatexten, Theaterstücken und philosophischen Abhandlungen in der Europäischen Kultur an der narrativen Konstruktion von Behinderung gearbeitet wird und welche erzählstrategische bzw. argumentative Funktion behinderten Charakteren bzw. dem Topos ›Behinderung‹ dabei zukommt. Die beiden Autoren zeigen, dass Behinderung sehr häufig zur Veranschaulichung von sozialer Abweichung oder Prozessen der Beschädigung von Subjektivität, als sinnfällige und bedeutungsstiftende Metapher und als Instrument der Kulturkritik in die Literatur und andere Künste Eingang gefunden hat (vgl. Mitchell/Snyder 2000: 3). Die zentrale Frage der Studie ist, wie behinderte Körper in der Kultur repräsentiert und für wissenschaftliche, kulturelle und soziale Differenzierungs-, Bewertungs- und Hierarchisierungsprozesse von Menschen herangezogen werden. Allgemein formuliert: Die Frage »Was ist der Mensch« wird häufig unter Rückgriff auf das Phänomen Behinderung beantwortet. Dabei fungiert dieses Phänomen in der (europäischen und amerikanischen) Literatur und Kunst seit Jahrhunderten häufig als negative Differenzkategorie. Das gilt, trotz der Zunahme von Arbeiten, die Behinderung anders repräsentieren, bis heute. Nach Mitchell und Snyder wird die Repräsentation von Behinderung durch zwei Modi dominiert: durch eine überhitzte symbolische Bildsprache sowie die Instrumentalisierung von Behinderung für darstellerische Zwecke (vgl. auch Dederich 2007: 107ff).

Auch in Sloterdijks Theorie haben Behinderte symbolisch-repräsentative Funktionen. Als materialisierte Metapher sollen sie eine Reihe abstrakter und allgemeiner Sachverhalte material begreifbar, anschaulich und konkret machen: sie werden als Prototypen des modernen, asketisch-autoplastischen Subjekts präsentiert, das durch übende Transzendierung des Lebens und Ausrichtung auf ›das Höchste‹ seine Behinderungen überwindet; sie veranschaulichen, dass dieser Prozess nur in einem ›kulturellen Treibhaus‹ gelingen kann, das technologische oder psychotechnische Möglichkeiten bereit hält, den Weg der Übung erfolgreich zu beschreiten; sie fungieren als Beispiel für die These, dass das Bündel von Problemen, die heute unter dem Stichwort ›Enhancement‹ diskutiert werden, in Wahrheit nichts Neues darstellen, weil Menschen schon immer Verbesserungstechniken und Steigerungspraktiken eingesetzt haben; sie symbolisieren den existentiellen Kampf von Menschen um eine gelingende Selbstwahl; sie versinnbildlichen die Herausforderung und Anstrengung, sich von den gewaltsamen, stigmatisierenden und entwertenden Blicken der Anderen zu befreien; sie führen uns die Tendenz vor Augen, vor der Freiheit zu fliehen und den Versuchungen der Resignation nachzugeben; sie sind schließlich eine Metapher für die anthropologische Unabweisbarkeit des Übens, die sich aus dem *per definitionem* stets behinderten Menschsein ergibt.

Damit hat die Verwendung des Topos ›Behinderung‹ in Sloterdijks Text eine wichtige epistemologische Funktion und wird, zugespitzt formuliert, für diese Zwecke instrumentalisiert. Er lehrt uns etwas über die Beschaffenheit der Welt, die Ordnung der Dinge und die tiefere Wahrheit unserer individuellen und kollektiven Erfahrung. Um diese theoriestrategische Funktion erfüllen zu können, muss das Thema auf spezifische Weise zugeschnitten werden. Dieser Zuschnitt beruht vor allem darauf, sich ausschließlich auf körperliche Behinderungen zu konzentrieren. Ganz anders stellt sich die Sachlage dar, wenn es um Menschen mit schweren kognitiven Beeinträchtigungen geht. Die Prüfung, ob und inwieweit die Motive der Selbstsorge, Immunisierung, Askese und Steigerung für diese Menschen zutreffen, würde voraussichtlich zu einem erheblich differenzierteren Bild führen.

Darüber hinaus folgen in Sloterdijks Anthropologie Immunisierungsstrategien und Steigerungsmotive, Selbstsorge und Angleichung an das Höchste im Kontext von Behinderung einer ganz eigenen Motivation. Aus Sicht behinderter Menschen (bzw. der Sicht, die Sloterdijk ihnen zuschiebt) scheint das Normale im Sinne eines unbehinderten Grundzustandes das Höchste erstrebenswerte Ziel. Trifft das aber zu? Ist die Annäherung an das ›Höchste‹, auf das die Anthropotechniken

abzielen, nicht gerade eine Transzendierung des Normalen (im norma-
lismustheoretischen Sinn des statistisch feststellbaren Durchschnittli-
chen, vgl. Link 1997)? Wenn aber das Normale als das Höchste erscheint, dann verliert der transzendierende Aspekt der Steigerung tendenziell seinen Sinn, weil es nicht um die Überwindung, sondern die
Erreichung von Normalität geht. Darüber hinaus ist zu fragen, ob
Normalität nicht auch als eine Zumutung erlebt werden kann. Jedenfalls hat die ›Krüppelbewegung‹, die einen politischen, gesellschafts-
kritischen und emanzipationsorientierten ›Krüppeldiskurs‹ geführt hat,
das Konzept der Normalität explizit kritisiert und zurückgewiesen.
Plakativ kommt dies in dem Slogan »Lieber lebendig als normal« zum
Ausdruck (vgl. Wunder/Sierck 1987). Daher ist grundsätzlich zu fragen, ob das von Sloterdijk unterstellte Ziel der Selbstnormalisierung
tatsächlich das ist, wonach Menschen mit Behinderungen grundsätzlich
streben. Bei seiner Darstellung der Behinderungsthematik orientiert
sich Sloterdijk an seinen zwei Hauptgewährsmännern, Unthan und
Würtz. Wie Musenberg jedoch in seiner kritischen Würdigung von
Würtz zeigen konnte, entgeht Würtz mit seiner Psychologie nicht immer ontologisierenden Redeweisen über die »Krüppelseele«, was unter
anderem der Tatsache geschuldet ist, dass die Berücksichtigung gesellschaftlicher Aspekte bei der Hervorbringung von Behinderung weitgehend ausgeblendet werden (vgl. Musenberg 2002: 192 ff und 295 ff).
Tatsächlich lies sich Würtz bei seiner Darstellung von Körperbehinder-
ten als »Sichtbarmachern« »stark von den tradierten mythischen Vorstellungen und Vorurteilen gefangen nehmen, gegen die er eigentlich
zu Felde gezogen war« (S. 319).

Eine Verlagerung der Aufmerksamkeit von psychologischen auf
gesellschaftliche und politische Aspekte aber legt nahe, dass die von
behinderten Menschen angestrebten Ziele viel besser und klarer mit
Konzepten wie Selbstbestimmung, Empowerment, Chancengleichheit,
Anerkennung, Wertschätzung von Vielfalt oder Inklusion zu fassen
sind.

Diese kritischen Rückfragen schließen jedoch nicht aus, dass es er-
hellend sein könnte, emanzipationsorientierte und pädagogische bzw.

sozialarbeiterische Ansätze wie das Empowerment-Konzept im Lichte der Theorie Sloterdijks zu analysieren.

4. SLOTERDIJKS THESEN ZUM ›HUMAN ENHANCEMENT‹

Anthropotechniken sind keine Technologien im engeren Sinne. Neben der Herstellung einer Welt von Artefakten umfassen sie auch Institutionen und vor allem Systeme der Übung, der Sorge um sich, der Selbstvervollkommnung. Wie wir weiter oben schon herausgestellt haben, gehört Sloterdijk zufolge die Verbesserung bzw. Perfektionierung zu den beiden Funktionen von Anthropotechniken. War das Perfektionierungsmotiv über lange Zeiträume vor allem religiösen Virtuosen, also Asketen und Heiligen vorbehalten, wurde es im Laufe der Neuzeit mehr und mehr zum Gemeingut, etwa in Form von Bildung. Als Mechanismus der Autoplastik ist Bildung im weitesten Sinne ist ein Übungsprogramm, das denjenigen, der gebildet wird bzw. sich bildet, hervorbringt. Idealerweise funktioniert dieser Mechanismus so, dass das dem Individuum Ein-gebildete ihm gewissermaßen zur zweiten Natur wird. Sind die Mittel und Techniken des Übens erst einmal verinnerlicht, kann der Übende sie gezielt einsetzen, um weitere Steigerungs- und Perfektionierungsstufen zu erreichen. Dieses Prinzip lässt sich bis in die gegenwärtigen Gesellschaften verfolgen, in denen die Menschen zu individualisierten, eigenverantwortlichen Unternehmern in eigener Sache werden: Akteure und Produzenten des eigenen Schicksals, voll verantwortlich für Gelingen oder Misslingen ihrer Lebensprojekte, Produzenten und Produkt in einem. In der Diktion Sloterdijks formuliert: Unter den Bedingungen der Gegenwart wird Leben zum Fitnesstraining, gerät zu einem großen Trainingslager: »Man kann der Neuzeit im Ganzen nur gerecht werden, wenn man sie auf einen bislang nie angemessen dargestellten mentalen, moralischen und technischen Wandel bezieht: Das Dasein der Modernen trägt Züge einer globalen Fitnessübung [...]« (S. 527). Sloterdijk schreibt seiner Theorie, wie hier deutlich wird, nicht nur geschichtsphilosophische und anthropologische Relevanz zu, sondern gesellschaftstheoretische. Er konstatiert, die arbeitsteilige Gesellschaft sei

»*de facto* das übungsteilige Kompetenzfeld eines modernen Leistungskollekti- ves, das sich auf das Stressfeld ›Geschichte‹ begibt […]. Von der Neuzeit reden heißt somit, die kulturelle Erzeugung eines alles durchdringenden Reizklimas, der Leistungssteigerung und der Fähigkeitsentfaltung zur Sprache bringen« (S. 529).

Wichtig ist nun, dass moderne Anthropotechnik weitgehend entspiritu- alisiert und veräußerlicht ist, sie ist eine Immunisierungs- und Perfek- tibilitätsbewegung ohne Religion oder Transzendenz. Diese Entwick- lung wird durch das Aufkommen biomedizinischer, pharmakologischer oder technologischer Anwendungsoptionen radikalisiert, die unter dem Begriff ›human Enhancement‹ diskutiert werden. Dieser Begriff kenn- zeichnet Sloterdijk zufolge wie kein anderer »den Akzentwechsel von der vormaligen übend-asketischen Selbstintensivierung (und ihrer bür- gerlichen Übersetzung in ›Bildung‹) zur chemischen, biotechnischen und chirurgischen Erhöhung individueller Leistungsprofile […]« (Slo- terdijk 2009: 530). Aus der Arbeit am Ich wird die Arbeit am Körper. Die verschiedenen Enhancementtechnologien lehren den Menschen, sich selbst wie eine Sache zu betrachten und zu bearbeiten, ohne den zeitaufwändigen und Disziplin erfordernden Weg der übenden Selbst- gestaltung gehen zu müssen. In Gestalt von kosmetischer Chirurgie, Doping, neuen Fitness- und Wellnessfabriken usw. wird die Veräußer- lichung der steigerungsorientierten Sorge um sich anschaulich konkret.

»Wo der Enhancementgedanke dominiert, wird die Erhöhung des Leistungsni- veaus wie eine Dienstleistung in Anspruch genommen, bei der die Eigenan- strengung des Einzelnen sich auf den Hinzukauf der aktuellsten Prozeduren be- schränkt. An die Stelle des klassischen Übungssubjektes, das sich in langwieri- gen Askesen an das Gesetz des Kosmos assimilieren wollte oder durch Ent- selbstung in seinem Inneren für Gott Platz schuf […] tritt das Lifestyle-Subjekt, das auf die gängigen Attribute zur Darstellung von existenzieller Souveränität nicht verzichten will« (S. 530 ff).

Verlässt man diese Ebene sehr globaler Reflexionen, wird es jedoch nötig, den Terminus ›Enhancement‹ genauer zu fassen. Dabei zeigt sich ein Problem, das die gegenwärtigen Debatten durchzieht, das wir hier aber nur kurz andeuten können. Den bisherigen Ausführungen zufolge liegt der Unterschied zwischen ›Enhancement als Konstante in der bisherigen Menschheitsgeschichte‹ und ›modernem Enhancement‹ in der Art und Weise, *wie* die Verbesserungen durchgeführt werden. In dieser Annäherung an das Enhancement-Problem geht jedoch ein anderer wichtiger Aspekt der Debatte unter. Dieser (auch für den ›Fall Pistorius‹ wichtige) Aspekt spielt vor allem in enhancementkritischen Beiträgen eine wichtige Rolle. Diese Beiträge fokussieren nicht das immer schon existente Perfektionierungsstreben der Menschen, sondern den nicht vorhandenen Krankheitsbezug, also das Fehlen einer medizinischen Indikation und klarer therapeutischer Ziele. Nach dieser Auffassung ist Enhancement nicht als eine Art anthropologischer Konstante zu fassen, sondern als spezifischer Gegenbegriff zu Therapie. In *diesem* Sinne steht ›Enhancement‹ für solche Interventionen in die psychophysische Konstitution des Menschen, die keine medizinischen Ziele verfolgen und sich insofern »weder auf die Heilung von Krankheit noch auf die Herstellung oder Erhaltung von Gesundheit richten« (Lenk 2002: 35). Nach dieser Unterscheidung ist Therapie eine legitime, Enhancement hingegen eine illegitime bzw. ethisch bedenkliche Maßnahme. Tragfähig ist diese Unterscheidung jedoch nur, wenn ihr ein konsistentes Modell von Gesundheit und Krankheit zugrunde liegt.

Nun wird die als normativ relevant behauptete Unterscheidbarkeit von Therapie und Enhancement von Kritikern als unhaltbar zurückgewiesen. Zu den Vertretern dieser Position gehört der in Oxford lehrende Bioethiker Julian Savulescu. Ähnlich wie Sloterdijk begreift Savulescu das Verbesserungs-Bestreben als anthropologische Konstante, die *jegliche* ›Verbesserung‹ durch Technikanwendung einschließt – von der Einnahme von Psychopharmaka zu therapeutischen oder nichttherapeutischen Zwecken, über Ernährung, das Tragen von Kleidung, bis hin zum Einsatz von Computern oder pädagogischen Sanktionen. Damit glaubt er, Positionen zurückweisen zu können, die unter Enhancement Maßnahmen subsummieren, die im Prinzip von anderen Interventionen und Techniken abgrenzbar sind – also auch solchen, die der Wiederherstellung von Gesundheit dienen. Die normative Schlussfolgerung aus diesem Zugang lautet, dass die ethische Beurteilung von Enhancement nicht unter Rückbezug auf den Tatbestand des Enhancements selbst, sondern nur auf der Grundlage einer Risiko-Nutzen-Abwägung erfolgen kann (vgl. Bostrom/Savulescu 2009). Demgegenüber stehen Positionen wie z.b. diejenige von Michael Sandel, der um die Betonung qualitativ neuer Aspekte von Enhancement-Maßnahmen bemüht ist und durch diese in sich wertvolle und daher schützenswerte Aspekte der *conditio humana* bedroht sieht (vgl. Sandel 2008).

4.1 Enhancement im Sport und der ›Fall Pistorius‹

Für den nachfolgend diskutierten ›Fall Pistorius‹ sind neben der Debatte über die Abgrenzbarkeit von Enhancement von Therapie zwei weitere Kontroversen von Bedeutung. Die eine bezieht sich auf die grundsätzliche Frage, ob es einen klaren und normativ relevanten Unterschied zwischen im weitesten Sinn technischen Mitteln der Leistungsverbesserung gibt und solchen, die primär auf individueller Übung, mentalen Fähigkeiten usw. beruhen. Die andere dreht sich um die Frage, ob und wie verschiedene Mittel zur Leistungssteigerung normativ unterschiedlich bewertet werden können. Gibt es einen normativ relevanten Unterschied zwischen Laufschuhen und Prothesen (beide sind technische Hilfsmittel) oder zwischen gesunder Nahrung und pharmakologischen Mitteln, die jeweils zum Zweck der Leistungssteigerung eingesetzt werden?

Beide Kontroversen sind bezüglich der Anwendung von Anthropotechniken im Sport relevant. Diese Debatte dreht sich im Kern um das Techno-Doping und befasst sich vor allem mit dem Problem der Fairness, das durch den Einsatz technischer Hilfsmittel aufgeworfen wird.

Unterlegt man diese Debatte mit Sloterdijks Theorie der Anthropotechnik, dann wären mentale Praktiken, spezielle Trainingsmethoden, Nahrungsergänzungsmittel, besondere Kleidung oder Schuhe in einem deskriptiven Sinn ebenso als Verbesserungspraktiken zu beschreiben wie die Verwendung von Anabolika. Da sich diese Techniken im Rahmen der Theorie Sloterdijks bestenfalls graduell, nicht jedoch prinzipiell unterscheiden lassen, lassen sich aus ihr keine Ansatzpunkte für die Klärung der aufgeworfenen normativen Fragen gewinnen. Pointiert formuliert: Wenn, wie Sloterdijk sagt, alle Menschen auf verschiedene Weise Krüppel sind, die zur Lebensbewältigung und -steigerung der Anthropotechniken bedürfen, und jegliche Immunisierungs- und Steigerungspraktiken darunter subsumiert werden, dann bietet der Begriff keinerlei Ansatzpunkte für eine Differenzierung von legitimen und illegitimen Praktiken bzw. Techniken, wie etwa die ethische Evaluation der Anwendung von Blutdoping oder der Verwendung von Beinprothesen im internationalen Spitzensport. Dies zeigt der ›Fall Pistorius‹ eindrücklich.

Oscar Pistorius, geboren am 22.11.1986 in Südafrika, ist ein professioneller Leichtathlet, der nach einer bilateralen Unterschenkelamputation Prothesen nutzt. Der als *The fastest man on no legs* und *Blade Runner* bekannte Sportler hält die Weltrekorde über die 100-, 200- und 400-Meter-Distanzen der Paralympischen Spiele. Seine überraschende und in den Medien zelebrierte Goldmedaille bei den *Paralympics* in Athen 2004 machte ihn zu einem öffentlichen Ereignis, einem gefragten Werbeträger, einem Botschafter für wohltätige Zwecke und einem Vorbild für behinderte Menschen. Seine Absicht, an internationalen Wettkämpfen für Nicht-Behinderte wie den Olympischen Spielen teilzunehmen, hat eine internationale und kontrovers geführte Debatte ausgelöst. In deren Zentrum steht die Mutmaßung des Leichtathletik-Weltverbandes IAAF (*International Association of Athletics Federations*), dass Pistorius' Prothesen ihm einen unfairen Vorteil gegenüber anderen Sportlern ohne Prothetisierung verschaffen würde und insofern als Ausschlusskriterium gelten müssten. Der damit erhobene Vorwurf des ›Techno-Dopings‹ impliziert, dass Pistorius' Leistungen auf einer Enhancement-Maßnahme basieren.

Die Diskussion um Pistorius' Unterschenkelprothesen und die damit einhergehende Frage nach dessen Teilnahmeberechtigung geht auf eine im März 2007 von der IAAF erlassene Regelerweiterung zurück. Diese verbietet die Verwendung »of any technical device that incorporates springs, wheels or any other element that provides the user with an advantage over another athlete not using such a device« (IAAF 2008: 100). Aufgrund dieser in den *IAAF Competition Rules* unter Paragraph 144.2 angeführten Regel kam die Frage auf, ob die von Pistorius verwendeten *Cheetah*-Prothesen als technische Hilfe und damit als Regelverletzung zu werten sind. In der Folge der herrschenden Unsicherheit, ob der Tatbestand des Techno-Dopings tatsächlich erfüllt ist, wurde eine bereits erteilte Teilnahmeberechtigung an einem internationalen Leichtathletik-Wettkampf für Nicht-Behinderte zurückgezogen. Zur Klärung des Sachverhalts unterzog sich Pistorius einer wissenschaftlichen Untersuchungsreihe an der Deutschen Sporthochschule Köln, bei der seine Leistung mit einer Kontrollgruppe von fünf nichtbehinderten Athleten verglichen wurde. Die IAAF sah mit den Ergebnissen der Studie den Nachweis erbracht, dass Pistorius' Prothesen eine technische Hilfe darstellen und somit in klarem Widerspruch zur Regel 144.2 stehen. Für den Präzedenzfall Pistorius standen keine standardisierten Verfahren bereit, und so zweifelten andere das Kölner Gutachten an. Am Ende einer komplizierten und nicht immer durchsichtigen Debatte und Beurteilungsprozedur wurde Pistorius' Bestreben, an den Olympischen Spielen teilzunehmen, zunächst unterbunden. Im Mai 2008 jedoch hob der Internationale Sportgerichtshof das Teilnahmeverbot auf (zu den Details des Vorgangs siehe u.a. CAS 2008).

4.2 Pistorius' Prothesen als Therapie oder Enhancement

In der Beurteilung der Frage, ob es sich bei Pistorius' Prothesen um eine therapeutische oder eine Enhancement-Maßnahme handelt, sind zwei Aspekte relevant. Zunächst ist die bereits aufgeworfene Frage wichtig, ob und wie sich Therapie und Enhancement unterscheiden lassen. In der Debatte um Pistorius können sowohl Argumentationslinien ausgemacht werden, die von einer kompensatorischen und insofern therapeutischen Intervention ausgehen und Pistorius' Prothesen nicht als Enhancement einstufen, als auch solche, die Pistorius eine über das therapeutische Maß hinausgehende Leistungssteigerung durch die *Cheetahs* attestieren.

Wie bereits angedeutet, beurteilt der Leichtathletik-Weltverband Pistorius' Prothesen als leistungssteigernde, unerlaubte Hilfsmittel, die ihm einen unfairen Vorteil gegenüber anderen Athleten verschaffen. Essentiell für den Argumentationsweg der IAAF ist der Versuch, eine deutliche Unterscheidung zwischen Prothesen und technischen Hilfsmitteln zu konstituieren:

»It is important to underline that the IAAF does not have, nor contemplate, a ban on prosthetic limbs, but rather technical aids. The aim of the rule change is not an attempt to prevent disabled athletes from using any artificial limbs or competing against able-bodied athletes if they are good enough to do so« (IAAF 2007: o.S.).

Die IAAF deklariert Prothesen als legitim, während technische Hilfsmittel als Ausschlusskriterium gelten. Mit der Klassifikation von Pistorius' Prothesen als technische Hilfsmittel blendet die IAAF deren therapeutischen Nutzen aus. Die IAAF argumentiert nicht, dass die technischen Hilfsmittel über Therapie hinaus gehen und in diesem Sinne Enhancement sind. Die IAAF arbeitet an keiner Stelle mit der Therapie-Enhancement-Unterscheidung.

Im Gegensatz hierzu verstehen Steven D. Edwards und Gregor Wolbring Pistorius' Prothesen als Therapie. Beide Argumentationsgänge arbeiten grundsätzlich mit einem Therapieverständnis, das sich auf die Wiederherstellung der Funktionsfähigkeit bezieht.

Edwards beruft sich auf die *International Classification of Functioning, Disability and Health* (ICF). Nach Auffassung des Autors sprechen folgende Überlegungen dafür, Pistorius' Prothesen als Therapie zu begreifen: a) bei Pistorius liegt ein *impairment* im Sinne der ICF vor, also eine körperbezogene, über die statistische Norm definierte Schädigung (vgl. WHO 2001). Dies führt b) zu einer *activity limitation*: »The impairments are the absence of his lower legs, and the activity limitations presumably concern his mobility – at least as this would be without his artificial legs, his ›blades‹« (Edwards 2008: 114). Das *impairment* besteht bei Pistorius also im Nichtvorhandensein seiner Unterschenkel. Die *activity limitation* äußert sich in eingeschränkter Mobilität, zumindest, wenn Pistorius keine Prothesen trägt. Pistorius' Prothesen haben demnach die Funktion, dessen *impairment* auszugleichen: »The blades are mere means that make it possible for him to manifest his athletic prowess in his chosen events; they *compensate* for his lack of legs« [eigene Hervorhebung] (ebd.: 115).

An anderer Stelle differenziert der Autor zwischen internen und externen »performance-enhancing measures«. Eine interne Maßnahme zur Leistungsverbesserung ist zum Beispiel die Einnahme bestimmter Substanzen, während Prothesen oder federnde Schuhsohlen Beispiele für externe Maßnahmen sind. Eine Prothese ist ein »artificial replacement for a missing or diseased part of the body, for example artificial limbs« (British Medical Association 2002, zit. nach Edwards 2008, 119). Da federnde Schuhsohlen keinen Körperteil ersetzen, stellen sie keine Prothesen im Sinn der angeführten Definition dar. Edwards konstatiert also, »that permitting competitors to use prosthesis differs from permitting competitors to use any ›external‹ items« (ebd.).

Edwards legt seinem Argumentationsweg die implizite Annahme einer Unterscheidbarkeit von Therapie und Enhancement zu Grunde. Gregor Wolbring hingegen hinterfragt die Möglichkeit, Therapie und Enhancement stichhaltig zu differenzieren. Für ihn stellen sich folgende Fragen:

»But what kind of enhancement are they [die Prothesen, M.D./S.M.]; therapeutic or nontherapeutic? [...] The legs would be classified as therapeutic if they perform up to species-typical functioning and as enhancements if they go beyond? Would not any bionic leg be therapeutic for the person without legs even if the properties outdo the ›normal‹ legs?« (Wolbring 2008: 154).

Trotz dieser Unklarheiten hält Wolbring folgenden Argumentationsgang für möglich:

»The legal system in every country classifies people without legs as impaired making it logical to classify bionic legs in general as therapeutic devices. Pistorius sees bionic legs as a tool for walking. The bionic legs are the therapy for his state of not being able to walk « (S. 154 f).

Im weiteren Verlauf formuliert er nochmals präzise: »As society defines people with no legs as impaired, as having a medical condition, the bionic legs could be seen as a therapeutic device« (S. 155).

Vor dem Hintergrund dieser Feststellungen widmet sich Wolbring einem weiteren Gedankengang, der die so genannte *Therapeutic Use Exemption* forciert. Die im *World Anti Doping Code* der WADA (*World Anti-Doping Agency*) festgehaltene Ausnahmeregelung erlaubt dann die Verwendung eigentlich verbotener Substanzen bzw. Methoden, wenn diese »keine zusätzliche Leistungssteigerung bewirken außer der erwarteten Rückkehr zum Zustand normaler Gesundheit, wie er nach Behandlung einer ärztlich festgestellten Krankheit zu erwarten wäre« (NADA 2005: 11). Wolbring zieht in Erwägung, diese auf den vorliegenden Fall anzuwenden. Dazu stellt er fest: da für eine beinamputierte Person mit bionischen Beinen die größtmögliche Nähe zu ›normalen Beinen‹ erreicht wird, entsprechen bionische Beine dem Zustand ›normaler Gesundheit. In der Konsequenz führen die bionischen Beine nicht zu einem »additional enhancement other than that that might be anticipated by a return to a state of normal health as the bionic legs are the ›normal health‹« (Wolbring 2008: 155).

Wolbrings Überlegungen zu einer äquivalenten therapeutischen Ausnahmeregelung für die *technical aid rule* 144.2 gehen davon aus, dass die Prothesen in ihrer therapeutischen Funktion ›normale Gesundheit‹ im Sinne der Funktionsfähigkeit wiederherstellen und damit nicht in den Bereich des Enhancements fallen. Allerdings zeigt die Untersuchung der *Therapeutic Use Exemption*, dass sich die Wiederstellung der Gesundheit hier nicht auf die Funktionsfähigkeit bezieht, sondern darauf, dass eine Person nach der Behandlung einer Krankheit wieder dem ›Spezies-Design‹ entspricht. Es stellt sich jedoch die Frage, ob eine normativ relevante Grenze speziestypische Funktionen überhaupt erfasst werden kann.

Unabhängig von der Stichhaltigkeit der jeweiligen Argumentationslinien wird deutlich, dass die Prothesen des Athleten Oscar Pistorius sowohl als Therapie wie auch als Techno-Doping und damit Enhancement verstanden werden können. Wahrscheinlich könnten sich Vertreter beider Positionen darauf einigen, dass es sich um Anthropotechniken handelt. Für die hier diskutierten normativen Probleme jedoch schafft eine solche globale Einordnung keinerlei Klarheit, weil sie u.a. das zentrale Problem der Fairness und die Frage, ob diese durch Pistorius' Prothesen verletzt wird, unberührt lässt.

4.3 Schlussbemerkung

Der ›Fall Pistorius‹ wirft zahlreiche Fragen auf, die alle mit dem Problem zu tun haben, normative Grenzen des Technikeinsatzes im Sport zu bestimmen. In Bezug auf Pistorius spielt hierbei das komplizierte Verhältnis von Normalität und Abweichung im Allgemeinen ebenso eine Rolle wie die Frage, ob sich ›Behinderung‹ als Abweichung von Spezies-Normen definieren lässt. Ebenfalls von Bedeutung ist die Frage, ob es eine ›Natur des Menschen‹ gibt und ob diese Natur auf ethisch problematische Weise überschritten oder verletzt wird, wenn Enhancementtechnologien zum Einsatz kommen. Wie wir gezeigt haben, versuchen manche Positionen, eine normative Grenze des Technikeinsatzes durch eine Unterscheidung von Therapie und Enhancement zu ziehen.

Das Beispiel Pistorius zeigt, dass Sloterdijks Theorie in vorliegender Form ungeeignet ist, die angeschnittenen normativen Fragen zu beantworten. Auch seine (eher theoriestrategisch und metaphorisch moti-

vierten) Reflexionen zum Thema Behinderung bieten keine substan-
ziellen Anhaltspunkte etwa in Hinblick auf Gerechtigkeitsfragen, die
durch die Anwendung von Anthropotechniken im Sport aufgeworfen
werden. Die sportethische Beurteilung von Prothesen als materieller,
direkt am Körper und seinen Funktionen ansetzender Anthropotechnik
lässt sich nicht auflösen bzw. beantworten, indem auf die Doppelfunk-
tion (Immunisierung/Kompensation vs. Steigerung) hingewiesen wird.
Unter Gerechtigkeitsgesichtspunkten, d.h. hier der Wahrung von Fairness im sportlichen Wettkampf, müsste nämlich das Sowohl-als-auch
in ein Entweder-oder überführt werden. Wären die Prothesen als Enhancement einzustufen, wäre Pistorius auszuschließen, solange Enhancement verboten bliebe. Würden die Prothesen hingegen erlaubt, (beispielsweise, um die Trennung zwischen behinderten und nichtbehinderten Sportlern aufzuheben und den Sport inkludierend zu gestalten),
dann müsste der mutmaßliche Vorteil, den Pistorius durch die Prothesen hat, durch andere Vorteile seitens seiner sportlichen Kontrahenten
ausgeglichen werden.

In einem ganz anderen Licht erscheint der Fall, wenn man einige
Pistorius zugeschriebene Äußerungen in Betracht zieht, wonach es ihm
darum gehe, die Lücke zwischen Behinderten und Nichtbehinderten
schließen zu wollen (vgl. z.B. Dobbert 2008). Von hier aus bietet es
sich an, den ›Fall Pistorius‹ verstärkt im Zusammenhang mit Prozessen
der Konstruktion von Behinderung zu untersuchen. Er stellt offensichtlich bisherige Zuschreibungsprozesse in Frage, da bei ihm eine Um-
kehrung von einem vermeintlichen Nachteil hin zu einem Vorteil vermutet wird.

Wie auch immer man diese Fragen beurteilt: Man kann den ›Fall
Pistorius‹ als Präzendenzfall ansehen, der viele Fragen bezüglich der
›Natur des Menschen‹ und des Einsatzes von Anthropotechniken im
Sport der Zukunft aufwirft.

LITERATUR

Bostrom, Nick/Savulsecu, Julian (2009): Human Enhancement Ethics: The State of the Debate. In: Savulsecu, Julian/Bostrom, Nick (Hg.): Human Enhancement. Oxford/New York.S. 1-22.

Dederich, Markus (2007): Köper, Kultur und Behinderung. Eine Einführung in die Disability Studies. Bielefeld.

Edwards, Steven D. (2008): Should Oscar Pistorius be excluded from the 2008 Olympic Games? In: Sport, Ethics and Philosophy, 2 (2), S. 112-125.

Foucault, Michel (1989): Die Sorge um sich. Sexualität und Wahrheit 3. Frankfurt.

Gehring, Petra (2006): Was ist Biomacht? Vom Zweifelhaften Mehrwert des Lebens. Frankfurt am Main.

Goffman, Erving (1973): Asyle. Über die soziale Situation psychiatrischer Patienten und anderer Insassen. Frankfurt am Main.

Heidegger, Martin (1991): Die Technik und die Kehre. 8. Auflage. Pfullingen.

Lenk, Christian (2002): Therapie und Enhancement. Ziele und Grenzen der modernen Medizin. Münsteraner Bioethik-Studien Bd. 2. Münster.

Link, Jürgen (1997): Versuch über den Normalismus. Wie Normalität produziert wird. Opladen und Wiesbaden.

Mitchell, David T./Snyder, Sharon L. (2000): Narrative Prosthesis. Disability and the Dependencies of Discourse. Ann Arbor.

Musenberg, Oliver (2002): Der Körperbehindertenpädagoge Hans Würtz (1875-1958). Eine kritische Würdigung des psychologischen und pädagogischen Konzeptes vor dem Hintergrund seiner Biographie. Hamburg.

Sandel, Michael J. (2008): Plädoyer gegen die Perfektion. Ethik im Zeitalter der genetischen Technik. Berlin.

Sloterdijk, Peter (1999): Regeln für den Menschenpark. Frankfurt am Main.

Sloterdijk, Peter (2001): Das Menschentreibhaus. Stichworte zur historischen und prophetischen Anthropologie. Weimar.

Sloterdijk, Peter (2009): Du mußt Dein Leben ändern. Über Anthropotechniken. Frankfurt am Main.

World Health Organization (WHO) (2001): International Classification of Functioning, Disability and Health (ICF). Geneva.

Wunder, Michael/Sierck, Udo (1987): Sie nennen es Fürsorge: Behinderte zwischen Vernichtung und Widerstand. 2. Auflage. Frankfurt am Main.

Internetquellen

Court of Arbitration for Sport (CAS) (2008): Arbitration CAS 2008/A/1480 Pistorius v/ IAAF. Abgerufen unter: http://jurisprudence.tas-cas.org/sites/CaseLaw/Shared%20Documents/1480.pdf [Stand: 26.04.2011].

Dobbert, Steffen (2008): Mit Prothesen gedopt? Abgerufen unter: http://pdf.zeit.de/online/2008/03/technodoping-pistorius.pdf [Stand: 20.06.2011].

International Association of Athletics Federations (IAAF) (2007): Compiling research on the technical qualities of prosthetics - Oscar Pistorius tested in Cologne. Abgerufen unter: http://www.iaaf.org/news/kind=100/newsid=42384.html [Stand: 26.04.2011].

International Association of Athletics Federations (IAAF) (2008): Competition Rules. Abgerufen unter: http://www.iaaf.org/mm/Document/imported/42192.pdf [Stand: 26.04.2011].

Nationale Anti-Dopig-Agentur Deutschland (NADA) (2005): Internationaler Standard für Medizinische Ausnahmegenehmigungen. Abgerufen unter: http://www.wada-ama.org/rtecontent/document/Standard_TUE_ger.pdf [Stand: 20.06.2011].

Wolbring, Gregor (2008): Oscar Pistorius and the future nature of Olympic, Paralympic and other sports. Abgerufen unter: http://www.law.ed.ac.uk/ahrc/script-ed/vol5-1/wolbring.pdf [Stand: 26.-04.2011].

Übungsregime

»In die seelische Struktur des Sportmanns eindringen«

Sport als psychotechnische Versuchsanordnung in der Weimarer Republik

NOYAN DINÇKAL

I.

Als eine Gemeinschaftsarbeit veröffentlichten ein Ingenieur und ein Mediziner im Jahr 1928 ein populärwissenschaftliches Buch mit dem Titel *Ändert die Technik den menschlichen Körper?* Interessanterweise wiesen die Autoren Pfeiffer und Schweisheimer in diesem Zusammenhang dem Zusammenspiel von Technik und Sport eine besondere Rolle zu und behandelten diese Facette in einem eigenen Kapitel. Darin heißt es:

»Sportgeist und Technik beeinflussen einander heute gegenseitig. Die zeitkarge Technik verlangt Regsamkeit, der im Menschen erweckte Sportgeist sucht, von den technischen Möglichkeiten angestachelt, unter Anwendung technischer Mittel seine sportlichen Leistungen zu erhöhen, ja, die Technik zum Sport zu machen. Die Technik hat erst den Sport im modernen Sinne geschaffen.« (Pfeiffer/Schweisheimer 1928: 66f.).

Wir haben es hier keineswegs mit einer Einzelmeinung zu tun. Auf dem Höhepunkt seiner sportlichen Karriere referierte etwa Otto Peltzer, einer der populärsten Athleten der Weimarer Republik, im gleichen Jahr unter dem Titel *Der Kampf um die Zehntelsekunde* über den Nutzen und die Bedeutung körperlicher Leistung und Leistungsfähigkeit (vgl. Peltzer 1928). Für eine Person, die über 1.500 Meter den finnischen »Wunderläufer« Paavo Nurmi besiegt und bis 1933 elf deutsche Rekorde aufgestellt hatte, war diese kurze Schrift freilich auch eine Bestätigung und Legitimierung des eigenen Tuns.[1] So schrieb er:

»Immer wieder glauben Menschen, die im besten Falle einmal zufällig einen Sportplatz von weitem sehen, die Nase rümpfen zu dürfen über jene sonderbaren Menschen, die ohne jeden erkennbaren Zweck dort auf dem Rund der Aschenbahn herumlaufen. – Sie glauben, das Recht zu haben, über diesen merkwürdigen Ehrgeiz schimpfen zu können, der seine Lebensaufgabe darin zu erblicken scheint, ein paar hundert Meter eine Zehntelsekunde schneller zu laufen, als man es bisher vermochte. Eine Zehntelsekunde! Eine Zeitspanne, die nie im praktischen Leben Bedeutung gewinnt! Wirklich nie? Wissen diese Leute, mit welch rasender Geschwindigkeit der heutige Verkehr in der Großstadt sich abspielt? Wie es da oft nicht um Zehntelsekunden, sondern um Hundertstelsekunden geht? Wissen jene murrenden Leute, mit welcher Schnelligkeit die Industrie rechnet? [...] Und diese gewonnene Zehntelsekunde bedeutet ja auch etwas ganz anderes: hinter ihr sitzt eine Kraft, eine ungeheure Energie, der es gelang, eine Grenze des Menschlichen zu sprengen. [...] Dieser Mensch zeigt – genau wie ein Ingenieur, dem es gelingt, ein Auto herzustellen, das statt 330 Stundenkilometer 400 fährt –, was zu erreichen ist. Zeigt genau wie der Erfinder des Fernhörens und Fernsehens, daß Grenzen nicht ewig sind. [...] Er erschließt unbekanntes Land.« (Peltzer, 1928: 105f.).

---

1   Otto Peltzer lief 1925 den Weltrekord über 500 Meter und im darauf folgenden Jahr den Weltrekord über 800 Meter. Neben seiner sportlichen Laufbahn studierte er Rechts- und Staatswissenschaften und war als Lehrer für Biologie, Geschichte, Geographie und Sport tätig. Siehe die Autobiographie von Peltzer (1955). Siehe ferner Bernett (1988).

Diese zeitgleich entstandenen Äußerungen – Pfeiffer/Schweisheimer einerseits und Peltzer andererseits – sind exemplarisch für die Grundannahmen über das Wechselspiel von Technik, Sport und Körper in der Weimarer Zeit. Sie können – trotz aller vorhandenen Variationen – in zwei Thesen zusammengefasst werden. Erstens ist festzustellen, dass Sport und Technik als zwei eng miteinander verwobene Phänomene betrachtet wurden. Dieses Zusammendenken von Technik und Sport bezog sich auf eine durch die Technisierung hervorgerufene Beschleunigung des Alltags. Dieser Wandel forderte den Menschen eine erhöhte Aufmerksamkeit ab, die Georg Simmel (1995: 116) bereits fünfundzwanzig Jahre zuvor (1903) als »Steigerung des Nervenlebens« charakterisiert hat.[2] Aus dieser Perspektive bereitete der Sport auf die Anforderungen des Alltags vor, übte die für seine Bewältigung als erforderlich erachteten Eigenschaften wie etwa Willensstärke, körperliche Leistungsfähigkeit und Reaktionsschnelligkeit ein (vgl. Becker 2000). Auf dem Sportplatz – so könnte man mit einem von Peltzer (1928: 107) gebrauchten Begriff sagen – gab der Mensch eine »Lebensprobe« ab, die Aufschluss darüber gewährte, inwieweit er den Anforderungen der Moderne gewachsen war. Mit der Abgabe einer »Lebensprobe« war es aber nicht getan. Die Anwendung technischer Mittel im Sport erhöhe die Leistungsfähigkeit des Menschen und verändere ihn damit, befähige ihn, die neuen Anforderungen der alltäglichen Beschleunigung zu meistern. Da aber die Beschleunigung des Lebens als ein fortwährender Prozess erlebt wurde, als dessen wesentliche Ursache die Technik galt, konnten die Parameter etwa der Leistungsfähigkeit und Reaktionsschnelligkeit keine festen sein. Es ist eben diese Dynamik der Entgrenzung, die in dieser Perspektive als ein Wesenszug der technischen Entwicklung und des Sports erscheint und die Verwandtschaftsbeziehungen dieser beiden Phänomene prägte. Und als potentielle Produktionsstätte dieser Entgrenzung galt, neben den Werkstätten der Industrie und Technik, der Sportplatz.

---

2   Zum Thema Neurasthenie siehe auch Radkau (1998).

Zweitens ist hervorzuheben, dass sich in den Augen der zeitgenössischen Beobachter diese Veränderung nicht ausschließlich auf die rein körperlichen Merkmale beschränkte, sondern ebenso psychische Momente mit einschloss. Wenn Peltzer die seiner Ansicht nach verwandten Triebfedern von Ingenieuren und Sportlern betonte, so tat er das mit dem Verweis auf Kategorien wie »Kraft« und »Energie«. Und nicht ohne Grund betonten Pfeiffer und Schweisheimer die immense Rolle etwa der Reaktionsschnelligkeit, Konzentrationsfähigkeit, Geistesgegenwart oder des »Willens«, denen man durch »psychotechnische Prüfungsmethoden« auf die Spur kommen könne. Kurz, das Erreichen des »unbekannten Landes« jenseits der »Grenzen des Menschlichen« war auch von psychischen Dispositionen abhängig, die zu identifizieren und gegebenenfalls verbesserungswürdig waren.

Von diesen zwei Thesen ausgehend, werde ich mich der Frage widmen, welche Rolle psychische Dispositionen in anthropotechnischen »Verbesserungsstrategien« im Sport einnahmen. Dazu nehme ich die 1920er Jahre in den Blick, die als Blütezeit einer anwendungsorientierten Psychologie gelten können. Sie profitierte vom steigenden Interesse an wissenschaftlichen Techniken der Menschenführung, -optimierung und -anpassung einerseits, von Erwartungen auf Stabilisierung oder Befreiung des Individuums andererseits. Psychologisches Wissen über Wesen, Funktion und Formbarkeit des Selbst definierte also einen subjektbezogenen Machbarkeitshorizont. Die Psychologie als »Wissenschaft vom Selbst« bezog von Beginn an ihre Legitimation und Anerkennung aus dem Versprechen der praktischen gesellschaftlichen und individuellen Anwendbarkeit (vgl. Eghigian/Killen/Leuenberger 2007). Der Sport mit seinem Leistungsparadigma galt in diesem Kontext als Experimentierfeld zur Bestimmung und Einübung moderner Verhaltensmuster, woran sich die Frage anschließt, inwieweit der Sportplatz als eine psychotechnische Versuchsanordnung interpretiert wurde, die sowohl auf die exakte Identifizierung von mentaler Eignung und Leistung, als auch auf die Einübung leistungsfördernder Techniken zielte.

II.

Ich möchte zunächst in kurzen Zügen auf einige allgemeine Entwicklungslinien der Psychotechnik eingehen. Ähnlich wie der Begriff »Anthropotechnik«, der anfangs in den Arbeitswissenschaften im Rahmen der Bemühungen um eine rationale und ergonomische Gestaltung der Arbeitsplätze verwendet wurde (vgl. Gerhardt 2001: 120), ist auch die Psychotechnik eng mit der Rationalisierungskultur der klassischen Moderne verwoben.[3] Der Begriff Psychotechnik wurde 1903 von William Stern (1903: 4ff.), Professor für Philosophie und Leiter des psychologischen Laboratoriums der Universität Hamburg, eingeführt.[4] Eine Spezifizierung erfuhr der Terminus vor allem durch Hugo Münsterberg (1914: 1), der die Psychotechnik als eine wissenschaftliche Methode anpries, die es ermögliche, gesellschaftliche Prozesse zu planen und zu beherrschen. Indem er die Psychotechnik als »Wissenschaft von der praktischen Anwendung der Psychologie im Dienste der Kulturaufgaben« definierte, stellte er sie zugleich als potentiell auf alle Lebensbereiche anwendbar dar. Im Kontext der Wandlung der Psychologie von einem spekulativen Bereich der Philosophie zu einer experimentellen Laborwissenschaft kann die Psychotechnik als ein Zweig der angewandten Psychologie bezeichnet werden. Sie beschäftigte sich, grob skizziert, mit der mathematisch-exakten Analyse und Beschreibung der menschlichen Psyche nach dem Vorbild der Naturwissenschaften, wobei speziell Denkvorgänge, das Phänomen der Ermüdung, die Konzentrationsfähigkeit sowie Gedächtnisleistungen die primären Untersuchungsobjekte darstellten (Ash 1985: 56 und Borck 2002).

Erste große Anwendungsmöglichkeiten ergaben sich im Ersten Weltkrieg. Hier waren die Psychotechniker unter Einsatz experimentalpsychologischer Verfahren vor allem mit der Auswahl, Rekrutierung

---

3   Zum Begriff »Rationalisierungskultur« siehe Peukert (1989: 55-91) und Sarasin (1995: 81-85).

4   Zur Geschichte der Psychotechnik in Deutschland siehe Dorsch (1963: 160-163), Jäger (1985), Gundlach (1996a) und Killen (2007).

und Ausbildung von Kraftfahrern, Funkern und Piloten beschäftigt. Den Schwerpunkt der Untersuchungen bildeten die so genannte Sinnestüchtigkeit der Augen und Ohren, Aufmerksamkeit als Momentan- und Dauerleistung, Reaktionsschnelligkeit, Erregbarkeit und Ermüdung (Gundlach 1996b und Geuter 1985: 147ff.). Ihren Höhepunkt aber fand die Psychotechnik in der Zwischenkriegszeit. Jetzt hatte die Psychotechnik ihren festen Platz innerhalb der noch jungen Arbeitswissenschaften gefunden. Sie hatte in der Hauptsache die psychologische Auswahl für und Anpassung des individuellen Arbeiters an den Arbeitsprozess zum Gegenstand. Allein in Deutschland entstanden zwischen 1918 und 1930 209 psychotechnische Anstalten (vgl. Spur/ Vogelrieder/Klooster 2000: 392). Für Walter Benjamin waren die psychotechnischen Forschungspraktiken ein »gewaltige[s] Laboratorium, das eine neue Wissenschaft: die Wissenschaft von der Arbeit, gerade in Deutschland in kurzer Zeit erstellt hat« (Benjamin 1977: 669).

III.

Ab ca. 1920 rückten auch der Sport und der Sportler verstärkt in den Fokus der Psychotechnik und die Sportplätze wurden in das gewaltige Laboratorium eingegliedert. Dies schlug sich auch institutionell nieder. Als Beispiele für den Boom der Sportpsychotechnik können das psychotechnische Laboratorium an der 1920 gegründeten Deutschen Hochschule für Leibesübungen (DHfL) in Berlin oder die Psychotechnische Hauptprüfstelle für Sport und Berufskunde der Preußischen Polizeischule für Leibesübungen in Spandau dienen (vgl. Hoberman 1994: 206 und Fleig 2008: 76f.).[5]

Womit beschäftigte sich nun die Psychotechnik im Sport genau und welche Ziele verfolgte sie? Die psychotechnische Forschung im Sport hatte sich die Aufgabe zu eigen gemacht, sich umfassend mit allen

---

5 Einen internationalen Überblick zur Geschichte der Sportpsychologie bietet Bäumler (2009). Zur Frühgeschichte siehe ders. (2002).

Problemen seelischer und geistiger Art in Spiel und Sport zu beschäftigen und zur Erfüllung dieser Aufgabe »in die seelische Struktur des Sportmanns einzudringen« (Schulte 1925a: 23f.). Dieses Eindringen in die seelische Struktur diente, wenn man die Aufgaben etwas genauer unter die Lupe nimmt, vor allem der systematischen Untersuchung der Leistungssteigerung in allen möglichen Bereichen der Leibesübungen. Das hieß:

»Experimentelle Erforschung der körperlichen Arbeit und der dafür erforderlichen psychischen Kräfte, diagnostische psychologische Eignungsprüfung für alle Sportarten, bestmögliche Leistungs- und Konstitutionssteigerung durch die Leibesübungen, Erzielung von Höchstleistungen, sofern sie biologisch wertvoll sind« (Diem 1924: 32).

Doch welche psychischen Eigenschaften wurden für den Sport als wesentlich erachtet und wie wollte man ihnen auf die Spur kommen? Die Untersuchungen kreisten um Fragen der Sinneswahrnehmung, des Vorstellungs-, Willens- und Gefühlslebens sowie der Arbeitsleistung. Während der Eignungsprüfungen für Sportarten oder der Untersuchungen zur Leistungs- und Konstitutionssteigerung wurden etwa die Bewegungsschnelligkeit und die Startgeschwindigkeit gemessen. Zusätzlich standen Untersuchungen zur Schlagkraft, Sehschärfe, Konzentration und Geschicklichkeit sowie die Messung von Geistesgegenwart und Entschlusskraft auf dem Programm (vgl. Schulte: 1927 und 1926b: 217f.).

Ein Beispiel aus der Mitte der 1920er Jahre: Im Frühjahr 1925 sammelte der Arzt Dr. Reich praktische Erfahrungen in der Verwendung anthropometrischer und psychotechnischer Verfahren bei der Untersuchung von Schülern (vgl. Reich 1925). Er beteiligte sich maßgeblich an einer Untersuchung, die die Sportuntersuchungsstelle des Erfurter Stadtgesundheitsamtes auf einem städtischen Sportplatz durchführte und in der das Verhältnis von körperlichen und psychischen Eigenschaften zur Leistung im Schnelllauf im Mittelpunkt stand. Zunächst bestimmte er die Größe, das Gewicht und die Beinlänge der Schüler.

Da jedoch »niemals die Größten z. B. stets die besten Schnellläufer«
seien oder, in anderen Worten, die anthropometrisch ermittelten Körperproportionen nur unzureichend Auskunft über die Leistungsfähigkeit einzelner Personen gäben, setzte Reich ergänzende Verfahren zur
Bestimmung psychischer Dispositionen ein.[6] Hierbei handelte es sich
um diverse psychotechnische Testmethoden zur Eignungs- und Leistungsprüfung.

Beispielsweise wurden die Schüler vor eine etwa 40 x 40 cm großen Tafel gesetzt. Es ging bei dieser »Zahlenquadratprobe« darum, mit
Hilfe eines Zeichenstocks die darauf abgebildeten durcheinander ge-
würfelten Zahlen laut zählend in der richtigen Reihenfolge möglichst
schnell aufzuzeigen. Die dazu verwendete Zeit wurde in Sekunden
gemessen. Hintergrund dieses Tests war die vermutete Korrelation
zwischen der schnellen Bewegungsleistung im Sport und der Konzentrationsfähigkeit und Geschwindigkeit beim Erfassen der Zahlen (vgl.
Schulte 1925b: 491). Auf der Basis der ermittelten Durchschnittswerte
sowohl der Körpermessungen als auch der psychotechnischen Tests
zog Reich die Schlussfolgerung, dass diejenigen, die die Zahlenquadratprobe schnell gemeistert und groß gewachsen waren, auch schnelle
Läufer sind und die besten Läufer ein im Vergleich geringes Körper-
gewicht aufweisen. Alles in allem, so sein Fazit, böten sowohl anthropometrische als auch psychotechnische Durchschnittszahlen brauchba-
re Fingerzeige für die Beurteilung des Einzelnen (vgl. Reich 1925:
573). Daher würden nun in Erfurt sämtliche Wettkampfmannschaften
mit über eintausend Sportlern auf städtischen Sportplätzen nach den
oben dargestellten anthropometrischen und psychotechnischen Methoden untersucht. Darüber hinaus regte er weitere anthropometrische Untersuchungen an Schülern der Volks- und Berufsschulen an, um einen
Grundstock für »vergleichende Individualwerte der körperlichen Ent-

---

6   Sieben Jahre später versuchte Reich einen Zusammenhang zwischen sport-
    licher Leistung in der Schule und wissenschaftlicher Begabung nachzuwei-
    sen, in anderen Worten: je besser die Turnnote, desto besser die Leistung in
    den wissenschaftlichen Fächern. Siehe Reich (1931).

wicklung Sporttreibender und auch nicht Sporttreibender zu legen.«
(ebd.: 573).

Diese Untersuchung kann als geradezu paradigmatisch für die sich
neu herausbildende Disziplin der Sportpsychotechnik aufgefasst werden, und zwar sowohl hinsichtlich der Mittel als auch hinsichtlich des
Ablaufs und der Wirkung. Eine Ansammlung von flexiblen Apparaten,
überwiegend Mess- und Aufzeichnungsgeräten, die transportiert und
verschieden kombiniert werden konnten, analysierten jeweils einzelne
physiologische und psychische Eigenschaften des sporttreibenden Un-
tersuchungsobjekts. Sie agierten in der Regel außerhalb und unabhängig von den kontrollierten Laborzusammenhängen, in denen sie häufig
entwickelt worden waren, und mussten, wenn sie auf dem Sportplatz
bestehen wollten, möglichst einfach, handlich und robust konstruiert
sein. Sie machten durch ihren Feldeinsatz den Sport und den Sportplatz
selbst zu einer Versuchsanordnung mit dem Ziel, bewusst nicht steuerbare Prozesse aufzuzeichnen, zu messen und sie in Relation zur sportlichen Leistung zu setzen.

IV.

Noch etwas anderes deutete sich in der Erfurter Untersuchung zumindest an, nämlich erstens die Dominanz dessen, was Lorraine Daston
und Peter Galison (1992) als »mechanische Objektivität« bezeichnet
haben, und damit verknüpft der technische Zugriff auf die menschliche
Psyche. Zweitens wird hier ersichtlich, dass die Kernbegriffe der
sportpsychotechnischen Arbeit, »Eignung« und »Leistung«, der Welt
der Arbeitswissenschaften entlehnt waren. Neben den Verfahren deuten auch die Motive und Argumente, mit denen eine solche Praxis begründet wurde, in diese Richtung, zielten diese doch nicht nur darauf,
vergleichbare Daten für die körperliche Entwicklung zu erheben, sondern ebenso auf der Basis der gesammelten Daten einzelnen Schülern
die geeignete Sportart zuzuweisen, der diese im günstigsten Falle in einem Sportverein nachgehen sollten (vgl. Reich 1925: 573). Die Anpas-

sung erfolgte hier nicht mittels moralischer Belehrung, ökonomischem Zwang oder schlechter Noten, sondern durch die Ermittlung von Körperdaten, Leistungsmessung und die wissenschaftlich »exakte« Prognose von Leistungsfähigkeit. Insofern spiegeln sich in der Sporttypenforschung und in der Sportpsychotechnik deutlich die Denkmuster und Kategorien der tayloristisch inspirierten Rationalisierungskultur der 1920er Jahre, deren Kern die Begriffe »Eignung« und »Leistung« und die bekannte Phrase vom »rechten Man am rechten Platz« markierten – nur angewandt auf den Sportplatz (vgl. Becker 1991).

Die Verbindung der frühen Weimarer Sportpsychologie mit den Arbeitswissenschaften sowie die Technikbegeisterung manifestierten sich besonders ausgeprägt in der Person Robert Werner Schultes, dem wohl umtriebigsten Sportpsychologen der 1920er Jahre und erstem Leiter des psychotechnischen Laboratoriums an der Deutschen Hochschule für Leibesübungen. Schulte war, bevor er 1920 seine Tätigkeit als Dozent für Psychologie und Pädagogik sowie als Leiter des psychotechnischen Laboratoriums an der DHfL aufnahm, an Eignungsprüfungen von Piloten während des Ersten Weltkriegs beteiligt, ebenso wie er Erfahrungen mit Eignungsprüfungen bei der Polizei und der Post gesammelt hatte (vgl. Schulte 1926a). Kurz nach dem Kriegsende und seiner Promotion wurde er Assistent am neu gegründeten Laboratorium für industrielle Psychotechnik an der Technischen Hochschule Berlin-Charlottenburg und Dozent für experimentelle und praktische Psychologie an der Humboldt-Hochschule. Neben seinem Wirken an der DHfL fungierte er u. a. auch als Leiter der Psychotechnischen Hauptprüfstelle für Sport und Berufskunde und arbeitete in diversen Beiräten von Behörden und Industrien für Rationalisierung und Arbeitshygiene (vgl. Court 2002: 403f. und Gorzny:1989-1993: Sp. 302-307).

Als Erfinder unzähliger psychotechnischer Apparaturen ist er geradezu ein Musterbeispiel der apparativen Sportpsychologie (vgl. Schulte 1922). In den psychotechnischen Untersuchungen wurde eine große Anzahl von Geräten verwendet, die Schulte zumeist selbst entwickelt hatte. Dabei spricht für die Neuartigkeit der eingesetzten psychotechnischen Apparate, dass diese nicht nur dazu gedacht waren, Untersuchungen an den Versuchspersonen vorzunehmen, sondern dass zugleich die Probanden, also die Sportler, auch dazu dienten, die diagnostische Brauchbarkeit der noch neuen Apparate und Tests zu prüfen (vgl. Diem 1924: 35).

Abbildung 1: Messung der Reaktionsgeschwindigkeit beim Start auf der Laufbahn des Deutschen Stadions, Mitte der 1920er Jahre. (Schulte 1925a: 144).

Dass für die Tests im Sport nicht unbedingt ausgefeilte Technik erforderlich war und manche auch durchaus sadistische Züge trugen, zeigen die Verfahren zur Feststellung der »Schreckhaftigkeit« und der »Standhaftigkeit«. Während beim ersteren die Versuchsperson gebeten wurde, irgendetwas Beliebiges zu Papier zu bringen, während hinter seinem Rücken unvermittelt eine Pistole abgefeuert wurde – das Ausmaß der Schreckhaftigkeit zeige sich am Ausschlag des Stiftes –, ging es bei der zweiten Untersuchung am »Mutprüfer« darum festzustellen, wie häufig, wie lang und mit welcher Mimik der Proband es fertig brachte, einen mit elektrischem Strom versorgten Handgriff zu umfassen (vgl. Schulte 1925b: 492).

Doch trotz dieser aus der Retrospektive grotesk anmutenden Versuche: In der Mehrzahl handelte es sich bei den verwendeten Apparaten um fest angebrachte Sportgeräte, an denen Registrierwerke angebracht waren und an denen die Versuchspersonen vorgegebene Aufgaben zu erfüllen hatten, die in der Regel für eine bestimmte oder für mehrere Sportarten zentral waren: etwa rennen (auf der Stelle), treten (eines Fußballs), schlagen (für Boxer) (vgl. Giese 1925: 32). Aufzeichnungsvorrichtungen registrierten und visualisierten dann die Daten über die vollzogene Bewegung und die vermuteten, damit verknüpften psychischen Prozesse. Die psychotechnischen Apparate waren technische Agenten, die Unbemerktes erfassbar machen sollten (vgl. Schrage 2001: 75).

Dabei wurden Sporträume selbst zu psychotechnischen Versuchsanordnungen umfunktioniert. Ein Beispiel hierfür ist die Versuchsanordnung zur Messung der Anlaufgeschwindigkeit beim Weitsprung, die in den 1920er Jahren im Deutschen Stadion in Berlin zur Anwendung kam. Unmittelbar vor der Absprungstelle wurden im Abstand von 2 Metern zwei Abreißfäden angebracht, die mit jeweils einem elektrischen Kontakt verbunden waren. Diese Kontakte lagen mit einer elektromagnetischen Schreibmarke in einem Stromkreis. Beim Durchreißen des ersten Fadens schlug der Schreibmagnet nach unten aus, beim Durchreißen des zweiten Fadens kehrte dieser in die Ausgangsposition zurück. Eine elektromagnetische Stimmgabel mit 100 Schwingungen pro Sekunde verzeichnete die Zeitkurve, so dass die Zeit zwischen dem Abreißen der beiden Fäden von einem Papierstreifen des Registrierapparats abgelesen werden konnte. Das Umrechnen auf die Länge der Entfernung zwischen den Fäden sollte Aufschluss über die Geschwindigkeit kurz vor der Absprungstelle ermöglichen (vgl. Schulte 1921: 489).

*Abbildung 2: Versuchsanordnung zur Messung der
Anlaufgeschwindigkeit beim Weitsprung nach Schulte. Deutsches
Stadion Berlin, ca. 1920/21. (Schulte 1921: 489).*

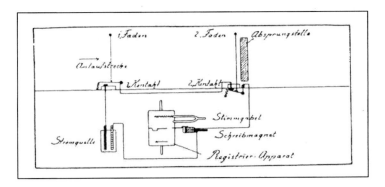

Zentral für die Legitimation des damals jüngsten Zweigs der Sportfor-
schung, sowohl nach innen als auch nach außen, war die praktische
Anwendbarkeit dieser Prüfverfahren. Es war insbesondere Schulte, der
in seinen Veröffentlichungen den Schulterschluss mit den Behörden
suchte und immer wieder unterstrich, wie wesentlich wissenschaftliche
und speziell psychologische Tests für die Arbeit von städtischen Sport-
beratungsstellen, aber auch Schulärzten und Sportlehrern seien (vgl.
Schulte 1923: 136f.). Diese hätten die Aufgabe, angehenden Sportlern
den rechten Weg zu weisen, damit ihnen die »nutzlose Kraft- und
Lustvergeudung« erspart werden könne (vgl. ebd.: 170). Voraussetzung für diese Tätigkeit seien allerdings objektive, d. h. auf wissenschaftlichen Untersuchungen basierende Ratschläge, damit nicht wahl-
los Leibesübungen »verordnet« würden. Das Maß und die Art von körperlicher Betätigung müsse »nach der körperlichen und geistigen Beschaffenheit des betreffenden Menschen« abgestuft werden, »um ein
Höchstmass von Leistungsverbesserung und Lebensfreude zu erzielen,
Ueberanstrengung zu vermeiden und dauernde Befriedigung zu schaffen« (ebd.: 137).

V.

Bei der Sportpsychotechnik handelt es sich offenbar um eine anwendungsorientierte Leistungswissenschaft und Sozialtechnologie, die nach den Kriterien der Effizienz ausgerichtet auf die Führung, Optimierung und Anpassung des Selbst zielte. Aber wie ist dieser Befund mit den Verheißungen der Wissenschaft vom Selbst auf – wie eingangs erwähnt – die Befreiung des Individuums in Übereinstimmung zu bringen? Gibt es außer den vorgestellten Maximen der fortlaufenden »Entgrenzung«, der »Leistung« und der »Eignung« noch andere Sinnprinzipien, die sowohl dem Sport als auch der Psychotechnik zu Eigen waren und zum Verstehen der psychotechnischen Interpretation des Sportraums in den 1920er Jahren beitragen können?

Dem Sport wohnte ein gewisses utopisches, auf die Zukunft gerichtetes Moment inne, dessen herausragendes Merkmal ein egalitäres Strukturprinzip war, das mit den Begriffen »Chancengleichheit« und »Leistungsgerechtigkeit« beschrieben werden kann. Unabhängig von Herkunft oder tradierten sozialen Hierarchien starteten alle Sportler unter den gleichen Bedingungen in den Wettkampf, unterwarfen sich freiwillig einem für alle gleichermaßen gültigen Reglement. Bezieht man das egalitäre Moment des Sports auf die konkurrierenden Ideologien der Weimarer Gesellschaft: Egalität im Sinne von Chancengleichheit und Leistungsgerechtigkeit auf der einen Seite, das Ideal von sozialistischer Egalität auf der anderen, so stand der Sport eindeutig für das erstere. Bei gleicher Ausgangposition und Chancenverteilung zählte für den Erfolg im Stadion einzig und allein die sportliche Leistung, die *ad hoc* und öffentlich zu erbringen war. Privilegien spielen für das Zustandekommen des Ergebnisses keine Rolle. Egalität hieß in diesem Kontext natürlich nicht, dass es keine Sieger und Besiegte gab, sondern gleiche Chancenverteilung. In dieser Hinsicht kann Sport – wie Frank Becker (1993: 172) argumentiert – als ein »soziales Feld« betrachtet werden, »das in paradigmatischer Weise bereits Strukturen und Ge-

setzmäßigkeiten aufweist, die anschließend normativ auf die Gesamtgesellschaft zurückbezogen werden« können.[7]

Zweifellos nahm die Psychotechnik einzelne, möglichst klar voneinander unterscheidbare psychische Eigenschaften in den Blick, kon-
struierte auf dieser Grundlage psychologische Typen, um sie dann in
steuerbare Gruppen zu bündeln. Doch dies steht nicht zwangsläufig im
Gegensatz zu dem Anspruch der Psychotechnik – und eben dies macht
die Ambivalenz dieser Wissenschaft aus –, den individuellen psychischen Dispositionen gerecht werden zu wollen. Die Wissenschaftler
zielten mit ihren Apparaten auf die Generierung von exaktem Wissen
über individuelle Differenzen. Sie zielten aber keineswegs auf die Bestimmung der Grenze zwischen Normalität und Abnormität, sondern
auf »Variationen von Individualität innerhalb der Normalität selbst, die
erst eine begründete Beurteilung und Förderung von Menschen erlau-
be« (Fleig 2008: 65). In der psychotechnischen Forschung ging es um
die regulative Humanisierung gesellschaftlicher Verhältnisse (vgl.
Schrage 2001: 74). Vor diesem Hintergrund wird die weitgehend positive Aufnahme der Psychotechnik durch Schulreformer, die das
Schulwesen unabhängig von ständischen Rücksichten strikt nach Leistung und Begabung reformieren wollten (vgl. Stern 1994: 7), und Ge-
werkschaften, die sich dadurch neue, gerechtere Kriterien in der Ein-
stellungspolitik erhofften, verständlich (vgl. Rabinbach 1991: 331-
334). Der Sport schien Hoffnungen dieser Art vorwegzunehmen. Und
es war vor allem der Sport, der mit der Psychotechnik den hierfür erforderlichen abstrakten Leistungsbegriff teilte, der von seinen gesellschaftlichen, kulturellen und ökonomischen Komponenten losgelöst
war und gerade deshalb für eine vermeintlich objektive, messbare und
damit auch unparteiische Beurteilung durch die technisierte »Apparatepsychologie« geradezu prädestiniert war.

---

7 Allgemein zur egalisierenden Kraft massenkultureller Phänomene im 19.
und 20. Jahrhundert siehe Maase (1987: 25).

VI.

Auf die Krise der Psychotechnik gegen Ende der Weimarer Zeit ist schon mehrfach hingewiesen worden (vgl. Ash 1985: 62-67 und Jäger 1985: 105f.). Die staatlich geförderten Rationalisierungsmaßnahmen in der Wirtschaft waren 1927 weitgehend abgeschlossen und die Psychotechnik war im Wesentlichen ein Kind eben dieser Maßnahmen. Doch angesichts der großen Masse an Arbeitslosen in der zweiten Hälfte der 1920er Jahre schien das Schlagwort der Rationalisierung und die damit verknüpfte Psychotechnik kaum die in sie gesetzten gesellschaftlichen Hoffnungen erfüllt zu haben (vgl. Spur/Voglrieder/Klooster 2000: 395). Die externen Ursachen dieser Krise können hier nur angedeutet werden. Wichtig ist in diesem Zusammenhang aber, dass auch interne Ursachen für einen sukzessiven Ansehensverlust der Psychotechnik im Sport in Rechnung gestellt werden. Zu diesen internen Ursachen muss die Hinwendung zur so genannten Ganzheitspsychologie gerechnet werden (vgl. Krueger 1953). Mit ihren zentralen Kategorien des »Gefühls« und des »Erlebnisses« und ihrer Betonung des »Organischen«, »Natürlichen« und »ursprünglich Ganzen« vermochte diese Strömung mit der ihr immanenten antirationalistischen Ausrichtung an zeittypische geistigen Strömungen anzudocken, deren Gemeinsamkeit in der Kritik an den atomisierenden Wirkungen der Moderne bestand (vgl. Ash 1985: 63ff.).

Diese sich allmählich durchsetzende Wendung berührte auch die sportpsychologische Forschung. Trotz wiederholten Hervorhebens der Anwendungsorientierung, war die Blütezeit der apparativen Psychotechnik im Sport nur von kurzer Dauer. So unterstrich Diem in einem Brief zwar das technische Genie und den Erfindungsgeist Schultes, stellte aber auch fest, dass er »in vielem einen Weg gewiesen« habe, »der leider von niemandem zu Ende gegangen« worden sei (Diem 1930: 14-24). Sportfunktionäre und Sportwissenschaftler distanzierten sich zunehmend von der »seelenlosen Apparatepsychologie« (Lück 2006). Vor allem in der psychologischen *scientific community* stießen Schultes Methoden zunehmend auf Ablehnung. So fasste Fritz Giese vom psychotechnischen Laboratorium der Technischen Hochschule Stuttgart, Verfasser verschiedener arbeitswissenschaftlicher und psychotechnischer Werke, die bisherigen Leistungen der Sportpsychologie zusammen: »Man darf sagen, dass bis heute überwiegend die Psychotechnik (zumal auf sportlichen Gebiete) nicht gerade bedeutungsschwer war, weil sie von einer verhältnismäßig eingeengt anwendbaren und so nur relativ geltungswertigen Methode ausging: dem Kult der Apparate, dem Grundsatz der Messung und der zifferngemäßen Feststellung.« (Giese 1928: 7).

Bereits 1925 fand die zunehmende Kritik in der Ablösung von Schulte als Leiter des psychologischen Laboratoriums durch Hanns Sippel ihren Ausdruck. Sippel stand – ganz am Puls der Zeit – für eine Neuorientierung der Sportpsychologie, indem er sich vor allem am ebenso zeittypischen wie schwammigen Begriff der »Ganzheit«, beziehungsweise »Ganzheitlichkeit« orientierte, die in diesem Falle für eine Abkehr von den differenzierenden, die körperlichen Vorgänge und Abläufe fragmentierenden Methoden der apparativen Psychotechnik stand. Die in seinen entwicklungs- und tiefenpsychologisch orientierten Schriften favorisierten Kernbegriffe wie etwa »Erleben«, »Freude an der Bewegung« oder »Zwecklosigkeit der Leibesübungen« (Sippel 1926) waren nur schwerlich mit der bisherigen Orientierung an »Eignung« und »Leistung« zu vereinbaren.

LITERATUR

Ash, Mitchell G. (1985): Die experimentelle Psychologie an den deutschsprachigen Universitäten von der Wilhelminischen Zeit bis zum Nationalsozialismus. In: Ash, Mitchell G./Geuter, Ulfried (Hg.): Geschichte der deutschen Psychologie. Opladen. S. 45-82.

Bäumler, Günther (2002): Sportpsychologie zwischen 1884 und 1900. Die Generation der Pioniere. In: Court, Jürgen/Hollmann, Wildor (Hg.): Sportmedizin und Sportwissenschaft. Historisch-systematische Facetten. St. Augustin. S. 287-318.

Bäumler, Günther (2009): The Dawn of Sport Psychology in Europe, 1880-1930. In: Green, Christoph D./Benjamin, Ludy T. (Hg.): Psychology Gets in the Game. Sport, Mind and Behavior, 1880-1960. Lincoln, NB. S. 20-77.

Becker, Frank (1991): Sport bei Ford: Rationalisierung du Symbolpolitik in der Weimarer Republik. In: Stadion, 17, S. 207-229.

Becker, Frank (1993): Amerikanismus in Weimar. Sportsymbole und politische Kultur 1918-1933. Wiesbaden.

Becker, Frank (2000): Der Sportler als »moderner Menschentyp«. Entwürfe für eine neue Körperlichkeit in der Weimarer Republik. In: Wischermann, Clemens/Haas, Stefan (Hg.): Körper mit Geschichte. Der menschliche Körper als Ort der Selbst- und Weltdeutung. Stuttgart (= Studien zur Geschichte des Alltags 17). S. 222-243.

Benjamin, Walter (1977): Karussell der Berufe. In: Benjamin, Walter: Gesammelte Schriften. Bd. II/2. Frankfurt am Main. S. 667-676 (zuerst 1930).

Bernett, Hajo (1988): Dr. Otto Peltzer – der »totale Athlet«. In: Sozial- und Zeitgeschichte des Sports, 2 (1), S. 31-41.

Borck, Cornelius (2002): Kopfarbeit. Die Suche nach einer präzisen Meßmethode für psychische Vorgänge. In: Berichte zur Wissenschaftsgeschichte, 25 (2), S. 107-120.

Court, Jürgen (2002): Sportanthropometrie und Sportpsychologie in der Weimarer Republik. In: Sportwissenschaft, 32, S. 401-414.

Daston, Lorraine/Galison, Peter (1992): The Image of Objectivity. In: Representations, 37, S. 67-106.

Diem, Carl (30. November 1930): Brief von Carl Diem an Robert W. Schulte. In: CuLDA (= Carl und Liselott Diem-Archiv, Köln). Korrespondenzen. Mappe S 1424.

Diem, Carl (1924): Die Deutsche Hochschule für Leibesübungen. Berlin.

Dorsch, Friedrich (1963): Geschichte und Probleme der angewandten Psychologie. Bern.

Eghigian, Greg/Killen, Andreas/Leuenberger, Christine (2007): Intro-
duction: The Self as Project: Politics and the Human Sciences in
the Twentieth Century. In: Osiris, 22, S. 1-25.

Fleig, Anne (2008): Körperkultur und Moderne: Robert Musils Ästhetik des Sports. Berlin/New York.

Gerhardt, Volker (2001): Der Mensch wird geboren. Kleine Apologie
der Humanität. München.

Geuter, Ulfried (1985): Polemos panton pater. Militär und Psychologie
im Deutschen Reich 1914-1945. In: Ash, Mitchell G./Geuter, Ulfried (Hg.): Geschichte der deutschen Psychologie. Opladen. S. 146-
167.

Giese, Fritz (1925): Handbuch der psychotechnischen Eignungsprüfungen. Halle.

Giese, Fritz (1928): Psychotechnik in der Körpererziehung. Dresden.

Gorzny, Willi (Hg.) (1989-1993): Deutsches Bibliographisches Archiv.
Neue Folge, bis zur Mitte des 20. Jahrhunderts. München. Microfi-
che-Edition 1193, Sp. 302-307.

Gundlach, Horst (1996a): Untersuchungen zur Geschichte der Psychologie und Psychotechnik. München.

Gundlach, Horst (1996b): Der Faktor Mensch im Krieg. Der Eintritt
der Psychologie und Psychotechnik in den Krieg. In: Berichte zur
Wissenschaftsgeschichte, 19 (3/4), S. 131-143.

Hoberman, John (1994): Sterbliche Maschinen. Doping und die Un-
menschlichkeit des Hochleistungssports. Aachen.

Jäger, Siegfried (1985): Zur Herausbildung von Praxisfeldern in der
Psychologie bis 1933. In: Ash, Mitchell G./Geuter, Ulfried (Hg.):
Geschichte der deutschen Psychologie im 20. Jahrhundert. Ein
Überblick. Opladen. S. 83-112.

Killen, Andreas (2007): Weimar Psychotechnics between Americanism
and Fascism. In: Osiris, 22, S. 48-71.

Krueger, Felix (1953): Über psychische Ganzheit. In: Heuss, Eugen
(Hg.): Zur Philosophie und Psychologie der Ganzheit. Schriften aus
den Jahren 1912-1940. Berlin. S. 33-124 (zuerst 1928).

Maase, Kaspar (1987): Grenzenloses Vergnügen. Der Aufstieg der Massenkultur 1850-1970. Frankfurt am Main.

Münsterberg, Hugo (1914): Grundzüge der Psychotechnik. Leipzig.

Lück, Helmut E. (2006): Hans Sippel: Körper-Geist-Seele 1926. In: Court, Jürgen/Meinberg, Eckhard (Hg.): Klassiker und Wegbereiter der Sportwissenschaft. Stuttgart. S. 143-147.

Peltzer, Otto (1928): Der Kampf um die Zehntelsekunde. In: Diem, Carl, Breithaupt, Ferdinand, u.a. (Hg.): Stadion. Das Buch von Sport und Turnen, Gymnastik und Spiel. Berlin. S. 105-108.

Peltzer, Otto (1955): Umkämpftes Leben: Sportjahre zwischen Nurmi und Zatopek. Berlin (Ost).

Peukert, Detlev J. K. (1989): Max Webers Diagnose der Moderne. Göttingen.

Pfeiffer, Eduard/Schweisheimer, Waldemar (1928): Ändert die Technik den menschlichen Körper? Stuttgart.

Rabinbach, Anson (1991): The Human Motor. Energy, Fatigue and the Critique of Modernity. Berkeley.

Radkau, Joachim (1998): Das Zeitalter der Nervosität. Deutschland zwischen Bismark und Hitler. Darmstadt.

Reich (1925): Einiges über Anthropometrie und psychotechnische Prüfungsarten in der Sportberatung. In: Die Leibesübungen, 1, S. 572-573.

Reich (1931): Einiges über Rassenmerkmale du Körperbautypen aus der Erfurter Sportberatungsstelle (Stadtgesundheitsamt). In: Die Leibesübungen, 7, S. 289-294.

Sarasin, Philipp (1995): Die Rationalisierung des Körpers. Über »Scientific Management« und »biologische Rationalisierung«. In: Jeismann, Michael (Hg.): Obsessionen. Beherrschende Gedanken im wissenschaftlichen Zeitalter. Frankfurt am Main. S. 78-115.

Schrage, Dominic (2001): Psychotechnik und Radiophonie. Subjektkonstruktionen in artifiziellen Wirklichkeiten 1918-1932. München.

Schulte, Robert W. (1921): Anlaufstrecke, Laufgeschwindigkeit und Sprungleistung beim Weitsprung. In: Die Umschau, 2, S. 488-491.

Schulte, Robert W. (1922): Neukonstruktionen von Apparaten zur praktischen Psychologie (= Beihefte zur Zeitschrift für angewandte Psychologie). Leipzig.

Schulte, Robert W. (1923): Neigung, Eignung und Leistung im Sport. In: Die Körpererziehung 1. Teil 1: S. 135-138, Teil 2: S. 170-172.

Schulte, Robert W. (1925a): Eignungs- und Leistungsprüfung im Sport. Die psychologische Methodik der Wissenschaft von den Leibesübungen. Berlin.

Schulte, Robert W. (1925b): Sportarzt und Sportpsychologie. In: Die Leibesübungen, 1, S. 489-492.

Schulte, Robert W. (1926a): Psychotechnik und Polizei. Probleme, Methoden und Erfahrungen. Oldenburg.

Schulte, Robert W. (1926b): Probleme, Methoden und Ergebnisse der Psychologie der Leibesübungen. In: Bühler, K. (Hg.): Bericht über den IX. Kongreß für experimentelle Psychologie in München vom 21.-25. April 1925. Jena. S. 217-218.

Schulte, Robert W. (1927): Grundfragen einer Psychologie der Leibesübungen. In: Neuendorff, Edmund (Hg.): Die Deutsche Leibesübungen. Großes Handbuch für Turnen, Spiel und Sport. Essen. S. 107-123.

Simmel, Georg (1995): Die Großstädte und das Geistesleben. In: Simmel, Georg: Aufsätze und Abhandlungen 1901-1908. Bd. 1. Frankfurt am Main (= Georg Simmel Gesamtausgabe 7). S. 116-131.

Sippel, Hanns (1926): Körper-Geist-Seele. Grundlage einer Psychologie der Leibesübungen. Berlin.

Spur, Günter/Vogelrieder, Sabine/Klooster, Thorsten (2000): Von der Psychotechnik zur Arbeitswissenschaft. Gründung und Entwicklung des Instituts für Industrielle Psychotechnik an der TH Berlin-Charlottenburg 1918 bis 1933. In: Berlin-Brandenburgische Akademie der Wissenschaften. Berichte und Abhandlungen. Bd. 8. Berlin. S. 371-401.

Stern, William (1903): Angewandte Psychologie. In: Beiträge zur Psychologie der Aussage, 1 (1), S. 4-45.

Stern, William (1994): Die Differentielle Psychologie in ihren metho-
dischen Grundlagen. Nachdruck. Berlin (zuerst 1911).

Das Menschen- und Körperbild im sportwissenschaftlichen Diskurs diktatorisch verfasster Gesellschaften

ELK FRANKE UND JOCHEN HINSCHING

1. VORBEMERKUNGEN UND BEGRÜNDUNG

Die Diskussion über Menschen- und Körperbilder in ihren sozialen Kontexten ist ein inhärentes wie auch legitimes Anliegen der Sportwissenschaft und wird oftmals in programmatischer Form vorgetragen. Zu erinnern ist z.b. für die alte Bundesrepublik an den Kongress »Menschen im Sport 2000« im November 1987 in Berlin. Diskussionen zu dieser – zeitlosen – Thematik des Verhaltens der Menschen zu ihrer Körperlichkeit (die gesellschaftlichen Erwartungen wie auch die alltagspraktischen Befunde) konstituieren sich aus einer Vielzahl wissenschaftsrelevanter Sachverhalte. Dazu gehören zuvörderst philosophische Begründungen und soziologische Erklärungen, aber nicht zuletzt auch pädagogische Ableitungen bis hin zu trainingswissenschaftlichen Strategien und Konzepten.

Sloterdijks Ausführungen über Anthropotechnik (Sloterdijk 2009), die im Fokus einer sportphilosophischen Tagung 2010 in Darmstadt standen, können wie ein nüchternes und zeitnahes Kompendium aller dieser Zugänge und Sachverhalte gelesen werden.

Mit der Programmatik des Titels »*Du mußt dein Leben ändern*« – einem Sonett Rilkes entlehnt – ist die auffordernde Botschaft des Buches an das Subjekt der Gegenwart adressiert. Üben und sich in die spezifischen Erfordernisse der – heute mehr denn je ambivalenten, ordnungslosen, individualisierten – Zeit zur eigenen Existenzsicherung einüben, so lautet die Devise. Dies schließt alle Möglichkeiten und Formen eines anthropologisch weit verstandenen Übungsbegriffes ein, weil es immer schon so gewesen ist, selbst wenn die gesellschaftlichen Verhältnisse andere waren. Sloterdijk stellt dies in seinem Werk nicht zuletzt auch mit Rückblenden auf nationalsozialistische wie sozialistisch-kommunistische Ideologien und Realitäten unter Beweis.

In dieser Argumentation wollen wir mit unserem – mit den Begriffen vom Menschen- und Körperbild vielleicht etwas sehr umfänglich formulierten – Beitrag Sloterdijk folgen. Aus seiner Sicht ist die heute erforderliche Verhaltensänderung der Menschen an einen weit verstandenen, individuell ausdeutbaren Begriff des sozialen Übens, seinen soziokulturellen Möglichkeiten und Formen, festgemacht, wobei er oftmals mit Anleihen und Analogien zum sportlichen Training arbeitet. Demgegenüber soll unser zeitgeschichtlicher Rückgriff auf diktatorisch verfasste Gesellschaften und ihren Vorstellungen von dem zu schaffenden »Neuen Menschen« verdeutlichen, wie der Staat (im sprachüblichen Klartext der Systeme: »Partei und Regierung«) richtungweisend wie gestaltungsvorgebend operiert, und wie er sich dabei der Umsetzung durch die Sportwissenschaft – aber nicht nur ihr – bedient. Als zentral sind die beiden Sichtweisen und Bezugsebenen: Freiheit wie Diktatur, anzusehen, auch wenn sie trotz der ihnen inhärenten und grundsätzlich unterschiedlichen systemrelevanten Möglichkeiten offensichtlich an ihre Grenzen stoßen.

Diktatorisch verfasste Gesellschaften sind aufgrund ihrer politisch-ideologischen Zentrierung und ihrer kollektivistischen Ausrichtung an einem strategisch einsetzbaren sowie leistungszentrierten Humankapital interessiert, was insbesondere in körperorientierten Zukunftskonzepten zum Ausdruck gebracht wird. Sportwissenschaftliche Diskurse, die in solchen gesellschaftlichen Kontexten stattfinden und auf entsprechende Sozialisationswirkungen abzielen, sind hinsichtlich des angestrebten Menschen- und Körperbildes wesentlich geprägt durch eine Fokussierung auf drei systemrelevante Faktoren: Fortschrittsgläubigkeit, Optimierungsdenken, normative Ausrichtung.

Diese Faktoren sind gewissermaßen die Leitplanken, die dem systeminhärenten Verständnis auf dem Weg in eine arbeitsgesellschaftlich verfasste Moderne Orientierung liefern und Garantie geben sollen. Beispielhaft verkörpert und symbolisch überhöht sind die Erbauer des kommunistischen Neuen in den beiden als Himmelsstürmer angelegten Arbeiterfiguren, die seit den 1930er Jahren den Eingang zur Allunionsausstellung in Moskau krönten.

Wissenschaft, zumal wenn sie sich primär als parteilich begriff, hat solche Entwicklung nicht kritisch hinterfragt, sondern oft exegetisch legitimiert und befördert. Das gilt insbesondere für die sportphilosophisch intendierte Diskussion, die in den Wissenschaften diktatorisch verfasster Gesellschaften einerseits oft sehr praxisfern konstituiert war, der aber andererseits oft auch eine politische wie pragmatische Leitfunktion für die (organisierte) Sportpraxis wie für die (systemdeterminierte) Lebensweise der Menschen und ihres Körperverständnisses zugesprochen wurde.

Unter dieser Zielstellung und mit diesem Erklärungshintergrund sollen nachfolgend aus dem Kontext der Sportwissenschaft im nationalsozialistischen Deutschland sowie der Sportwissenschaft der DDR Leitideen und Formen bzw. Stationen eines ideologiezentrierten und leistungsorientierten Perfektionsstrebens exemplarisch vorgestellt und diskutiert werden.

2. EUGENIK UND ANTHROPOMETRIE – WEGWEISER ZUR GESELLSCHAFTLICHEN OPTIMIERUNG

»Auch in der Gegenwartskultur vollzieht sich der Titanenkampf zwischen den zähmenden und den bestialisierenden Impulsen und ihren jeweiligen Medien. Schon größere Zähmungserfolge wären Überraschungen angesichts eines Zivilisationsprozesses, in dem eine beispiellose Enthemmungswelle anscheinend unaufhaltsam rollt. Ob aber die langfristige Entwicklung auch zu einer genetischen Reform der Gattungseigenschaften führen wird – ob eine künftige Anthropotechnologie bis zu einer expliziten Merkmalsplanung vordringt; ob die Menschheit gattungsweit eine Umstellung von Geburtenfatalismus zur optionalen Geburt und zur pränatalen Selektion wird vollziehen können – dies sind drei Fragen, in denen sich, wie auch immer verschwommen und nicht geheuer, der evolutionäre Horizont vor uns zu lichten beginnt« (Sloterdijk 1999: 46-47).

Dies war eine jener Passagen Peter Sloterdijks in seiner Rede *Regeln für den Menschenpark. Ein Antwortschreiben zu Heideggers Brief über den Humanismus*, die vor zehn Jahren Anlass zu erregten und kontrovers geführten Debatten in den Feuilletons einer Reihe überregionaler Zeitungen boten. Neben Habermas, Assauer u. a. fühlten sich auch Vertreter verschiedener Sozialeinrichtungen zumeist zu sehr kritischen Stellungnahmen herausgefordert.

Im Folgenden soll diese Diskussion nicht wieder aufgenommen oder kommentiert werden. Vielmehr sollen einige der dort verwendeten Schlüsselbegriffe Ausgangspunkt einer kritischen Analyse von Entwicklungsprozessen sein, in die die sich etablierende Sportwissenschaft bzw. Leibeserziehung zu Beginn des 20. Jahrhunderts stärker eingebunden war als schlichte sporthistorische Untersuchungen erkennen lassen.

Orientiert an Nietzsche und Heidegger, Bezug nehmend auf Platons *Politeia*, stellt Sloterdijk in der Tradition philosophischer Briefe die Frage, ob und in welcher Weise der national bürgerliche Humanismus der Aufklärung noch in der Lage ist, als Leitlinie im postindustriellen und gen-technologischen Zeitalter zu dienen, um sie gleichzeitig zu verneinen.

»Was zähmt noch den Menschen, wenn der Humanismus als Schule der Menschenzähmung scheitert? [...] Was zähmt den Menschen, wenn nach allen bisherigen Experimenten mit der Erziehung des Menschengeschlechts unklar geblieben ist, wer oder was die Erzieher wozu erzieht?« (Sloterdijk 1999: 31-32).

Sicherlich nicht der realitätsferne, idealisierende bildungsbürgerliche Humanismus, der – wie der Philosoph »mit dem Hammer«, Friedrich Nietzsche, betont – nicht in der Lage ist, den Menschen als »Tier unter Einfluß« die richtige Beeinflussung zukommen zu lassen. Den einzigen Ausweg sieht Sloterdijk in einer zeitgemäßen Anthropotechnik, die den Mut hat, auch von der Ungleichheit der Menschen auszugehen und eine »Menschenhütung und Menschenzucht« als politisches Programm zu entwickeln. Ohne dies explizit zu erwähnen, übernimmt Sloterdijk damit eine Position, die vor gut 100 Jahren in der Umbruchphase des 19. zum 20. Jahrhunderts neben vielen anderen sozialen und gesellschaftlichen Strömungen (u. a. Lebensreform, Jugendstil etc.) das geistige Leben in Europa beeinflusste – die so genannte »Eugenik«.

2.1 Eugenik als anthropologische Optimierungslehre

1905 schrieb Francis Galton, ein Verwandter und Anhänger Charles Darwins:

»Die Eugenik hat in der Tat den hohen Anspruch, eine orthodoxe, religiöse Lehre der Zukunft zu werden, denn die Eugenik kooperiert mit den Werten der Natur durch die Sicherstellung, dass die Menschheit durch die geeigneten Rassen repräsentiert sein wird« (Dietl 1984: 19-20).

Durch die Entwicklung grundlegender Methoden der Statistik und Biometrik, im Vorgriff auf die spätere Mendelsche Vererbungstheorie, wurde Galton von England aus zum Vorkämpfer einer Anthropologie, die nicht nur idealisierende und generalisierende Aussagen über die Gattung Mensch verbreitete, wie sie die Aufklärungsphilosophie zu Beginn des 19. Jahrhunderts vor allem durch Kant, Fichte, Herbart u. a. entwickelt hatte. Seine Botschaft erhob den Anspruch, die Natur des einzelnen Menschen, mit seinen spezifischen Stärken und Schwächen aus biologisch-naturwissenschaftlicher Sicht, sowohl hinsichtlich der messbaren Bedingungen als auch der erbrelevanten und gattungsspezifischen Besonderheiten bestimmen zu können.

In der Aufbruch- und Umbruchstimmung um die Wende vom 19. zum 20. Jahrhundert entwickelten sich auf dieser anthropometrischen Basis zwei unterschiedliche Optimierungsvorstellungen des Sozialdarwinismus:

- ein Sozialdarwinismus, durch den über Präventivmaßnahmen wie Geburtenkontrolle, Sterilisation, Ehetauglichkeitsprüfungen etc. insbesondere bei geistigen und körperlichen Behinderungen (wie Augenschwäche, Taubheit etc.,) eine Sozialhygiene zur allgemeinen Anheblung der Volksgesundheit angestrebt werden soll, die u. a. Alfred Grotjahn (1869-1931) auch als »sozialistische Eugenik« bezeichnete,

- ein Sozialdarwinismus – und diese Form fand die weitaus größte Verbreitung – auf rassenhygienischen Grundlagen. Im Mittelpunkt stand nicht die Anhebung der allgemeinen Volksgesundheit durch vermehrte Ausschaltung von negativen Faktoren im Volkskörper, sondern die explizite Selektion der Starken gegenüber den Schwachen, das heißt die Favorisierung von Züchtungsutopien auf der Basis von Degenerationstheorien unter klaren rassenhygienischen Vorgaben.

So ging Arthur de Gobineau in seinem frühen Aufsatz »Versuch über den Vergleich der Rassen« schon 1855 von einer Dreiteilung der Menschheit in eine schwarze, gelbe und weiße Rasse aus, wobei die letztere zum Herrschen prädestiniert sei. Er verknüpfte dabei drei Grundgedanken, die insbesondere in Deutschland vor dem 1. Weltkrieg großen Anklang fanden:

- die natürliche Ungleichheit zwischen den körperlichen Merkmalen, festgemacht an Rassenunterschieden,

- die Rückführung sozialer Unterschiede auf biologische Rassenvermischungen, und

- die daraus gefolgerte Dekadenzentwicklung eines Volkes, die zwangsläufig zum Untergang der Edlen und Starken führe.

Eine 1894 von Karl Ludwig Schemann in Deutschland gegründete Gobineau-Gesellschaft, der Alldeutsche Verband und die Deutschvölkische Partei sowie der Mediziner Alfred Ploetz setzten sich für eine Popularisierung dieser Gedanken ein und wurden zu einer frühen Quelle des Nationalismus. Die Wiederherstellung, Erneuerung und Weiterentwicklung des weißen Menschen zu einem gleichsam als Schöpfungsauftrag angesehenen Optimum war letztlich nur durch eine staatlich sanktionierte Menschenzüchtung möglich. Wobei der Weg dorthin vorgezeichnet war durch:

- die Messmöglichkeiten zeitgenössischer Anthropometrie,

- die Verknüpfung von Phänotypus und Genotypus im Sinne von »Körperbau und Charakter« (vgl. Kretschmar 1921)[1]

- die strikte Zurückweisung jeglicher Assimilationsbestrebungen über die Rassenschranken hinweg, da sie letztlich immer eine Schwächung darstellen.

---

1 Vgl. dazu das später erschienene gleichnamige Buch von Kretschmar.

Bei einem solchen auf Optimierung angelegten Konzept wie die Eugenik war es nicht verwunderlich, dass es insbesondere überall dort Be-
achtung fand, wo Prognosen über mögliche biographische Entwick-
lungsverläufe sowie körperliche und geistige Belastungsgrenzen in
perspektivischer Weise bedeutsam waren und frühzeitiges Aussondern
sinnvoll oder notwendig erschien – wie z. B. bei der Reichswehr (unter
den Bedingungen des Versailler Vertrages) oder der Entwicklung der
traditionellen Turnkultur zur Sportkultur mit seinem generellen Leis-
tungsimperativ in der Zeit nach dem 1. Weltkrieg.

2.2 Leistungsoptimierung und Politische Leibeserziehung

»In München widmet sich Carl Krümmel drei Tätigkeitsbereichen […]: dem
Studium und der Forschung auf den Gebieten der Staatswissenschaften und der
Anthropologie, dem sportlichen Training und der wehrsportlichen Lehre und
Organisation bei der Reichswehr« (Überhorst 1976: 11).

Dies schreibt Horst Überhorst über jenen Mann, der die Leibeserziehung an den deutschen Hochschulen nach 1933 wesentlich beeinflusst
hat. Dabei waren Erfahrungen und Einstellungen leitend, die seine
Biographie bis dahin geprägt hatten, wie u. a. die Fronterfahrungen des
1. Weltkrieges, ein Studium der Anthropologie, das er schon 1922 nach
acht Semestern mit einer Dissertation zur »Arbeitsfähigkeit und Körpererziehung. Ein Beitrag zum qualitativen Bevölkerungsproblem und
ein Versuch über die Mitarbeit biologischer Disziplinen an der Sozialwissenschaft« (Krümmel 1922) abschloss.

Die Grundlage der Promotion bildeten Messungen an 4000 bayeri-
schen Schulkindern hinsichtlich ihrer anthropometrischen Voraussetzungen und daraus sich ergebenden Entwicklungsmöglichkeiten auf
Basis der von seinem Lehrer, Professor Martin, favorisierten und wei-
terentwickelten so genannten »Typenforschung« des Menschen. 1924
konnte Krümmel einen Teil der Ergebnisse zur Grundlage für seine
systematischen anthropometrischen Eingangsuntersuchungen von Re-

kruten der Reichswehr machen. Durch den Versailler Vertrag auf 100.000 Mann begrenzt, war es ein deutlich erklärtes Ziel der Reichswehr, über qualitative Voruntersuchungen nur das beste, entwicklungsfähigste »Menschenmaterial« zu erhalten, um ohne große Ausfälle dies dann auch so ausbilden zu können, dass es in einem Konfliktfall selbst Führungsaufgaben übernehmen kann. Krümmel erarbeitete die Eignungstests mit, die psychologische Eignungs- und sportlichen Leistungsüberprüfungen umfassten. In einer speziell von ihm entwickelten »Eignungslehre« schreibt er u. a.

»Das Wesen jener Betriebsweisen der Leibesübungen, die wir als Sport bezeichnen […] ist nicht Schulung des Körpers, sondern des Willens. […] Eine Selbstauslese kann der Eignung freie Bahn verschaffen. […] Die Beurteilung der Eignung des Menschen für […] Leistung ist theoretisch viel weniger ausgebildet als etwa die des Pferdes« (Krümmel 1930: 84-85).

Hygiene, Konstitutionslehre, Anthropometrie und Psychotechnik sollten danach sehr viel systematischer zur Anwendung gelangen. Ausgehend vom »Habitus«, worunter er zunächst das äußere Erscheinungsbild des Menschen (Körperbau, Größe etc.) versteht, entwirft er Konzepte zur Leistungsoptimierung in der Ausbildung einer konstitutionellen Leibeserziehung. »Größe und Form bedingen einen bestimmten Körperausdruck, den wir als Leistungsform, Geschlechts-, Alters-, Rassens- und Konstitutionsform empfinden« (ebd.: 86).

»Das Einschalten des zielbewußten Wollens […] durch planmäßige Selbsterziehung und Unterordnung der ganzen Lebensweise, außer dem Beruf, […] heißt »Sport und Training«. […] Hier scheiden sich die Willensstarken von den Schwachen, die Auslese der Veranlagten von der Masse, die Führer von den Geführten, die Kämpfernatur von der Empfindsamkeit« (ebd.: 96).

1933 übernimmt Krümmel die Leitung des Instituts für Leibesübungen an der Berliner Universität und bereitet auf administrativer Ebene den Umbau der Institute an den anderen deutschen Universitäten vor.

Was 1930 noch als Resultat der anthropologischen Untersuchungen in der Reichswehr erscheinen konnte, erhält nach 1933 eine unverblümte körper- und rassenideologische Prägung:

»Wer nationalsozialistisch erziehen will, muß an diesem organischen Bewußtsein teilhaben, er muß organisch sehen und aus organischer Anschauung denken können. In diesem Zusammenhang gewinnt die leibliche Erziehung aus ihrem eigensten Wesen eine unmittelbare politische Bedeutung« (Hochschule für Lehrerbildung, Hirschberg 1934/35: 43).

Es war schließlich Alfred Baeumler, der mit seiner expliziten »Politischen Leibeserziehung« die Einbindung der gemessenen und typisierten konstitutiven Voraussetzungen in eine gesellschaftspolitische Zukunftsmythologie des an Nietzsche orientieren Macht- und Willensmenschen vornahm. Am 10. Mai 1933 hielt er seine Antrittsvorlesung an der Berliner Universität auf dem neu eingerichteten Lehrstuhl für »Politische Pädagogik«, die dann, wenige Stunden später, auf dem heutigen Bebelplatz, in der Bücherverbrennung ihren symbolischen Höhepunkt fand.

»Wir schließen die Weite nicht aus, aber die falsche Universität. Denn es ist verhängnisvoll, in die Weite zu gehen, wenn die Geschlossenheit fehlt. Nur wo ein Typus da ist, ein festes System von Gewöhnungen, ein Erziehungssystem, das mit dem Leibe beginnt, nur dann tut die Weite der geistigen Welt ohne Schaden für den Menschen sich auf« (Baeumler 1943: 136).

In deutlicher Abgrenzung zur Philosophie der Aufklärung und dem Idealismus, die er als realitätsfern und egoistisch-liberal bezeichnet, entwirft er den Typus des soldatischen Studenten und das Konzept einer politischen Erziehungswissenschaft.

»Die Erziehung wendet sich an den ganzen Menschen, an den ganzen Kerl, sie kennt kein allgemeines Ideal, sondern nur höchst konkrete Forderungen (beim Leiblichen beginnend). [...] Die idealistische Gesinnungspädagogik dagegen stellt eine unendliche Aufgabe dar [...], aber sie hat keinen Maßstab [...], sie verschmäht den Begriff des Typus [...] der mit dem Führerprinzip verbunden ist [...] [D]er neue Typus wird gewollt: er entspricht der neuen Einheit des Volkes« (ebd.: 128-129).

Baeumler, zu Beginn seiner Karriere noch ein vielseitig geachteter Philosoph und Erziehungswissenschaftler, bereitet mit seinem Holismus unter klarer technologischer Perspektive den Weg für die Instrumentalisierung der Wissenschaft zu Gunsten eines höheren Staats- beziehungsweise Volksganzen. Ein Weg, der auch nach 1945 – zwar bei anderen offiziellen Zielvorgaben sozialistischer Prägung – eine gewisse Fortsetzung erfuhr.

3. ZUM MENSCHEN- UND KÖRPERBILD IM SPORTWISSENSCHAFTLICHEN DISKURS DER DDR

Der Rückblick auf eine nicht unwesentliche, in den Schlagzeilen der öffentlichen Diskussion aber weitgehend ausgeblendete Facette von Sport und Sportwissenschaft der DDR, soll hier vorrangig auf die ersten beiden Jahrzehnte des ostdeutschen Staates – im wesentlichen auf die 60er Jahre – eingrenzt werden. Dabei werden wir im Rückblick auf diese Zeit mit einem eigentlich sportfernen Rekurs beginnen, nämlich mit einem Ausflug in die Literatur. Dies soll – ähnlich wie auch die frühe sportphilosophische Diskussion in der DDR zum Menschenbild sich gerne auf Literatur, u. a. auf Johannes R. Becher, berief – mit einem Zitat aus einem bekannten Werk des sozialistischen Realismus geschehen, das vielen in der DDR sozialisierten Menschen nicht unbekannt war und sie vermutlich auch nicht unberührt gelassen hat:

»Das Kostbarste, was der Mensch besitzt, ist das Leben. Es wird ihm nur einmal gegeben, und leben soll er so, daß nicht sinnlos vertane Jahre ihn schmerzen, daß nicht Scham um eine schäbige und kleinliche Vergangenheit ihn brennt und daß er im Sterben sagen kann: Mein ganzes Leben und all meine

Kräfte habe ich hingegeben für das Schönste der Welt: den Kampf um die Befreiung der Menschen« (Ostrowski 1947: 285).

Generationen von Heranwachsenden in der DDR kennen diese durchaus anrührenden Worte des Buchhelden Pawel Kortschagin als Schullektüre aus einem autobiographisch angelegten und 1934 erstmals in der Sowjetunion erschienenen Roman von Nikolai Ostrowski.[2] Er zeigt die Wandlung eines jugendlichen, noch weitgehend zielindifferenten Rebellen in dem nach der Oktoberrevolution brutal geführten russischen Bürgerkrieg zum bewussten und hoch engagierten – man könnte auch sagen: der Sache bedingungslos ergebenen – Kämpfer für den gesellschaftlichen Fortschritt. Das Buch, in dem Kortschagin zum Sinnbild des neuen Menschen und der neuen Zeit wird, trägt den bezeichnenden Titel »Wie der Stahl gehärtet wurde«. Bereits 1947 wurde es in deutscher Übersetzung als erstes belletristisches Werk im Verlag Neues Leben in Ostberlin publiziert und konnte zumindest in der Nachkriegszeit schnell mit Kortschagin als Vorbildfigur für die neuen Herausforderungen eine Art Kultstatus erreichen.

Die gedankliche Brücke von diesem 1947 auf dem Markt erschienenen Buch mit der Vorbildfigur eines Kämpfers für die sozialistische Gegenwart und Zukunft zum 1950 geschaffenen Sportabzeichen[3] ist zwar nicht belegt. Aber sie erscheint ideologisch nahtlos und ist deshalb auch gut nachvollziehbar. Unter der Abzeichenlosung »Bereit zur

---

2 Nikolai Ostrowski (1904-1936) war ein ukrainischer Revolutionär und sowjetischer Schriftsteller. Als Jugendlicher nahm er auf Seiten der Roten an den Bürgerkriegskämpfen nach der Oktoberrevolution gegen die Weißen teil.

3 Autorenkollektiv (1972: 675ff.). Dabei stand das Sportabzeichen der DDR motivational in der Tradition einer »revolutionären deutschen Arbeiterbewegung«, die mit Hilfe einer um 1930 angedachten Abzeichenaktivität »die Sportler zu bewussten, körperlichen abgehärteten und vielseitigen Kämpfern für Frieden und gesellschaftlichen Fortschritt« herausbilden sollte (vgl. ebd.: 675).

Arbeit und zur Verteidigung des Friedens«, ab 1964 Patriotismus stär-
kend umdefiniert in »Bereit zur Arbeit und zur Verteidigung der Heimat«, sollten – so kann man es aus heutiger Sicht persiflieren – permanent neue Pawel Kortschagins entstehen. Nur wird nun der »Stahl«, also der neue Mensch beziehungsweise sein gesellschaftlich brauch- und
verwertbarer Körper, nicht mehr in der Kriegswelt gehärtet, sondern in
der sportiven Praxis »gestählt«.

Auch wenn man die dem Sportabzeichen der DDR vorangestellte
gesellschaftliche Losung hinsichtlich der realen Sportpraxis nicht über-
bewerten sollte, die Programmfunktion stand nachhaltig fest. Und sie
blieb als Erziehungsziel wie als normative Körperorientierung letztlich
auch nicht wirkungslos, vor allem dort, wo mit dirigistischen Mitteln
über Institutionen wie Polizei, Armee und vor allem Schule große soziale Gruppen erreichbar waren (vgl. Ehrler 1998).

Der Schulsport in der DDR hatte staatlicherseits Anfang der 1960er
Jahre eine gravierende Veränderung erfahren. Mit der Sportkonferenz
von Karl-Marx-Stadt 1963 und den konzertiert eingesetzten Aktivitäten
zur Intensivierung des Sportunterrichts wurde zugleich das arbeitsgesellschaftlich ausgerichtete inhaltliche Konzept der körperlichen Gr-
undausbildung aller Heranwachsenden durchgesetzt (vgl. Hinsching
1997: 24 ff.).

In der dann über Jahre lebhaft geführten Diskussion der Sportwissenschaft in der DDR zur Justierung der persönlichkeitsbildenden Ziele
der intensivierten körperlich-sportlichen Entwicklung der jungen Generation sind auch sportphilosophische Standpunkte artikuliert worden.
Dabei ging es vor allem um ein konkret definiertes Körperideal und um
das Problem der Normativität als Teil des sozialistischen Menschen.
Wir werden darauf beispielhaft eingehen, weil damit auch eine Strategie zur Durchsetzung deutlich wird (vgl. Westphal 1966: 589-594).

»Jedes Körperideal«, so die dargebotene Auffassung, »besitzt eine
funktionelle und eine ästhetische Seite. Beide lassen sich in Form von
Kennziffern fixieren« (ebd.: 591). Die funktionelle Seite sei in praxi
bereits mit einem, immer wieder zu konkretisierenden Leistungsindex
abgedeckt, der auf gesellschaftlichen Anforderungen sowie biologisch

ausschöpfbaren Voraussetzungen basiert und der »vom Durchschnitt des Staatsbürgers erreichbar sein« (ebd.: 592) muss. Das war ein gezielter Hinweis des Autors auf das Sportabzeichen als Leistungsindex und seine permanente Mobilisierungs- und Kontrollfunktion staatsbürgerlich eingebundener körperlich-sportlicher Entwicklung.

Eine Portion Variabilität hingegen begegnet uns bei der ästhetischen Seite, wo nach Auffassung des Autors bei dem mit dem Körperideal anzustrebenden Phänotyp des sozialistischen Menschen alle Typengruppen, die im Ensemble der Bevölkerung vorkommen, berücksichtigt werden müssten (was zum Leidwesen des Verfassers in der DDR statistisch noch unbearbeitet sei). Deshalb wäre es also nicht opportun – wie in anderer Diskussion vorgeschlagen – »den mittelgroßen muskulären athletischen Typ« (ebd.: 593) zum Körperideal zu erheben. Aber ein für alle Typen zumutbares, zugleich normativ ausgerichtetes und Kennziffer gesteuertes Schönheitsideal sollte es schon sein. Die Kennziffern bezogen sich z. B. auf Haltung und Muskelrelief, Thoraxprofil und Fettgewebeverteilung. Auf diese Weise müsse die Körperkultur in Verbindung von Anthropologie und Künstleranatomie die menschliche Lebenswirklichkeit erfassen und als gültiges Schönheitsideal formulieren.

Der Autor geht von der Prämisse aus, dass die Schönheitsvorstellungen der jungen Generation zielstrebig geformt werden müssen. Er will damit den »Prozess des Bemühens um vernünftige und gültige Körperproportionen« vorantreiben und hält es für gesellschaftlich geboten und zeitgemäß, »das Streben nach dem körperlich schönen Menschen zielbewusster zu fördern und gültige Normen publik zu machen« (ebd.: 594). Seiner Auffassung nach sollte das Körperideal als ein Teil des sozialistischen Menschenideals erzieherisch beitragen, »schlechte körperliche Eigenschaften auszumerzen und gute zu entwickeln« (ebd.: 591). Der Begriff der Erziehungsdiktatur scheint angesichts solcher Forderungen zum Körperideal des neuen Menschen nicht abwegig zu sein.

Zum Körperverständnis im sportphilosophischen Denken der DDR liegt schon seit längerem eine prominent diskutierte Version (vgl.

Kirchhöfer 1997) vor, und die vorliegenden Texte sind vom Rezensent – selbst mit einer marxistischen Denkfigur operierend – sehr grundsätzlich wie theoriekritisch in den Kontext einer marxistisch-materialistischen Herangehensweise eingeordnet worden (vgl. Kirchhöfer 1997: 67-84). Das führt konsequenterweise an einer zentralen Rolle der Arbeit auch im Diskurs von Körper- und Menschenbild nicht vorbei. Einschlägige Diskussionen der frühen 1960er Jahre werden vor allem in der Wissenschaftlichen Zeitschrift der Deutschen Hochschule für Körperkultur (DHfK) geführt. In einer Publikation zum zentralen Thema »Produktivkraft Mensch und Körperkultur« (vgl. Sieger 1964) – welche hier exemplarisch vorgestellt werden soll (vgl. Sieger 1964: 43-98) – finden sich hinsichtlich der künftigen, natürlich sozialistisch-kommunistischen Entwicklung des Menschen und der sportwissenschaftlichen Mitwirkung und Mitverantwortung – orientiert an einem anthropologischen Ansatz – durchaus zukunftsweisende forschungsrelevante Überlegungen, etwa zur prophylaktischen Funktion sportlicher Tätigkeit, zur Akzeleration oder zum Prozess des Alterns. Sie sind aber eingerahmt in biologistisch determinierte Machbarkeitsfantasien, wie z. B. die Vorstellung, »das Leben der Menschen im Durchschnitt bis auf 150 bis 200 Jahre zu verlängern« (ebd.: 45). Mitschurin und andere obskure Personen aus der Sowjetwissenschaft bilden den Denkhintergrund (vgl. auch Kirchhöfer 1997: 73).

Dass der Mensch im Prozess der Arbeit die Natur gestaltet und verändert und diese Veränderung der Natur folglich auch die Veränderung des menschlichen Körpers mit einschließen muss, sieht der Autor als ein grundlegendes sportphilosophisches Problem, das aus seiner Sicht bisher unterschätzt und vernachlässigt wurde. Deshalb sieht er es als Hauptaufgabe an, »den Menschen wissenschaftlich zu bilden und zu formen« und aus der Sicht der Sportphilosophie »die Veränderung der biologischen Normen des Menschen zu fordern« (ebd.: 46).

Aber beim heutigen Lesen erschrickt man auch, wie weit solche Gestaltungs- und Formierungsprozesse am Menschen mit dem aus dem anthropologischen Rekurs abgeleiteten Ziel der Optimierung des biologischen Leistungsvermögens und der optimalen Leistung angedacht worden sind. Zwar bemerkt der Autor abschwächend:

»Von der Veränderung der biologischen Substanz des Menschen zu sprechen, erscheint unserer Meinung nach nicht richtig. Es geht zunächst (sic!) darum, die bisherigen biologischen Durchschnittswerte des Menschen zu fixieren und die Frage zu stellen, inwieweit diese Normen doch schließlich durch eine spontane Entwicklung entstanden sind« (ebd.: 51).

Die hierbei deutlich artikulierte Unzufriedenheit mit dem Spontanen wird dann planerisch in sportwissenschaftliche Forschungsziele und Zielvorgaben für eine bevölkerungsdurchgreifende physische Vervollkommnung übergeleitet, von denen hier nur zwei, wenn auch vom Denken im diktatorischen System besonders bezeichnende, vorgestellt werden sollen:

»Es ist [...] an der Zeit, nicht nur den Krankenstand, sondern auch den Gesundenstand zu erfassen und dementsprechend den Ursachen nachzugehen [...] .Insgesamt müssen die Untersuchungen so angelegt werden, dass daraus Schlüsse für eine Programmierung des kommunistischen Menschen gezogen werden können« (ebd.: 52).

Orwell lässt grüßen. Und auch elitär-selektiv angelegte Planung fehlt nicht, wenn vom Autor das gesellschaftliche Verlangen artikuliert wird, »dass nicht nur der normale, sondern auch und vor allen Dingen, der überdurchschnittliche Mensch und die Grundlagen seiner erhöhten biologischen und sozialen Leistungsfähigkeit im Mittelpunkt der Betrachtungen steht« (ebd.: 51). Eine logische und politisch-praktische Fortsetzung findet dieser Gedankengang in der nur wenige Jahre später einsetzenden planmäßigen Entwicklung einer Sportelite auf der Grundlage eines staatlich verordneten, systematisch ausgearbeiteten und flächendeckend durchgesetzten Selektionsverfahrens. Gemeint ist die Praxis der ESA, des alle Schulkinder der DDR umfassenden Einheitlichen Sichtungs- und Auswahlsystems, mit dem sportlich talentierte und sportartengeeignete Heranwachsende mittels anthropometrischer Daten herausgefiltert und danach planmäßig in ein gestuftes Trainingssystem einbezogen wurden. Ab 1973 wurde diese Praxis nach einem vorangehenden zweijährigen Vorversuch im Bezirk Leipzig in staatlich koordinierter Zusammenarbeit von Schule, dem Deutschen Turn- und Sportbund (DTSB) und dem Sportmedizinischen Dienst generalstabsmäßig durchgesetzt.

Im Zuge der ESA wurden sämtliche Schulkinder der DDR, immer an einem Altersgang festgemacht, mittels anthropometrischer Messverfahren und Richtwerte auf ihre leistungssportliche Tauglichkeit und sportartenbezogene Brauchbarkeit erfasst. Realisiert über den Sportunterricht in verschiedenen Klassenstufen, war die ESA aber fokussiert auf die etwa zehnjährigen Jungen und Mädchen in der dritten Klasse. Zu diesem Zeitpunkt der Entwicklung kam dann die größte Zahl der Ausgewählten sportartenzugeordnet in die so genannte erste Förderstufe des Leistungssports.

Die Kriterien der ESA sind 1987 mit der Zielorientierung auf das Jahr 2000 noch einmal präzisiert und hinsichtlich der Sichtungsdaten zu einem Schuljahrgang auf zeitlich gestufte Termine (Klasse 1 – 3 – 6 – 9) erweitert worden. So konnten bei den 15/16jährigen noch einmal spät gewachsenen Große für Rudern und Spielsportarten, leicht und klein heranwachsende Jungen für Boxen und Ringen herausgefiltert werden.

Mit der ESA, diesem Auskämmsystem von körperlich überdurchschnittlich entwickelten und talentierten heranwachsenden Kindern, sind für eine Laufbahn im Hochleistungssport jährlich von den ca. 200. 000 Kindern einer Klassenstufe 85-90 % in die Tests einbezogen und ca. 15 % in die erste Förderstufe übernommen worden. Dazu liegen in der Literatur wie auch im Internet von damals Involvierten oder Verantwortlichen detaillierte Angaben vor. Teichler/Reinartz geben in ihrer Arbeit zum Leistungssportsystem in der Spätzeit der DDR Daten an, die sich auf das Jahr 1989 beziehen. Danach sind anhand anthropometrischer Merkmale von den 190 000 Kindern des untersuchten

Jahrganges 26 000 für eine leistungssportliche Förderung ausgewählt worden (vgl. Teichler/Reinartz 1999: 167).

Wie Hochleistungssport und Menschenbild auch agitatorisch in der sozialistischen Gesellschaft besser zusammengefügt und öffentlichkeitswirksamer eingesetzt werden können, das hatte schon 1967 der Präsident der Deutschen Wissenschaften beim Sportwissenschaftlichen Kongress »Sozialismus und Körperkultur« angeregt und eingefordert. Von Fernsehen, Rundfunk und Presse sei zu erwarten, mehr als bisher

»die konkrete sportliche Leistung im Wettkampf um Sieg und Medaillen in dem größeren Zusammenhang des Gesamtprozesses der Bildung und Erziehung des neuen Menschen zu stellen und ihre Möglichkeiten im Sinne der weittragenden erzieherischen Bedeutung von Körperkultur und Sport zu nutzen« (Hartke, 1968: 39).

Sucht man nach dem Substrat des Beitrages, auf den hier nur ausschnittsweise Bezug genommen werden konnte, dann sind es wohl die gesellschaftlich wie sportwissenschaftlichen Vorstellungen von dem – im Original so zitierten – »Kausalzusammenhang von Produktionsentwicklung und dem System der Methoden und Mittel zur Produktion und Reproduktion der Arbeitskraft und des Menschen schlechthin als Persönlichkeit« (Sieger 1964: 49).

Man kann – vielleicht – Kirchhöfer in der – von ihm viel ausführlicher belegten und facettenreich diskutierten – Position folgen, dass die in dieser Frühzeit sportphilosophischen Denkens in der DDR mit diesen anthropologischen Positionen geführte Argumentation eines abstrakten, allgemeinverbindlichen Körperbildes weit vor Marx zurückging (Kirchhöfer 1997: 73) (was aber den Teufelskreis materialistischen Denkens nicht durchbricht, dass mit der Einbindung in die Naturgesetzlichkeit und mit dem Primat der Arbeit der Mensch von seiner primär geistig-kulturellen Prägung und Selbstfindung abgekoppelt wird). Sehr einsichtig ist hingegen Kirchhöfers analytisch klar formuliertes Urteil, dass es »der allgemeine Optimismus einer zur Macht strebenden Klasse und das Bedürfnis nach Machtsicherung und ökonomischer Effizienz« waren, die »dem Menschenbild eine optimistische Vorbestimmung gaben, und in deren Konsequenz Behinderte, Schwache Kranke nicht wahrgenommen wurden« (ebd.).

Zu konstatieren ist, dass in diesen 1960er Jahren auch mit der sportphilosophischen Diskussion und einem anthropologischen Denkansatz wichtige Weichenstellungen in den Entwicklungen des Sports in der DDR angedacht und angeschoben wurden. Dabei lesen sich sportphilosophische Einlassungen ob ihrer rigorosen Vorstellungen und diktatorischen Orientierungen an Normativität und Uniformität aus heutiger Sicht oft erschreckend. Mit dem Konzept der allseitig und harmonisch entwickelten Persönlichkeit, wie man den sozialistischen Menschen später mehr wunschmäßig beschrieb und ausstattete als phänotypisch konkret zu kennzeichnen und festzulegen, sind flexiblere und individueller ausgerichtete marxistische Theoriepositionen zu Menschenbild und Persönlichkeitsentwicklung propagiert worden.

Bei Kirchhöfer findet sich dieser Entwicklungsgang für die sportphilosophisch intendierte Literatur ausführlicher – auch als deutliche Korrektur der retrovertieven anthropologischen Positionen – abgehandelt und bis hin zum Konzept der »biopsychosozialen Einheit Mensch« – so der modernisierungstheoretische Denkansatz in der Endzeit der DDR (vgl. ebd.: 79) – nachgezeichnet. Marxismus und Theorie der Persönlichkeit – ob angelehnt an den französischen Philosophen Lucien Seve (1973) oder an den Leitbild prägenden DDR-Bildungstheoretiker Neuner (1973), zwei zeitgleich erschienene DDR-Publikationen Anfang der 70er Jahre – fanden als Prämisse wie Zielorientierung Niederschlag in fast allen sportwissenschaftlichen und vor allem sportpädagogischen Arbeiten.

4. AUSBLICK: NEUES DENKEN IM 21. JAHRHUNDERT?

Sieht man rückblickend auf das 20. Jahrhundert die punktuell ausgewählten Positionen auch als zeitgemäße – und d. h. als wissenschaftlich mögliche und gesellschaftspolitisch teilweise gewollte – Antworten auf Kants klassische Frage »Was ist der Mensch?«, so ergeben sich aus ethischer Sicht neue, prinzipielle Fragen nach der Zukunft des Menschen im Sinne von: »Was kann ich hoffen?«

Die in der letzten Frage auch öffentlich in Erinnerung gebrachte jüdisch-christliche Tradition kennt keine Bestimmung des Menschen, die nicht auch eine Vorstellung seiner Zukunft einschließt. Und auch Kant bestand darauf, dass der Mensch – unabhängig ob Gottes Existenz bewiesen werden kann – moralisch verpflichtet ist, »auf einen Gott zu hoffen, der Sinn verbirgt. Denn nur ein Gott und kein Mensch kann den Sinn menschlicher Existenz definitiv verbürgen einen Sinn aber, dem ich moralisch verpflichtet bin für jeden Menschen zu erhoffen« (Striet 2000: 42).

Für Sloterdijk existiert eine solche moralische Verpflichtung hinsichtlich der anderen Menschen auch unabhängig davon, ob Gottes Existenz bewiesen werden kann.

Mit Nietzsche verweist er darauf, dass Abschied genommen werden sollte von transzendentalen Sinnzuweisungen, von einer solchen »peinlichen Idee der theologischen Kinderstube der Gattung« (Sloterdijk 1993: 37) mit der Konsequenz, dass aber auch Abschied genommen wird von der europäischen Subjekt- und Bewusstseinsphilosophie. Durch sie lernten wir zwar, dass ich es bin, der denkt und im Sinne der moralisch orientierten Selbstgesetzgebung verantwortungsvoll und gewissenhaft handelt. Jedoch ist es wichtig, dass daraus ein Menschenbild entwickelt wird, in dem der Mensch sich als Moment von Ereignissen und Prozessen begreift, denen er ausgeliefert ist und in denen er auch als Medium erscheint. Denn die eigentliche revolutionäre Bekehrung resultiert letztlich aus der Einsicht, nicht Subjekt seiner selbst zu sein. Dieser posthumanistische Standpunkt verändert aber auch das Verhältnis von Mensch und Welt aus moralischer Sicht. »Statt das Leben unter einer ewig unbefriedigenden Moral zu bemäkeln«, gehe es darum, »die Moral unter der Optik eines ewig unverbesserlichen Lebens zu betrachten« (Sloterdijk 1986: 161) – mit dem daraus sich ergebenden Dilemma, dass der Prozess selbst sich diese Ziele setzen muss.

Für Optimierungsprozesse, wie in unserem Beitrag gezeigt wurde, bedeutet dies nach Sloterdijk, dass z. B. die Anthropometrie nicht nur ein Mittel zur Erziehung übergeordneter Ziele (das Volksganze, die optimierte Arbeitskraft des Sozialismus etc.) ist, sondern die Selbstregulierung eines sich immer wieder neu ordnenden Weltprozesses.

Dass solche, als moralische Befreiung gefeierten Optimierungsprozesse des Menschen die Frage möglicher Orientierungen in solchen Prozessen jedoch nicht löst, sondern nur verschiebt, zeigt das abschließende Zitat aus einem Memorandum eines aktuellen Forschungsprojektes (vom BMBF gefördert) zum so genannten Neuro-Enhancement, das in den Medien auch als »Gehirn-Doping« bezeichnet wird.

»Wir vertreten die Ansicht, dass es keine überzeugenden grundsätzlichen Einwände gegen eine pharmazeutische Verbesserung des Gehirns oder der Psyche gibt. Vielmehr sehen wir im pharmazeutischen Neuro-Enhancement die Fortsetzung eines zum Menschen gehörenden geistigen Optimierungsstreben mit anderen Mitteln […]. Wir fordern daher einen offenen und liberalen aber keineswegs unkritischen Umgang mit pharmazeutischem Neuro-Enhancement […]. Eine […] systematische Erforschung des Neuro-Enhancements setzt voraus, dass es zunächst aus der gesellschaftlichen ›Schmuddelecke‹ herausgeholt wird, in der es sich mit anderen Enhancementpraktiken befindet. […] Es gibt gute Gründe(,) das offenbar schon heute vorhandene Bedürfnis nach pharmakologischer Unterstützung der Psyche zu enttabuisieren« (Galert 2009: 47).

Bemerkenswert bei einem Vergleich beider Reden ist das unterschiedliche Echo, das sie in der (Medien-)Öffentlichkeit erzeugten. Während Sloterdijks perspektivische Verweise auf eine zunehmende funktionale Menschenentwicklung von der Zeugung bis zum Tod mit Hinweisen auf daraus sich abzeichnende Züchtungspraktiken sehr schnell zu Anleihen bei der NS-Vergangenheit führten, wurde das Memorandum zum Neuro-Enhancement des aktuellen Forschungsprojekts kaum wahrgenommen beziehungsweise als Ausdruck eines der individuellen Freiheit verpflichtenden Menschenbildes gefeiert.

Damit wird deutlich, dass die Frage, wer, wann, ob und in welchem Umfang die Entwicklungs- und Gestaltungsmöglichkeiten der unterschiedlichen Anlagen des einzelnen Menschen in einer auf wechselseitige Solidarität und Autonomie angelegten Gesellschaft begrenzen oder erweitern, relativieren oder optimieren darf, weiterhin eine Herausforderung an den ethischen Diskurs eines Gemeinwesens darstellt.

LITERATUR

Autorenkollektiv (1972). Kleine Enzyklopädie Körperkultur und Sport. Leipzig: Bibliographisches Institut.

Baeumler, Alfred (1943). Männerbund und Wissenschaft. Berlin: Junker und Dünnhaupt.

Dietl, Hans-Martin (Hg.) (1984). Eugenik. Entstehung und gesellschaftliche Bedingtheit. Medizin und Gesellschaft, 22 (1), Jena: Fischer Verlag. S.19-133.

Ehrler, Wilfried/Dickwach, Frigga (1998). Das Sportabzeichen der DDR: Zwischen Anspruch und Wirklichkeit. In: Hinsching, J. (Hg.): Alltagssport in der DDR. Aachen: Meyer &Meyer.

Galert, Thorsten (2009). Das optimierte Gehirn. Gehirn & Geist, 11, S. 40-48.

Gobineau, Arthur de (1855): Essai sur l'inégalité des races humaines. [Versuch über die Ungleichheit der Menschenrassen. Übers. v. Arthur Schemann, Stuttgart: Frommann 1902].

Hartke, Werner (1968). Kultur und Körperkultur in der sozialistischen Gesellschaft. In: Theorie und Praxis der Körperkultur 17 (Beiheft Teil I: Referate und Plenartagungen), S. 38-46.

Hinsching, Jochen (1997). Körperliche Erziehung – Körpererziehung – Turnen – Sport. Schulpolitische Stationen der Entwicklung eines Unterrichtsfaches und Bildungsbereiches. In: Hinsching,

J./Hummel, A. (Hg.): Schulsport und Schulsportforschung in Ostdeutschland 1945-1990. Aachen: Meyer & Meyer. S. 13-49.

Hochschule für Lehrerbildung Hirschenberg (Riesengebirge) (1934/35): Jahresbericht 1934/1935. Langensalza/Berlin/Leipzig: Beltz.

Kirchhöfer, Dieter (1997). Das Körperverständnis im sportphilosophischen Denken der DDR. In: Hinsching, J./Hummel, A. (Hg.): Schulsport und Schulsportforschung in Ostdeutschland 1945-1990. Aachen: Meyer & Meyer. S. 67-84.

Kretschmar, Ernst (1921): Körperbau und Charakter. Untersuchungen zum Konstitutionsproblem und zur Lehre von den Temperamenten. Berlin: Springer.

Krümmel, Carl (1922): Arbeitsfähigkeit und Körpererziehung. Ein Beitrag zum qualitativen Bevölkerungsproblem. Zugleich ein Versuch über die Mitarbeit biologischer Disziplinen an der Sozialwissenschaft. Dissertation München 15.07.1922.

Krümmel, Carl (Hg.) (1930). Athletik. Ein Handbuch der lebenswichtigen Leibesübungen. München: Lehmann.

Neuner, Gerhard (1973). Zur Theorie der sozialistischen Allgemeinbildung. (Ost-)Berlin: Volk und Wissen.

Ostrowski, Nikolai (1947). Wie der Stahl gehörtet wurde. (Ost-)Berlin: Neues Leben.

Seve, Lucien (1973). Marxismus und Theorie der Persönlichkeit. (Ost-)Berlin: Dietz.

Sieger, Walter (1964). Produktivkraft Mensch und Körperkult. In: Wissenschaftliche Zeitschrift der Deutschen Hochschule für Körperkultur, 6 (3), S. 43-98. Leipzig.

Sloterdijk, Peter (1986). Der Denker auf der Bühne. Berlin: Suhrkamp.

Sloterdijk, Peter (1993). Weltfremdheit. Frankfurt am Main: Suhrkamp.

Sloterdijk, Peter (1999). Regeln für den Menschenpark. Ein Antwortschreiben zu Heideggers Brief über den Humanismus. Frankfurt am Main: Suhrkamp.

Sloterdijk, Peter (2009a): »Du mußt dein Leben ändern«. Über Anthropotechnik. Frankfurt am Main: Suhrkamp.

Striet, Magnus (2000). Der neue Mensch? – Unzeitgemäße Betrachtung zu Sloterdijk und Nietzsche. Frankfurt am Main: Knecht.

Teichler, Hans- Joachim/Reinartz, Klaus (1999). Das Leistungssportsystem der DDR in den 80er Jahren und im Prozeß der Wende. Schriftreihe des Bundesinstituts für Sportwissenschaft (Bd. 96). Schorndorf: Hofmann.

Überhorst, Horst (1976). Carl Krümmel und die nationalsozialistische Leibeserziehung. Berlin/München/Frankfurt am Main: Bartels und Wernitz.

Westphal, Helmut (1966). Das Körperideal als Mittel zur Herausbildung sportlicher Interessen. In: Theorie und Praxis der Körperkultur, 15 (6), S. 589-594.

Sportstadien als leistungssteigernde Architekturen

SYBILLE FRANK UND SILKE STEETS

Abbildung 1 a/b: Blanka Vlasic (Foto: Stu Forster) vs. Ariane Friedrich (Foto: Andy Lyons).

August 2009, Leichtathletik-Weltmeisterschaften im Berliner Olympiastadion. Im Vorfeld der Wettkämpfe wird vor allem ein Duell zum medialen Mega-Event hochstilisiert: das Aufeinandertreffen der beiden

Hochspringerinnen Ariane Friedrich aus Deutschland und Blanka Vlasic aus Kroatien. Im Vorfeld hatte Friedrich die amtierende Weltmeisterin Vlasic bei den Halleneuropameisterschaften im Februar 2009 deutlich besiegt und beim Internationalen Stadionfest in Berlin – also am Ort des Geschehens – wenige Wochen vor der WM den deutschen Freiluftrekord von 2,06 Metern eingestellt. Es war also alles bereitet für einen spannungsreichen Wettkampf auf Weltklasseniveau, und zwar so, wie es sich Veranstalter wie Medien wünschen: Lokale Herausforderin in Bestform trifft auf den Branchenprimus der letzten Jahre. In einer nervenaufreibenden Auseinandersetzung – in die sich ungeplant die Russin Anna Tschitscherowa als Dritte im Bunde einmischt – nimmt der Wettkampf seinen Lauf. Während Vlasic das vollbesetzte Olympiastadion auffordert, sie durch rhythmisches Klatschen lautstark zu unterstützen (*vgl. Abb. 1a*), fällt Friedrich durch eine völlig konträre Motivationsstrategie auf: Eingefangen von den Kameras, deren Bilder auf die Großbildleinwand im Stadion übertragen werden, ist immer wieder eine bestimmte Geste zu sehen (*vgl. Abb. 1b*): Friedrich legt den rechten Zeigefinger an die Lippen; sie fordert Stille ein, Konzentration, Fokussierung. Und die Zuschauenden folgen ihr. Beim Anblick des Geschehens fragt man sich unweigerlich: Wie können 75.000 Menschen in einem gefüllten Stadionrund eine derartige Stille produzieren? Die vom Publikum erzeugten mal lauten, mal leisen Kraftfelder scheinen sich auf die Athletinnen zu übertragen und sie zu einem Wettkampf auf Weltklasseniveau zu motivieren. Vlasic siegt im Nervenkrimi mit übersprungenen 2,04 Metern, Friedrich schafft 2,02 Meter und gewinnt Bronze, dazwischen schiebt sich die Russin.

Im Mittelpunkt der folgenden Ausführungen steht die Frage, ob und, wenn ja, in welcher Weise Stadien als spezifische baulich-räumliche Strukturen einen leistungssteigernden Effekt auf Sportlerinnen und Sportler haben. Dafür untersuchen wir das Zusammenwirken von Architektur und Menschen, von gebautem und sozialem Raum, und vergleichen verschiedene Typen von Stadien. Wir beginnen mit der antiken Arena, beleuchten anschließend das moderne Wettkampfstadion und enden bei den Arenen der Gegenwart. Dabei betrachten wir drei Gesichtspunkte: erstens die baulich-räumliche Anordnung von Rängen und Wettkampffläche, zweitens die Blickregime, die in diesen Gefügen hergestellt werden, und drittens das daraus resultierende Verhältnis von Athletinnen bzw. Athleten und Zuschauenden.

DIE ANTIKE ARENA

Das erste Stadion entstand im Griechenland des 4. Jahrhunderts vor Christus. In der gesamten griechischen und römischen Antike waren Stadien Bauwerke von zentraler gesellschaftlicher Bedeutung (vgl. Kratzmüller 2010). In *Überwachen und Strafen* hat Michel Foucault (1994) insbesondere die antike römische Gesellschaft als eine »Zivilisation des Schauspiels« beschrieben (Foucault 1994: 278). Die Schaulust der Römerinnen und Römer spiegelte sich für ihn am deutlichsten in der Architektur ihrer Theater und Zirkusse. Laut Foucault war deren Bauform dafür geschaffen worden, den Blick einer zuschauenden Menge auf ein Zentrum, die Bühne als den Ort des Schauspiels, zu richten. Der Menge ermöglichten die Theater und Zirkusse somit, wie Foucault schreibt, »den Anblick und die Überschauung Weniger« (Foucault 1994: 278). Zugleich waren die Theater und Zirkusse so gebaut, dass die Menschen auf den Rängen einander visuell und akustisch intensiv wahrnehmen konnten (*vgl. Abb. 2a/b*): Auf den steil aufragenden Tribünen waren die Sitzbänke so dicht hintereinander angeordnet, dass das Publikum im Prozess des Schauens und Sich-Anschauens zu einem »einzigen großen Körper« (Foucault 1994: 278) verschmolz. Die soziale Funktion der antiken römischen Arenen bestand laut Foucault folglich darin, die Intensität öffentlicher Feste zu steigern und sinnliche Nähe herzustellen. In ihren von Blut triefenden Ritualen gewann die damalige Gesellschaft an Zusammenhalt, an sozialer Kohäsion.

Abbildung 2a/b: Das Kolosseum: Sitzreihen-Querschnitt (Bild: User: ChrisO)/Modellansicht (Bild: Dorling Kindersley).

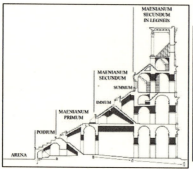 

Die Macht der in den Arenen entstehenden Bilder illustriert eindrücklich ein Bericht des Heiligen Augustinus über einen Christen, der einst ins römische Kolosseum ging, um seinen Glauben unter Beweis zu stellen. Richard Sennett beschreibt die Szene in seinem Werk *Fleisch und Stein* wie folgt:

»Der christliche Freund hielt seinen Kopf zunächst abgewandt von dem grausamen Treiben, das unten in der Arena stattfand, und betete um innere Stärke; langsam, als drehte ein Schraubstock seinen Kopf, begann er zu schauen und verfiel dem Spektakel, dessen blutige Bilder ihn in ihren Bann schlugen, bis er schrie und jauchzte wie die Menschenmasse um ihn herum. In dem von der heidnischen Welt errichteten visuellen Gefängnis wurde der christliche Wille schwächer und kapitulierte schließlich vor den Bildern« (Sennett 1997: 130).

Auf die Entfaltung dieses – wie Sennett es nennt – »Exzeß des Bildlichen« (Sennett 1997: 130), dieser Macht der Bilder, auf die sich die Blicke zentrierten, und der Masse, die sich lautstark an dem Geschehen ergötzte und den Einzelnen wie in einem Strudel mitriss, war die Architektur der antiken römischen Arenen ausgelegt. Einem Kessel gleichend, brachte sie das Publikum in Wallung, denn das Geschehen im Zentrum zog alles in seinen Bann (*vgl. Abb. 3*). Auf diese Weise entwickelte sich eine Interaktion zwischen Publikum und Athletinnen bzw. Athleten, die reziprok leistungssteigernd wirkte: Auf der Bühne wurden Helden geboren und auf den Rängen wurde aus einer Menge Einzelner eine zu Höchstleistungen fähige Masse.

Abbildung 3: Das Innere des Kolosseums, dargestellt auf einer alten Postkarte (Quelle: Goethezeitportal).

DAS MODERNE WETTKAMPFSTADION

Nachdem im Mittelalter Kathedralen und Kirchen die Stadien als Versammlungsarchitekturen abgelöst hatten, kehrten Stadien im Zuge der Säkularisierung nach Europa zurück. Das erste, aus Erdwällen erbaute moderne Stadion wurde 1790 anlässlich der Feier der Konföderation auf dem Marsfeld in Paris errichtet und fasste 600 000 Menschen. Ihm folgten im 19. Jahrhundert die modernen Wettkampfstadien, deren wesentliches Prinzip das der Standardisierung räumlicher Umweltbedingungen war. Der britische Kulturgeograf John Bale (2004) macht dies am Beispiel der Geschichte des Laufsports deutlich: Erst mit dem Aufkommen von Laufwettbewerben sei der Bedarf nach normierten Sporträumen entstanden. Bale führt dies auf zwei den modernen Wettkampfsport kennzeichnende Normen zurück: erstens auf die Jagd nach Rekorden und zweitens auf die Idee des *fair play* (vgl. Bale 2004: 38). Die Jagd nach Rekorden setzt die Mess- und Vergleichbarkeit von Höhen, Weiten und Zeiten voraus, und die Idee des *fair play* – geboren Mitte des 19. Jahrhunderts in den britischen *public schools* (vgl. Bale 2004: 40) und heute integraler Bestandteil des Weltsports – besagt, dass keiner der am Wettkampf Beteiligten sich einen Vorteil jenseits der Regeln seiner Sportart verschaffen darf. Der ideale Wettkampfraum ist deshalb, so argumentiert Bale, ein homogener Raum, ein ortloser Ort, an dem jegliche Topografie eingeebnet und alle denkbaren Umwelteinflüsse auf ein Minimum reduziert sind (*vgl. Abb. 4a*). Die Laufbahn erfuhr Bale zufolge deshalb in ihrer Entwicklungsgeschichte drei wesentliche Normierungen: Sie wurde erstens *künstlich* – statt auf Gras läuft man heute auf synthetischen Untergründen –, zweitens *standardisiert* – das heißt: absolut eben mit einer Länge von 400 Metern in einem abgeflachten Oval, auf dem gegen den Uhrzeigersinn gelaufen wird – und drittens *segmentiert*: Für jede/-n Läufer/-in gibt es genau eine Bahn.

Als fortschreitende Kontrolle von Umweltbedingungen liest Bale auch die zunehmende Segmentierung von Räumen *innerhalb* der modernen Stadien (vgl. Bale 2005). Berühmt wurde die Geschichte von Edward Colbeck, der 1868 während eines Viertelmeilen-Rennens mit einem Schaf kollidierte und trotz Beinbruchs das Rennen als Sieger beendete, womit das Argument für die Trennung von Athletinnen bzw. Athleten und Zuschauenden (bzw. Schafen) häufig illustriert wird (vgl. Bale 2004: 48). Was zunächst als simpler Ausschluss von Störfaktoren benannt wird, ist für Bale zugleich Ausdruck einer wachsenden Kontrolle von Räumen in der Moderne überhaupt, die in den Arenen der Gegenwart, wie wir weiter unten zeigen werden, ihre Vollendung gefunden zu haben scheint.

Abbildung 4a/b: Das moderne Wettkampf-Stadion: Kampfbahn
»Rote Erde«, Dortmund (Foto: Stadtarchiv Dortmund)/Parkstadion
Gelsenkirchen (Foto: G. Homes).

Für das Verhältnis von Athletinnen bzw. Athleten und Zuschauenden
im modernen Wettkampfstadion gilt: Wie schon für die antike Arena
ist die Ausrichtung des Blicks der Massen auf das Geschehen in der
Mitte und die räumliche Trennung von Aktiven und Zuschauenden
konstitutiv. Der/die idealtypische Zuschauende aber ist nicht mehr
der/die am Spektakel interessierte Schaulustige, sondern der/die ›neut-
rale Beobachtende‹, welche/-r die Leistungen der Athletinnen und Athleten vergleicht, wertschätzt und anerkennt, welche/-r aber auch – wie
sich auf empirischer Ebene zeigt – zunehmend *in Massen* dem Wettkampf beiwohnt. Spätestens hier zeigt sich eine fatale Schwachstelle
moderner Wettkampfstadien. Der niederländische Kunsthistoriker Camiel van Winkel bezeichnet sie als »an ominous undercurrent of mutu-
al provocation between crowd and architecture« (van Winkel 2000:
13), also als krisenhaftes Aufeinandertreffen von Masse und Architektur. Auf den sehr flach gebauten Stehplatztribünen konnten sich die
Zuschauenden sehr viel freier bewegen als in den durch Sitzbänke ge-
gliederten antiken Arenen (*vgl. Abb. 4b*), so dass die extreme Verdich-
tung von zum Zentrum des Geschehens hindrängenden Menschen auf
engstem Raum zum Problem wurde.

Während die Zuschauenden vom Ort des Geschehens zwar weiter
entfernt waren, die visuelle und akustische Intensität also geringer war

als in den antiken römischen Arenen, waren die *körperliche* Erfahrung der Masse und die damit verbundenen Gefahren sehr viel stärker. Zahlreiche, im tatsächlichen Wortsinne raumsprengende Katastrophen in Stadien – wie die Massenpanik in Lima 1964 (mit 328 Toten) oder die hierzulande bekannteren Beispiele aus dem Brüsseler Heysel-Stadion 1985 (mit 39 Toten) oder dem Hillsborough Stadion in Sheffield 1989 (mit 96 Toten) – machen dies deutlich. Entsprechend wurde das moderne Stadion zu einem Ort von Diskursen über die Grenzen und Gefahren von Leistungssteigerungen beim Publikum und über die Notwendigkeit der Disziplinierung der Masse durch baulich-räumliche Maßnahmen.

DAS PANOPTIKON

Die weitreichendste Untersuchung über das Aufkommen von Architekturen zur Überwachung und Disziplinierung von Menschen in der Moderne hat erneut Michel Foucault (1994) vorgelegt. Laut Foucault stehen in der modernen Gesellschaft, im Gegensatz zur antiken Gesellschaft, nicht mehr das öffentliche Leben und die Gemeinschaft im Mittelpunkt, sondern der Staat und das Individuum. Foucault zufolge sei der moderne Staat darauf angewiesen, die Leistung der Individuen zu kontrollieren, um das reibungslose Ineinandergreifen von Funktionen – und somit sein eigenes Überleben – zu garantieren. Damit habe die moderne »Gesellschaft der Überwachung« (Foucault 1994: 278) nicht mehr, wie einst die antike »Zivilisation des Schauspiels« (Foucault 1994: 278), die Aufgabe zu bewältigen, Vielen die Übersicht über Wenige zu verschaffen, sondern diejenige, »Wenigen oder einem Einzelnen die Übersicht Vieler zu gewähren« (N.H. Julius 1831, zit. in Foucault 1994: 278).

Für Foucault war der Inbegriff einer modernen Architektur für das Kontrollieren großer Menschenmengen das von Jeremy Bentham im ausgehenden 18. Jahrhundert erdachte Panoptikon (*vgl. Abb. 5*). Wie die antike Arena ist das Panoptikon ein nach außen hin abgeschlossenes Gebäude. In seinem Zentrum – also dort, wo in der antiken Arena das Spielfeld platziert war – erhebt sich ein riesiger Turm. Das den Turm umschließende Rund, der Lage der antiken Sitzbanktribünen entsprechend, ist ein Ring aus einzelnen Zellen, in denen je ein/- Gefangene/-r sitzt. Die Zellen sind in Blickrichtung des Turmes jeweils beidseitig verglast, so dass jede/-r Gefangene in seiner/ihrer Zelle im Gegenlicht steht. Im höchsten Stockwerk des Turmes befindet sich ein/-e Aufseher/-in. Auf dieser Höhe ist der Turm ebenfalls verglast, doch entsteht hier dank entsprechend gezogener Innenwände gerade kein Gegenlicht, so dass die Häftlinge den/die Aufseher/-in *nicht* sehen können.

Abbildung 5: Das Panoptikon, hier: Presidio Modelo, Isla de la Juventud, Kuba (Foto: Friman).

Die Machtverhältnisse zwischen Gefangenen und Aufseher/-in stellen sich in diesem baulichen Arrangement, wie Foucault zusammenfasst, also über die Unterscheidung von Sehen und Gesehenwerden her: »[I]m Außenring wird man vollständig gesehen, ohne jemals zu sehen; im Zentralturm sieht man alles, ohne je gesehen zu werden« (Foucault

1994: 259). Die ständige Sichtbarkeit des Turmes mache die Überwachung der Gefangenen letztendlich sogar überflüssig, denn indem dieser die Allgegenwart und Allmacht des Aufsehers bzw. der Aufseherin verkörpere, kontrollierten die Gefangenen ihr Verhalten schließlich dauerhaft selbst.

DIE HEUTIGEN ARENEN

Wie lässt sich vor diesem Hintergrund nun die baulich-räumliche Gestalt heutiger Stadien beschreiben? Bei der Beantwortung dieser Frage konzentrieren wir uns auf *Fußball*stadien, in die etliche der modernen Wettkampfstadien inzwischen unter hohem Aufwand verwandelt wurden bzw. die seit den neunziger Jahren überall auf der Welt neu gebaut worden sind. Unsere These lautet, dass die bauliche Gestalt, die räumliche Anordnung der Ränge und das Regime der Blicke in den neuen Arenen eine Kombination aus den baulichen Prinzipien der antiken Arena und des modernen Panoptikons darstellt (Frank/Steets 2010, vgl. Bale 2005).

Einerseits zeichnen sich auch die neuen Fußballarenen, wie schon die antiken römischen Arenen, durch eine Ausrichtung der Blicke der Zuschauenden auf die Gebäudemitte aus. Dort findet nach wie vor ein Schauspiel statt, an dem sich die Masse begeistert: Das Fußballspiel gebiert – wie einst Gladiatorenkämpfe – immer wieder neue Heldinnen und Helden und setzt beim Publikum auf den Rängen nach wie vor ungeheure Emotionen frei. Die Ränge der heutigen Fußballarenen aber werden wieder steiler gebaut und grenzen seit dem Verzicht auf die für viele moderne Stadien charakteristischen Aschenbahnen, wie schon in der Antike, erneut direkt an das Spielfeld an. Damit sind nicht nur Aktive und Zuschauende einander wieder möglichst nahe, sondern die Menschen auf den Rängen werden der anderen Zuschauenden auch visuell und akustisch intensiver gewahr. Zudem sind heutige Stadien in der Regel überdacht, was den Kesseleffekt, für den beispielsweise das antike Kolosseum berühmt war, wiederherstellt. Von der Rückbesin-

nung auf die baulichen Qualitäten antiker Wettkampf- und Versammlungsarchitekturen zeugt auch die Namensgebung zahlreicher Stadion-
neubauten in den letzten Jahren: Der deutsche Erstligist Bayern München spielt beispielsweise statt im Münchener Olympia*stadion* seit
2005 in der Münchener Allianz *Arena* (*vgl. Abb. 6*).

Abbildung 6: Luftbild der Münchner Allianz Arena (Foto: zoesch).

Andererseits lässt sich die Umstrukturierung der Stadien seit den neunziger Jahren im Zuge der Stadionkatastrophen des 20. Jahrhunderts als
ein Prozess des schrittweisen Einzugs des panoptischen Prinzips in die
heutigen Fußballarenen beschreiben.

Anders als in der antiken Arena oder auch dem modernen Stadion, wo
ein dichtes Zusammenrücken des Publikums gewollt war, findet sich
erstens auf den Rängen der heutigen Fußballarenen der Plastiksitz (*vgl.
Abb. 7*). Er platziert die Menschen in festgelegten Abständen zueinander und verwandelt die Masse des Publikums somit in die von Foucault

am Beispiel des Panoptikons beschriebene abzählbare und kontrollierbare Vielzahl Einzelner (Foucault 1994: 259). Der britische Soziologe Anthony King (2010, vgl. auch Brown 1998: 58 ff.) hat dem vereinzelnden Plastiksitz zudem eine Verhalten normierende und disziplinierende Kraft zugeschrieben: Nicht umsonst finden komplizierte Fanchoreografien oder Ausbrüche von Gewalt in heutigen Fußballarenen nahezu ausschließlich in der schützenden Enge der wenigen verbliebenen Stehplatzbereiche statt, während für die Sitzplatzränge die La Ola charakteristisch ist, die der zeitgenauen Interaktion sitzender Einzelner bedarf (Schnell 2010).

Abbildung 7: Der Plastiksitz (Foto: Mixmotive).

Zweitens sind heutige Fußballstadien hochgradig überwachte Räume. Hiervon zeugen unzählige Überwachungskameras, die das Publikum aus allen Winkeln des Stadions beobachten. Die Leitwarten der Sicherheitskräfte, die die Kamerabilder auswerten, befinden sich in einem verglasten Ring, der in der Regel das gesamte Stadionrund umfasst (*vgl. Abb. 8*). Damit ist die verglaste Aussichtsplattform des Turmes in der Mitte des Panoptikons in einen rundum verglasten Bereich auf den Rängen der heutigen Stadien transformiert worden, wo er den heutigen ›Aufsehern/Aufseherinnen‹ ermöglicht zu sehen, ohne gesehen zu werden.

Abbildung 8: Allianz Arena mit zwei verglasten Umläufen (Überwachung, VIP-Kabinen) (Foto: User:Mattes).

Drittens finden wir in der Mitte der heutigen Arenen, also im Zentrum der einstigen disziplinierenden panoptischen Macht angesiedelt, den Videowürfel (*vgl. Abb. 9*). Er verkörpert die Allgegenwart der *Fernseh*kameras. Die Fähigkeit der Fernsehkameras, sowohl Vogelperspektiv-Aufnahmen des Gesamtgeschehens als auch Nahaufnahmen von Spielern bzw. Spielerinnen und Zuschauenden darzubieten, suggeriert Überblick und Nähe zugleich und potenziert damit die Allmacht des panoptischen Blicks. Zugleich wird über den Videowürfel eine eigentümliche Transparenz der panoptischen Situation hergestellt: Die auf den Würfel überspielten Bilder lassen das Publikum an den Bildern der Fernsehkameras teilhaben. Das heißt, die Zuschauenden können quasi

›kontrollieren‹, wann sie tatsächlich angeschaut werden, und wann nicht. Erstaunlich aber ist: Von der Fernsehkamera eingefangen zu werden, wird von den Zuschauenden nicht als bedrohlich eingeschätzt. Das Erblicken der eigenen Person auf dem Videowürfel wird in der Regel mit Begeisterung quittiert (zu einer Interpretation heutiger Stadien aus der Perspektive des Spiegelstadium-Konzepts Lacans vgl. Schnell 2010).

Abbildung 9: Videowürfel, hier: Commerzbank Arena Frankfurt am Main (Foto: Silke Steets).

Damit hebt das baulich-räumliche Arrangement der heutigen Arenen die Bedrohlichkeit des Panoptikons einerseits auf: Wir müssen uns gleichsam eine/-n Aufseher/-in vorstellen, der/die den Überblick über die ihm/ihr Anvertrauten verliert, weil alle Häftlinge gleichzeitig an ihren Fenstern stehen und winkend seine/ihre Aufmerksamkeit auf sich zu lenken versuchen. Andererseits wird die panoptische Situation dadurch, dass ein Teil der Disziplinierungsarbeit an Fernsehkameras delegiert und somit subtiler geworden ist, noch verstärkt. Hier können

wir uns vorstellen, der einstige Kontrollturm sei mit Spiegelglas ver-
kleidet, so dass die Zentrale der panoptischen Macht ihre Bilder auf die
vor dem Spiegel begeistert posierenden Einzelnen zurückwirft (*vgl.
Abb. 10*).

Abbildung 10: Posierender Fan im Stadion (Foto: mirpic).

Die Selbstdisziplinierung der Individuen in heutigen Stadien stellt sich
also einerseits über die ständige Sichtbarkeit des Videowürfels und andererseits über den Willen der Zuschauenden her, der Fernsehkamera
zu gefallen. Dieses Machtgefüge lässt sich mit kommerziellen Inter-
netportalen wie dem persönliche Profilseiten anbietenden sozialen
Netzwerk Facebook vergleichen: Auch Facebook funktioniert über ein
halb freiwilliges, halb durch den Druck des sozialen Umfelds erzeugtes
Sichexponieren von Individuen. Diese blenden aus bzw. nehmen in
Kauf, dass nicht nur Freunde und Freundinnen, sondern auch ›Überwa-
cher/-innen‹ wie etwa der/die zukünftige Chef/-in oder staatliche Institutionen die persönlichen Seiten aufrufen und Informationen über persönliche Vorlieben, soziale Vernetzungen oder Erlebnisse abrufen

können, und dass Daten an Dritte weitergegeben werden. Das analoge Kontrollregime im Stadion stellt sich über personalisierte Ticketverkäufe, einen fest zugewiesenen Platz – den Plastiksitz –, eine Videoüberwachung, die jede einzelne Person im Stadion identifizierbar macht, und über die immer öfter Anwendung findende Verknüpfung von Verkaufs- und Polizeidatenbanken her. Wie Facebook verkörpern die heutigen Arenen also das Versprechen, Teil einer Gemeinschaft zu werden, die sich darüber konstituiert, von anderen gesehen zu werden und die sich scheinbar freiwillig selbst feiert, de facto aber hochgradig kontrollier- und manipulierbar ist.

Um die beschriebenen Entwicklungen gesellschaftstheoretisch aufzuschließen, lohnt sich ein Rückgriff auf die Weiterentwicklung der Arbeiten Foucaults durch den französischen Philosophen Gilles Deleuze. Deleuze (1990) zufolge ist die von Foucault beschriebene moderne Disziplinargesellschaft von einer neuen Gesellschaftsformation abgelöst worden: der Kontrollgesellschaft. Laut Deleuze befinden wir »uns in einer allgemeinen Krise aller Einschließungsmilieus, Gefängnis, Krankenhaus, Fabrik, Schule, Familie« (für dieses und alle folgenden Zitate vgl. Deleuze 1990: o.S.), deren baulichen Prototyp Foucault im Panoptikon gefunden hatte. Diese auf die Dauerhaftigkeit von (staatlichen) Institutionen angewiesenen Disziplinierungsmilieus würden allmählich durch »ultra-schnell[e] Kontrollformen mit freiheitlichem Aussehen« ersetzt: Das Krankenhaus beispielsweise werde durch häusliche Krankenpflegedienste abgelöst und das Strafsystem operiere nicht mehr mit Einsperrung, sondern mit elektronischen Fußfesseln. Ein Signum der neuen Kontrollgesellschaft ist für Deleuze der Computer, »der die – erlaubte oder unerlaubte – Position jedes einzelnen erfasst und eine universelle Modulation durchführt«. Damit seien die Formen der Machtausübung flexibler und vor allem subtiler geworden, aber kontinuierlich und unbegrenzt geblieben, während die Strukturen der Macht heute unsichtbarer, aber dennoch allgegenwärtig sind. Deleuze vergleicht die Kontrollmechanismen mit einem Maulwurfbau, der alle früheren disziplinierenden Institutionen untergräbt und in sich zusammensacken lässt. Wie ein Gas durchziehen die Kontrollmechanismen auch die Psyche der sich heute selbst kontrollierenden, sich als Waren für den Markt optimierenden Subjekte (Bröckling 2007). Wurden die Menschen in Disziplinargesellschaften individualisiert, so produzieren die heutigen Kontrollmechanismen laut Deleuze »dividuale« Individuen. Die heutige Kontrollgesellschaft sei entsprechend gekennzeichnet durch »eine unhintergehbare Rivalität als heilsamen Wetteifer und ausgezeichnete Motivation, die die Individuen zueinander in Gegensatz bringt, jedes von ihnen durchläuft und in sich selbst spaltet« (Deleuze 1990: o.S.).

Während Deleuze die Klärung der Motivationsstruktur der Individuen, sich den »Freuden des Marketings« hinzugeben, an künftige Forschungen delegiert, legt die hier vorgelegte Analyse nahe, dass sich die Kontrolle der Individuen in heutigen Fußballarenen über den Willen der Einzelnen einstellt, der Kamera zu gefallen und Aufmerksamkeit auf sich zu ziehen.

SCHLUSSFOLGERUNGEN

Welche Eigenschaften von Stadien sind es also, die sie zu Orten der Kräfteübertragung und der Leistungssteigerung machen? Unsere These lautet, dass der Grund hierfür in der spezifischen gebauten und sozialen Räumlichkeit des Stadions zu finden ist.

Die folgenden vier Punkte haben alle drei der hier vorgestellten Stadiontypen – also die antike Arena, das moderne Wettkampfstadion und die medialisierte Arena der Gegenwart – gemeinsam: erstens ihre Introvertiertheit und ihre Abgrenzung von der Außenwelt; zweitens die strikte räumliche Trennung von sportlich Aktiven und Zuschauenden; drittens die Ausrichtung des Blickes der Zuschauenden auf einen zentralen Punkt, was die Inszenierung von Handlungen der Athletinnen und Athleten im Rampenlicht ermöglicht; und viertens das Sichtbarmachen und Erleben der Masse.

Das Zusammenspiel genau dieser vier Faktoren unterscheidet Stadien von anderen gebauten und sozialen Räumen, und eben dieses Zu-

sammenspiel intensiviert das wechselseitige Sich-Erleben der Anwesenden derart, dass eine Leistungssteigerung sowohl der Athletinnen
bzw. Athleten als auch des Publikums stattfinden kann.

Trotz dieser Gemeinsamkeiten bestehen zwischen der antiken römischen Arena, dem modernen Wettkampfstadion und der heutigen
medialisierten Arena aber auch gravierende Unterschiede. Heutige
Stadien bieten, wie das auf Stadionbauten spezialisierte Architekturbü-
ro agn Niderberghaus & Partner es ausdrückt, eine Kombination aus
»echter Kesselatmosphäre und hautnahem Fanfeeling mit modernem
Komfort und höchsten Sicherheitsstandards« (zit. n. 80 Reihen pure
Emotion). Wie schon in der Antike stellt sich die sinnliche Erfahrung,
das ›Erlebnis Stadion‹, heute wieder sehr viel stärker als in den letzten
beiden Jahrhunderten über die Architektur her. Doch zugleich ist das
Athlet/-in-, Trainer/-in-, Schiri- oder Zuschauendersein in den heutigen
Arenen zu einer Rolle geworden, die nicht mehr nur ausgeübt, sondern
die zugleich gut gespielt bzw. vielmehr: die in einzigartiger Weise *per-
formt* werden will.

Entsprechend ziehen wir in Bezug auf die Frage der Leistungssteigerung in heutigen Arenen die folgenden drei Schlussfolgerungen:

Unser erstes Fazit lautet, dass die Architektur heutiger Stadien
durch den umfassenden Einzug des Fernsehens weniger die Masse feiert als vielmehr das Individuum. In den heutigen medialisierten Event-
Arenen hat sich die Bühne vom Wettkampffeld bis hinauf auf die Ränge erweitert: Ein Besuch im Stadion verspricht dem oder der Einzelnen, aus der Masse herausstechen zu können und über den Videowürfel
mit dem anwesenden Stadionpublikum, mit den nicht anwesenden
Fernsehzuschauerinnen und -zuschauern und nicht zuletzt auch mit den
Heldinnen und Helden auf dem Spielfeld zu kommunizieren.

Ebenso können zweitens die Athletinnen und Athleten über den Videowürfel mit den Zuschauenden auf den Rängen intensiver denn je in-
teragieren. Die eingangs am Beispiel der Hochspringerinnen beschriebene Fokussierung auf den alles entscheidenden Moment des individuellen sportlichen Leistungsabrufs lässt sich heute viel einfacher herbei-
führen als in früheren Stadien. Wie die Großaufnahme des an den

Mund gehobenen Zeigefingers Ariane Friedrichs (*vgl. Abb. 1b*) auf der Videoleinwand zeigt (*vgl. Abb. 11*), kann eine Athletin mit Hilfe der Kamera heute ein ganzes Stadion dirigieren, in diesem Fall: punktgenau zum Schweigen bringen.

Abbildung 11: Ariane Friedrich im Berliner Olympiastadion auf der Videoleinwand (Videostill) (Video: compostella09).

Drittens führt die Allgegenwart der Fernsehkameras mit ihren Nahaufnahmen dazu, dass Athletinnen und Athleten wie Zuschauende immer stärker ihre Körper zu inszenieren beginnen, um ihre Einzigartigkeit zur Schau zu stellen. Auf diese Weise feiert die baulich-räumliche Gestalt der heutigen kontrollierten und medialisierten Arenen eine Gemeinschaft von Sich-Exponierenden. In diesen Stadien erbringen Individuen körperliche Höchstleistungen mit dem Ziel, den dortigen Kameras zu gefallen – und dies sowohl auf den Rängen als auch auf dem Spielfeld, wie das Beispiel des englischen Fußballprofis David Beckham wunderbar illustriert (zum Phänomen der ›Beckhamania‹ vgl. John 2010).

Zugleich muss festgehalten werden, dass heutige Stadien in vielerlei Hinsicht sehr viel offener sind als ihre historischen Vorläufer: Indem sie sicherer denn je gebaut werden, finden sich in ihnen immer mehr soziale Gruppen, so zum Beispiel Frauen, Kinder, VIPs, als Zuschauende repräsentiert, die sich, wie schon in der antiken Arena, gemäß ihrer sozialen Stellung an bestimmten Plätzen auf den Rängen anordnen – eine Verteilung, die heute über Preispolitiken organisiert wird und die die soziale Ordnung der Gesamtgesellschaft, bis hin zu ihren Exklusionsmechanismen, insgesamt widerspiegelt.

DAS STADION DER ZUKUNFT

Wie könnte vor dem Hintergrund der obigen Analysen nun die zukünftige Entwicklung des Stadions aussehen?

Der britische Architekt und Stadionspezialist Rod Sheard (2005, 2000) hat dem Stadion zwei wesentliche Entwicklungslinien prognostiziert: Zum einen vermutet er, dass Stadien wieder verstärkt in den Innenstädten gebaut werden, und zwar als urbane Eventarchitekturen, die auch Kinos und Shoppingmalls beherbergen. Seine zweite These lautet, dass künftige Stadien die fortschreitende Digitalisierung und Medialisierung des Fußballspiels baulich werden integrieren müssen, um die Konkurrenz mit den heimischen Fernsehgeräten und dem Internet aufzulösen.

Die perspektivische Rückkehr der Stadien in die Innenstädte begründet Sheard mit einem ökonomischen Argument. Will man, so erläutert er, die bauliche Großstruktur Fußballstadion rentabler machen, so muss man sie für andere Funktionen wie Wohnen, Ausgehen und Shoppen öffnen: »The modern stadia of the future will be all about the facilities that are packed into and around them and the effects these facilities have on their local environment« (Sheard 2000: 51). Mit dieser Diversifizierung der Funktionen ließe sich erreichen, dass Stadiongebäude nicht nur für zwanzig sportliche Großereignisse im Jahr, sondern auch für viele andere festliche Gelegenheiten genutzt werden könnten – so zum Beispiel für die Familienfeier im angegliederten Restaurant oder auch für den gemeinsamen Besuch von Fanshops. Im Zuge der Wiederentdeckung und Festivalisierung des Städtischen (Häußermann/Siebel 1993) kann dies, wie Sheard feststellt, jedoch nur gelingen, wenn auch der Fußball dorthin zurückkehrt, wo die höchsten Gewinnmargen winken – nämlich ins Zentrum der Metropolen.

Wenn wir uns die Ereignisse der letzten drei Fußballweltmeisterschaften der Männer ins Gedächtnis zurückrufen, so ist es jedoch auch denkbar, dass zwar Fußball als *Zuschauerevent* in Form des Public Viewings in die Innenstädte zurückkehrt, nicht aber das Stadion (Schulke 2010). Denn als eine hochkontrollierte bauliche Großstruktur, die das heutige Stadion darstellt, bedarf es einer enormen Massenlogistik, die sich abseits der Zentren viel störungsfreier und effizienter realisieren lässt (Bale 2000). Weiterhin ist denkbar, dass zunehmend ephemere Stadien als temporäre Veranstaltungsorte errichtet werden, die schnell wieder abgebaut werden können (Zinganel 2010).

Um den Stadionbesuch, so Sheards zweiter Punkt, gegenüber dem Fußballkonsum vor dem Fernseher oder Computermonitor im heimischen Wohnzimmer konkurrenzfähig zu machen, müssten Stadien zukünftig noch komfortabler und wettergeschützter werden. Vor allem aber müsse jeder Sitzplatz, wie beispielsweise im Flugzeug, mit interaktiven Bildschirmen ausgestattet werden. Auf ihnen könnten strittige oder großartige Spielszenen individuell und in Zeitlupe noch einmal rekapituliert, Statistiken über Spielverlauf, Ballbesitz und Laufleistung der Spieler abgerufen, über das Tor und die Spielerin des Abends abgestimmt oder taktische Formationen studiert werden.

Der das Stadion auszeichnende kollektive Blick der Zuschauenden allerdings, sei er nun auf das Spielfeld oder den Videowürfel gerichtet, wird in einem solchen Szenario radikal individualisiert. Die Zuschauenden werden zu Autistinnen und Autisten, und kollektive Emotionen sind nur noch schwer vorstellbar. Diese Gefahr hat auch Sheard erkannt, indem er einräumt: »Sport is all about the passion of watching an event. Future stadia are therefore all about not losing that passion« (Sheard 2000: 51). Wie dies jedoch gelingen kann, lässt Sheard offen. Vor dem Hintergrund der hier vorgestellten Thesen schlussfolgern wir, dass auch zukünftige Stadien unabhängig von ihrer Größe, ihrem Standort oder der Gesellschaft, die sie repräsentieren, an ihren genuinen baulichen Grundprinzipien orientiert sein müssen, wenn sie Orte der Leistungssteigerung bleiben wollen: das heißt an ihrer Abgrenzung von der Außenwelt – womit Stadien immer auch der Stadt den Rücken kehren –, an der Trennung von sportlich Aktiven und Zuschauenden, an der Fokussierung des Blicks der Zuschauenden auf ein Zentrum und der Inszenierung von Handlungen im Rampenlicht, sowie an dem Sichtbarwerden und Erleben der Masse. Das Zusammenspiel genau dieser vier Faktoren ist es, das Stadien von anderen gebauten und sozialen Räumen, mit denen sie immer wieder verglichen werden – so zum Beispiel Wohnzimmer, öffentliche Plätze, Kathedralen oder Fernsehstudios – unterscheidet.

LITERATUR

80 Reihen pure Emotion. Stadion in Aachen eingeweiht. BauNetz-Meldung vom 18.09.2009. http://www.baunetz.de/meldungen/Meldungen-Stadion_in_Aachen_eingeweiht_814216.html [Stand: 24.08.2009].

Bale, John (2000): The changing face of football. Stadiums and communities. In: Garland, Jon/Malcolm, Dominic/Rowe, Mike (Hg.): The Future of Football: Challenges for the twenty-first century. London/Portland: Frank Cass. S. 91-101.

Bale, John (2004): Running Cultures. Racing in time and space. London/New York: Routledge.

Bale, John (2005): Stadien als Grenzen und Überwachungsräume. In: Marschik, Matthias/Müllner, Rudolf/Spitaler, Georg u.a. (Hg.): Das

Stadion. Geschichte, Architektur, Politik, Ökonomie. Wien: Turia+ Kant. S. 31-48.

Bröckling, Ulrich (2007): Das unternehmerische Selbst. Soziologie einer Subjektivierungsform. Frankfurt am Main: Suhrkamp.

Brown, Adam (1998): United we stand: Some problems with fan democracy. In: Brown, Adam (Hg.): Fanatics! Power, identity and fandom in football. London/New York: Routledge. S. 50-67.

Deleuze, Gilles (1990): The Society of Control. http://www.nadir.org/nadir/archiv/netzkritik/societyofcontrol.html [Stand: 06.05.2011].

Foucault, Michel (1994): Überwachen und Strafen. Die Geburt des Gefängnisses. Frankfurt am Main: Suhrkamp.

Frank, Sybille/Steets, Silke (2010): Conclusion: The stadium – lens and refuge. In: Frank, Sybille/Steets, Silke (Hg.): Stadium Worlds. Football, space and the built environment. London/New York: Routledge. S. 278-294.

Häußermann, Hartmut/Siebel, Walter (Hg.) (1993): Festivalisierung der Stadtpolitik. Stadtentwicklung durch große Projekte. Opladen: Westdeutscher Verlag.

John, Johannes (2010): Beckhamania. Promoting post-modern celebrities beyond the stadium. In: Frank, Sybille/Steets, Silke (Hg.): Stadium Worlds. Football, space and the built environment. London/New York: Routledge. S. 261-277.

King, Anthony (2010): The New European Stadium. In: Frank, Sybille/Steets, Silke (Hg.): Stadium Worlds. Football, space and the built environment. London/New York: Routledge. S. 19-35.

Kratzmüller, Bettina (2010): »Show Yourself to the People!«: Ancient stadia, politics and society. In: Frank, Sybille/Steets, Silke (Hg.): Stadium Worlds: Football, space and the built environment. London/New York: Routledge. S. 36-55.

Schnell, Angelika (2010): The mirror stage in the stadium. Medial spaces of television and architecture. In: Frank, Sybille/Steets, Silke (Hg.): Stadium Worlds. Football, space and the built environment. London/New York: Routledge. S. 98-113.

Schulke, Hans-Jürgen (2010): Challenging the stadium. Watching sports events in public. In: Frank, Sybille/Steets, Silke (Hg.): Stadium Worlds. Football, space and the built environment. London/New York: Routledge. S. 56-73.

Sennett, Richard (1997): Fleisch und Stein. Der Körper und die Stadt in der westlichen Zivilisation. Frankfurt am Main: Suhrkamp.

Sheard, Rod (2000): »Enhance the passion of watching the event": Interview with HOK+LOBB. In: Nederlands Architectuurinstituut /Provoost, Michelle/van Winkel, Camiel u.a. (Hg.): The Stadium. Architecture of mass sport. Rotterdam: NAi Publishers. S. 48-51.

Sheard, Rod (2005): The Stadium. Architecture for the new global culture. Berkeley: Periplus Editions.

van Winkel, Camiel (2000): Dance, discipline, density and death: The crowd in the stadium. In: Nederlands Architectuurinstituut/ Provoost, Michelle/van Winkel, Camiel u.a. (Hg.): The Stadium: Architecture of mass sport. Rotterdam: NAi Publishers. S. 12-36.

Zinganel, Michael (2010): The stadium as cash machine. In: Frank, Sybille/Steets, Silke (Hg.): Stadium Worlds. Football, space and the built environment. London/New York: Routledge. S. 77-97.

ABBILDUNGEN

Abbildung 1a: Blanka Vlasic, http://www.welt.de/sport/article866922 2/Die-schoensten-Bilder-der-Wettkaempfe-aus-Barcelona.html (Getty Images).

Abbildung 1b: Ariane Friedrich, http://www.iaaf.org/news/kind=100/ newsid=56927.html (Getty Images).

Abbildung 2a: Das Kolosseum: Sitzreihen-Querschnitt, http://com mons.wikimedia.org/wiki/File:Colosseum-profile-latin.png (Wikimedia Commons, Public Domain).

Abbildung 2b: Das Kolosseum: Modellansicht, http://subject.jccssyl. edu.hk/subjects/history/subhtml/library/images/Rome/COLOSSEU M.jpg (Amazing Buildings).

Abbildung. 3: Das Innere des Kolosseums, dargestellt auf einer alten Postkarte, http://www.goethezeitportal.de/index. php?id=22 55.

Abbildung. 4a: Das moderne Wettkampf-Stadion: Kampfbahn »Rote Erde«, Dortmund (Schulke, Hans-Jürgen (2010): Challenging the Stadium: Watching sport events in public. In: Frank, Sybille/Steets, Silke (Hg.): Stadium Worlds. Football, space and the built environment. London/New York, Routledge, S. 58).

Abbildung 4b: Das moderne Wettkampf-Stadion: Parkstadion Gelsenkirchen, http://commons.wikimedia.org/wiki/File:Schalke_ Parkstadion_Fans01.jpg (Lizenz: Creative Commons Attribution-Share Alike 3.0 Unported).

Abbildung 5: Das Panoptikon, hier: Presidio Modèlo, Isla de la Juventud, Kuba, http://en.wikipedia.org/wiki/File:Presidio-modelo2.JPG (Lizenz: Creative Commons by-nc-sa 3.0).

Abbildung 6: Luftbild der Münchener Allianz Arena, http://com mons.wikimedia.org/wiki/File:Allianz_Arena,_aerial_view.jpg (Lizenz: Creative Commons Attribution 2.0 Generic License).

Abbildung 7: Der Plastiksitz. Abgedruckt in: King, Anthony (2010): The New European Stadium. In: Frank, Sybille/Steets, Silke (Hg.): Stadium Worlds. Football, space and the built environment. London/New York, Routledge, S. 23. (Fotolia.com).

Abbildung 8: Allianz-Arena mit zwei verglasten Umläufen (Überwachung, VIP-Kabinen), http://commons.wikimedia.org/wiki/File: AllianzArena-Nord.2.JPG?uselang=de. (Wikimedia Commons, Public Domain).

Abbildung 9: Videowürfel, hier: Commerzbank Arena Frankfurt am Main, (Foto: Silke Steets, 2006).

Abbildung 10: Posierender Fan im Stadion. http://de.fotolia.com/id/ 233900003 (Fotolia.com).

Abbildung 11: Ariane Friedrich im Berliner Olympiastadion auf der Videoleinwand (Videostill). http://www.youtube.com/watch?v= vZE-iHYHFS4.

Coolness als Anthropotechnik[1]

FRANZ BOCKRATH

>»Zum Wesen der Macht gehört,
daß sie nur über ihre eigenen Witze lachen mag.«
Peter Sloterdijk,
Kritik der zynischen Vernunft

>»Ein Schelm, wer Mühe hat, sich Ströme vorzustellen,
die bergauf fließen.«
Peter Sloterdijk,
Du mußt Dein Leben ändern. Über Anthropotechnik.

1. EINLEITUNG

In der höfischen Literatur der Frühen Neuzeit verwendete Baldessare Castiglione (1528) den Begriff »sprezzatura«, um die erst sehr viel später zum Tragen kommenden bürgerlichen Tugenden der freien Selbstbestimmung und Selbstverwirklichung zu umschreiben. Dieser Begriff

---

1 Der Beitrag basiert auf einem Vortrag des Autors aus dem Jahr 2008 an der Technischen Universität Darmstadt im Rahmen des interdisziplinären Kolloquiums »Coolness – Zur Ästhetik einer kulturellen Verhaltensstrategie und Attitüde«.

lässt sich übersetzen mit »Nichtbeachtung« oder »Verachtung«, womit gemeint ist, dass derjenige, welcher seine Handlungen sicher beherrscht, hierauf nicht weiter achten muss, da er sie gleichsam verkörpert. Auffällig ist, dass die besondere Form der Stilsicherheit im Benehmen und in der Haltung zunächst erworben werden muss, um als »natürliche Eigenschaft« einer Person oder Gruppe zu gelten.[2] Ihr quasi natürlicher Besitz bleibt gekoppelt an soziale Aneignungsformen, die jedoch von ihrem Besitzer möglichst auszublenden sind, damit sie ihre auratische Wirkung entfalten.[3]

Insofern also die Wirkung der Stilsicherheit die Ausblendung ihrer Genese und ihres gesellschaftlichen Charakters voraussetzt, erweist sich die phänomenale Unmittelbarkeit als Fetisch oder Schein, der in ähnlicher Weise auch für den modernen »Habitus des Cool« (Holert 2004: 42) anzunehmen ist. Doch nicht dieser Gedanke soll hier weiterverfolgt werden. Vielmehr wird im Folgenden an eine andere Semantik[4] angeknüpft, die weniger den Besitz »des Cool« in den Vordergrund rückt als vielmehr eine Situation beziehungsweise einen Vorgang als cool begreift. Zur Erläuterung sei in diesem Zusammenhang

---

2   »Ich habe […] eine Regel gefunden, die mir allgemein gültig zu sein scheint, bei allen menschlichen Taten und Reden: man muß jede Ziererei gleich einer spitzen und gefährlichen Klippe vermeiden und, um eine neue Wendung zu gebrauchen, eine gewisse Nachlässigkeit zur Schau tragen, die die angewandte Mühe verbirgt und alles, was man tut und spricht, als ohne die geringste Kunst und gleichsam absichtslos hervorgebracht erscheinen läßt.« Castiglione (2004: 39).

3   Folgt man Bourdieu (1982), so zeigt sich hier die Grenze des »kleinbürgerlichen Geschmacks«, dem es an »Lässigkeit, Charme, Umgänglichkeit, Eleganz, Freiheit, mit einem Wort: Natürlichkeit« (ebd.: 531; Hervorhebung im Original) mangelt, insofern man ihm die Anstrengungen beim Erwerb innerer und äußerer Formen anmerkt.

4   Zur Begriffsgeschichte bzw. Diskursanalyse von »Coolness« vgl. Mentges (2010).

auf eine entsprechende Passage zur »Coolness« von Diedrich Diederichsen (2002: 244) verwiesen:

»Jemand ist cool in einer bestimmten Funktion, nicht weil er substanziell cool
ist, nicht weil er im Herzen cool ist. ›Cool‹ ist also eher ein Vorgang, und zwar
ist er es dann, wenn er sicher ist. Aber natürlich ist nicht irgendein sicherer
Vorgang gemeint, sondern einer, der von Natur aus das Gegenteil ist: nämlich
prekär, gefährlich, verboten.«

Der Gedanke der Beherrschbarkeit und Kontrolle natürlicher Gefahren
und gesellschaftlicher Unsicherheiten zählt klassischerweise zu den
Merkmalen des utopischen Denkens. Während jedoch die verschiedenen Strategien der Coolness auf die bereits *gegebenen* Unsicherheiten
und Risiken in einer weitgehend entzauberten Welt gerichtet sind, die
über innere Distanzierungen und äußere Distinktionen kontrolliert
werden sollen, orientieren sich traditionelle Utopien eher am ersehnten
»Wärmestrom« (vgl. Bloch 1972: 372-376) einer erst noch *herzustel-
lenden*, gefahrlosen Welt. Es scheint also, als blieben sachliche Kühle
und lebendige Anteilnahme in einander unversöhnlicher Weise entgegengesetzt. Coolness und Betroffenheit, so eine populäre Gegenüber-
stellung, passen nicht zueinander, denn allein » ›Coolness‹ ermöglicht
den Menschen mit der Kälte zu leben, statt in ihr zu erfrieren.« (Poschardt 2000: 11). Im Unterschied dazu wird hier jedoch die These vertreten, dass utopische Vorstellungen heute nicht mehr nur im Feld der
sozialen Einbildungskraft und gesellschaftlichen Illusionen zu verorten
sind, sondern insbesondere an symbolträchtigen und kommunikativ
verdichteten Orten in Erscheinung treten. Trifft diese Einschätzung zu,
so ist davon auszugehen, dass die klassischen Techniken des Cool –
Entemotionalisierung und Affektkontrolle – in den verschiedenen Feldern des sozialen Handelns in Stilformen überführt werden, die einer
eigenen Logik folgen, die hier als »Logik der Präsentation, der Inszenierung und der ästhetisch motivierten Abwehr von ›Alltags-
zwängen‹ « (Soeffner 2001: 83 f.) aufgefasst wird. In der ästhetisieren-
den Stilisierung des Alltäglichen, so die zweite These, zeigt sich erst,

»wer ›wer‹ für wen in welcher Situation ist« (ebd.: 85). Dies schließt Betroffenheit keineswegs aus, sondern bedeutet vielmehr Imagearbeit und Stilkonkurrenz als typisch moderne Formen der gleichzeitigen »Entlastung und Verhüllung des Persönlichen« (Simmel 1993: 382). Die zur Schau getragenen Stilformen, dies die dritte hier vertretene These, fungieren gleichermaßen als Prämisse wie als Resultat kapitalistischer Wertschöpfung, sodass die Pose des Cool als ästhetische Verweigerungshaltung wie auch als ökonomische Ressource gedeutet werden kann.

2. SITUATIONEN DES COOL: UTOPIE UND HETEROTOPIE

Utopien besitzen, folgt man ihrer Begrifflichkeit, keinen realen Ort. Politische Utopisten der frühen Neuzeit wählten daher weit entfernte, fremde Inseln, um ihre staatsphilosophischen Entwürfe in sicherer Entfernung zu den von ihnen kritisierten Zuständen zu halten.[5] Ähnlich verhält es sich mit den pädagogischen Utopien des siebzehnten und achtzehnten Jahrhunderts, die anstelle geografischer Fantasien jedoch bereits auf das Innere, den Garten und die Provinz abzielten, um die Ausbildung menschlichen Glücks zu befördern.[6] Erkennbar ist hier die Funktion utopischen Denkens als Kritik bestehender Zustände, das im aufklärerischen Sinne bereits starke Motive seiner Verwirklichung enthält. Im neunzehnten und zwanzigsten Jahrhundert schließlich erfolgt die Deutung utopischen Denkens als unmittelbar wirkende historische Macht[7], die sich freilich beständig mit der im Angesicht von Faschis-

---

5   So etwa bei Morus' (1960) »Utopia« von 1561 oder in Bacons (2003) »Nova Atlantis« von 1627.

6   Prominent etwa in Rousseaus »Emile« von 1762 (1971) sowie in Schillers Briefen »Über die ästhetische Erziehung des Menschen« von 1795 (1991).

7   In diesem Sinne theoretisch vielleicht am weitesten ausgeführt in Blochs »Prinzip Hoffnung« (1959).

mus und Kulturindustrie aufgeworfenen Frage konfrontiert sieht, »warum die Menschheit, anstatt in einen wahrhaft menschlichen Zustand einzutreten, in eine neue Art von Barbarei versinkt« (Horkheimer/Adorno 1972: 1).

Heute, im einundzwanzigsten Jahrhundert, steht eine Antwort immer noch aus. Verschoben hat sich gleichwohl der Fokus utopischen Denkens, das weniger an großen Erzählungen und Entwürfen sich zu orientieren scheint, sondern stattdessen in Form so genannter »Heterotopien« in Erscheinung tritt, das heißt als »privilegierte oder heilige oder verbotene Orte«, die von Foucault (2005: 12) als »lokalisierte Utopien« bezeichnet werden:

»Die Kinder kennen solche Gegenräume, solche lokalisierten Utopien, sehr genau. Das ist natürlich der Garten. Das ist der Dachboden oder eher noch das Indianerzelt auf dem Dachboden. Und das ist – am Donnerstagnachmittag – das Ehebett der Eltern. Auf diesem Bett entdeckt man das Meer, weil man zwischen den Decken schwimmen kann. Aber das Bett ist auch der Himmel, weil man auf den Federn springen kann. Es ist der Wald, weil man sich darin versteckt. Es ist die Nacht, weil man unter den Laken zum Geist wird. Und es ist schließlich die Lust, denn wenn die Eltern zurückkommen, wird man bestraft werden« (ebd.: 10).

Der Autor geht jedoch noch weiter, wenn er neben den konkreten Utopien kindlicher Einbildungskraft auch für die Welt der Erwachsenen »reale Orte jenseits aller Orte« (ebd.: 11) annimmt. Hierzu zählen etwa Heterotopien der Abweichung, wie psychiatrische Anstalten, Gefängnisse oder Altersheime, wo gesellschaftliche Normen überdeutlich zum Ausdruck kommen. Weiterhin Heterotopien mit besonderen Zeitbezügen, wie Friedhöfe, Archive oder Museen, an denen beschleunigte soziale Abläufe unterbrochen oder verlangsamt werden. Im Unterschied dazu spielen zeitweilige Heterotopien, wie Jahrmärkte, Theater oder Fußballstadien mit dem vergänglichen Charakter von Zeitverläufen, die in festlicher Absicht aus der Alltagswelt herausgehoben werden. Heterotopien des Übergangs und der Verwandlung, wie Kasernen und

Schulen, überführen Kinder in die Welt der Erwachsenen, wohingegen in Vergnügungsparks und Hobbymärkten an vergangene Kindertage erinnert werden soll.[8]

Diese Aufzählung ließe sich verlängern, doch für unseren Zusammenhang ist vor allem wichtig, dass sich im Sinne von Foucault (ebd.: 11) Gesellschaften danach einteilen lassen, welche Heterotopien sie bevorzugen beziehungsweise ablehnen. Denn an welchen Orten sich Menschen aufhalten und wie sie sich dort verhalten, ist abhängig davon, wie Räume angeordnet und aufgeteilt sind, wie dadurch andere Räume in Frage gestellt oder als Illusion entlarvt werden, wie räumliche Unordnungen in möglichst vollkommene Ordnungen überführt werden oder wie etwa strikte Ordnungen in ihr genaues Gegenteil verkehrt werden. Heterotopien, so lässt sich dieser Gedanke zusammenfassen, geben Utopien »einen genau bestimmbaren, realen, auf der Karte zu findenden Ort« (ebd.: 9).

Geht man also mit Foucault davon aus, dass bestimmte Orte nicht nur als Projektionsfläche menschlicher Fantasien, Einbildungen und Begehrlichkeiten dienen, sondern diesen erst einen konkreten, durchaus realmächtigen Ausdruck verleihen, dann wird deutlich, wie physi-

---

8 Vgl. dazu auch Foucault (2006). Der menschliche Körper besitzt ebenfalls utopischen Charakter; er ist – mit Foucault (2005: 31) gesprochen – sogar der »Hauptakteur aller Utopien«. Am Beispiel des Maskierens, Tätowierens und Schminkens zeigt der Autor auf, wie »der Körper aus seinem eigenen Raum herausgerissen und in einen anderen Raum versetzt wird« (ebd.: 32). Der Körper wird dabei nicht einfach nur verschönert oder reicher geschmückt, sondern seine Verwandlung ermöglicht ihm erst einen Zugang zur begehrten Welt des oder der Anderen, die nicht die seine ist. Doch sind es nicht nur Wünsche und Fantasien, die dem utopischen Charakter des Körpers Ausdruck verleihen. Die »im Körper eingeschlossenen Utopien« zeigen sich bereits in den wahrnehmbaren Formen seiner Kleidung, Gestiken, Haltungen und Bewegungen, die den einzelnen »in das unsichtbare Netzwerk der Gesellschaft« (ebd.: 33) hineinstellen, ohne jedoch vollständig darin aufzugehen. Vgl. ausführlicher dazu Bockrath (2008a).

sche Räume zum Träger von Bedeutungen werden.[9] Dies gilt insbesondere für jene Orte, die aufgrund ihrer spezifischen Anordnungen, wie etwa ihrer Größe, Dichte und Heterogenität[10], als besonders symbolträchtig erscheinen.

3. ARBEIT AM COOL: INSZENIERUNG UND STILBILDUNG

Urbane Räume werden heute nicht mehr nur als Flächen verstanden, auf denen Infrastrukturen geschaffen, Wohngebiete errichtet oder Autobahnanschlüsse geplant werden. Inzwischen hat sich bis zur Stadtplanungsebene die Einsicht durchgesetzt, dass die Attraktivität einer Stadt – neben dem ökonomischen und kulturellen Kapital – zunehmend auch vom symbolischen Kapitalbesitz[11] abhängt. Dies hat zu Folge, dass über die reine Funktionalität des Städtischen eine neue Schicht von Symbolen, Repräsentationsformen und Images gelegt wird, die insgesamt auf eine Ästhetisierung beziehungsweise »semiotische Umrüstung«[12] des Stadtraums verweisen. In diesem Zusammenhang fällt auf, dass »städtische Negativräume« (Bockrath 2008b) mit vergleichsweise geringer Wohnqualität, schlechter Infrastruktur und hoher Kriminalitätsrate insbesondere von denjenigen sozialen Gruppen entdeckt werden, die in Opposition zu bereits etablierten ökonomischen und sozialen Kapitalverteilungen, hier vor allem symbolische Distinktionsprofite einzuholen versuchen. So versammeln sich, um ein Beispiel zu benennen, Skateboarder, Inlineskater und Traceure[13] längst nicht mehr

---

9   Siehe dazu auch Castells (1986: 13).

10 Vgl. dazu Wirth (1974).

11 Zur räumlichen Unterscheidung dieser Kapitalformen vgl. Bourdieu (1991 und 1998).

12 Helbrecht/Pohl (1995: 232).

13 Als Traceure bezeichnen sich jene Akteure, die insbesondere im urbanen Raum versuchen, einen möglichst kurzen Weg zwischen zwei gewählten

nur an den prominenten Orten einer Stadt, um dort in öffentlich sicht-
barer Weise an den in »Gebäuden, Straßen, Körpern und Plätzen ein-
gespeicherten Zeichen« (Bette 1999: 206) zu partizipieren. Auffällig ist
vielmehr, dass Vertreter dieser Gruppen zunehmend auch auf verlasse-
ne, vergessene, abweisende und unwirtliche urbane Räume zurückgrei-
fen, um abseits der öffentlichen Bühnen[14] ihre Andersartigkeit zu praktizieren und zu erproben. Auf tristen Hinterhöfen und Fabrikgeländen,
unter Autobahnbrücken und zwischen stillgelegten Bahngleisen, die in
Kriminalromanen oder Gangsterfilmen durchaus eine geeignete Kulis-
se für ein Verbrechen abgeben könnten, werden mit erstaunlicher Be-
harrlichkeit artistische und häufig auch gefährliche Bewegungsabläufe
eingeübt, die nahezu ohne Publikum bleiben. Doch worin liegt der
Reiz beziehungsweise der symbolische Gewinn dieser Praktiken, wenn
die Bühnenmetapher aufgrund fehlender Öffentlichkeit nicht zu greifen
scheint?

Punkten unter Überwindung sämtlicher Hindernisse (Bauzäune, Telefon-
zellen, Garagen, Mauern, Häuser etc.) zurückzulegen, ohne diese zu verändern. Verfolgt wird damit die Absicht, städtische Räume, die zunehmend
privaten und kommerziellen Zwecken untergeordnet werden, wieder öffentlich zugänglich zu machen. Während von Vertretern dieser Richtung
(»Le Parkour«) eine eher künstlerische Haltung zum urbanen Raum zum
Ausdruck gebracht wird, indem vorgegebene Funktionen umgedeutet und
neue Bewegungs- und Wahrnehmungsweisen erprobt werden, ist seit Ende
der 1990er Jahre ein gegenläufiger Trend (»Freerunning«) zu beobachten,
bei dem akrobatische Bewegungen und spektakuläre Stunts in den Mittelpunkt rücken. Hierdurch wurde sogleich das Interesse der Werbung und der
Medien geweckt, wodurch die Kommerzialisierung und Professionalisierung
dieser inzwischen etablierten Trendsportvariante eingeleitet wurde. Vgl.
dazu Bockrath (2008c).

14 Zur Bühnenhaftigkeit des Sports am Beispiel neuer Spielformen und Bewegungspraktiken vgl. Gebauer/Alkemeyer/Boschert et al. (2004: 117–
133).

Um diese Frage beantworten zu können, lohnt der Blick auf das soziale Setting, in dem die hier angesprochenen Bewegungstechniken praktiziert werden. Die Tatortkulisse, die zumindest auf den ersten Blick den Charme des Prekären, Gefährlichen und Verbotenen besitzt, passt nämlich sehr gut zu den *Moves, Grabs* und *Slides,* die zum Repertoire einer »coolen« Hindernisüberquerung mit oder ohne Rollen und Rädern gehören. Oder, wie Diederichsen (2002: 244) sich ausdrückt: »Cool in dieser Bedeutung ist eine solche Situation, ein solcher Vorgang, wenn man seine natürlichen Feinde beherrscht und unter Kontrolle hat«. Zu diesen »Feinden«, die es zu besiegen gilt, gehören die Unwägbarkeiten und Risiken bei der Bewegungsausführung ebenso wie die abweisenden und trostlosen Rahmenbedingungen, die den rauen und herben Charakter des eigenen Tuns unterstreichen. Aus der eher unbehaglichen Kombination gewagter *Stunts* und vermeintlich gefahrvoller Umgebungsbedingungen entwickelt sich schließlich eine stilbewusste, ästhetische Einstellung, die durch die sozialen Wechselwirkungen ihrer Protagonisten zugleich verstärkt und beglaubigt wird.

Innerhalb dieses performativ erzeugten Milieus, das in seiner – freilich unbestimmt bleibenden – Verpflichtung auf ein Dagegen durchaus gegenkulturelle Momente[15] zum Ausdruck bringt, finden sich eine ganze Reihe von Stilelementen, die dem Habitus des Cool zuzurechnen sind. Hierzu gehören etwa jene Strategien der Entemotionalisierung und Affektkontrolle, die für Außenstehende eher abweisend und arrogant erscheinen, für die Akteure selbst jedoch eine wichtige Form der Verständigung darstellen. So signalisiert schon der bloße Verzicht auf vorbeugende Maßnahmen, wie das Tragen von Schutzhelmen und Gelenkpolstern, dem eingeweihten Gegenüber eine »coole Haltung«. Regelmäßig auftretende Verletzungen und Schmerzen beim

---

15 Gegenkulturelle Momente kommen häufig in einem körperlich – emotionalen Begehren zum Ausdruck und sind nicht notwendig reflexiv vermittelt. Insofern diese Form der Gegenkultur über keinen Begriff ihrer unbewusst bleibenden Handlungsantriebe verfügt, orientiert sie sich stärker an körperlichen Dispositionen, Affekten und Wahrnehmungsmustern.

Einüben riskanter Bewegungsabläufe werden dementsprechend gleichmütig registriert oder allenfalls ironisch kommentiert.[16]

Dabei steht die riskante »Arbeit am Cool« in einem auffälligen Gegensatz zu seinem Besitz: Während die körperliche Erscheinung der Akteure nach außen betont unangestrengt und entspannt erscheinen soll, was durch möglichst fließende Bewegungen, unprätentiöse Gesten sowie durch einen lässigen Kleidungsstil hervorgehoben wird, setzt dies gleichwohl einen hohen Aufwand an körperlicher Disziplin, Aufmerksamkeit und Symbolverständnis voraus. Denn erst wenn es gelingt, die Leidenschaften zu verbergen, die nötig sind, um den Körper in gefahrvollen Situationen einzusetzen und seine kreativen Potenziale zu entfalten, entsteht der Eindruck von Coolness, der somit gleichermaßen von der Aufladung wie von der Kontrolle der Affekte zehrt.

---

16 Vgl. dazu die folgende Feldbeobachtung eines »coolen« Skaters: »Er ist bekleidet mit einer blauen weiten Jeans, grauem weiten Sweat-Shirt, einer grauen Kappe. Von schriller Selbstdarstellung kann keine Rede sein, eher von einem ›sich selbst unsichtbar machen‹«, so jedenfalls erscheint es dem erwachsenen Betrachter. Dennoch gibt es viele versteckte Codierungen der Kleidung. Bestimmte Marken, neue Schuhformen und -farben sind für Insider auffällig und stilbildend. Auch dieser Skater beherrscht diverse Ollis (Sprungtechniken; F.B.), schwingt sich aus der Wanne des Pool (Skater-Anlage mit betonierten Wänden; F.B.) hoch in die Luft, um gekonnte Drehungen und Sprünge mit dem Board zu inszenieren. Da passiert es: Er verliert das Gleichgewicht, stürzt, knallt voll auf den ungeschützten Hinterkopf, bleibt zusammengezogen liegen. Alle anderen Jugendlichen, die am Pool stehen, schauen auf ihn herunter, ohne sich zu regen. Etwa nach einer Minute, er liegt weiterhin zusammengekrümmt in der Mitte des Pools, steigt ein Jugendlicher herunter, legt die Kappe, die vom Kopf gefallen war in die Nähe der Hände des Jugendlichen und steigt ohne Worte wieder hoch. Auf mein erstauntes Nachfragen, warum keiner ihm helfe, antwortet mein Nachbar ohne jeden Zynismus oder ohne jede Häme: ›Er entspannt sich nur, da muß man ihm Zeit lassen‹«. Thiele (2001: 161-162).

Zum stilsicheren »Look of Cool«[17] gehört ein nicht zu unterschätzendes Ausmaß an Imagearbeit, das sich erst unter den Bedingungen »sozialer Wechselwirkung«[18] entfalten kann. Das Moment der Selbstdisziplinierung und Selbstbeobachtung richtet sich folglich nicht, wie ein erster Reflex vielleicht vermuten lässt, nur auf sich selbst, sondern setzt bereits einen – zumindest internalisierten – Fremdbeobachter voraus, der als gleichsam »ästhetisches Gewissen« (Soeffner 2001: 84) fungiert und damit Fragen der Ausgestaltung und Präsentation von Stilelementen als Formen kollektiver Anstrengung ausweist.

Die Bühnenmetapher ist demnach auf eine bereits spezifizierte Öffentlichkeit zu beziehen, in der bestimmte Zeichen, Codes und Symbole auf soziale Orientierungen verweisen, die ihrerseits typisierende Wahrnehmungen, Handlungen und Bewertungen hervorbringen, nach denen ähnliche Orientierungen etwa als cool oder uncool klassifiziert werden. Symbolisch bestätigt und sozial befestigt wird dadurch sowohl die eigene Beobachtung als auch die Beobachtung der anderen, die für die Herausbildung einer bestimmten Haltung und eines besonderen Stils unerlässlich sind. Ein in diesem Sinne aufwendig erarbeitetes Image, wie das des coolen, gegen die Unwirtlichkeit der Städte aufbegehrenden Akteurs, der sich allein auf die Geschicklichkeiten seines Körpers verlässt, lässt sich nicht als bloß äußerliche Fassade begreifen.[19] Vielmehr verweisen die überwiegend mühsam herausgebildeten

---

17 Pountain/Robins (2000: 114). Die Autoren führen dazu aus: »The glance – rather than the gaze – of Cool is consciously drained of visible desire, just as in popular parlance to take ›a cool look‹ at something means to approach it undistorted by passion or emotion. Cool does not gaze at others, but appears to others: it does not gaze but wishes to be gazed at (ebd.: 115 f; Hervorhebungen im Original).

18 Zu diesem »klassischen Begriff« der Soziologie vgl. Simmel (1989: 30-32).

19 »Der coole Typ repräsentiert nicht die kompensatorische Gegenreaktion auf Körperverdrängung, sondern thematisiert das Verdrängte am Körper. [...] Die infolge der gesellschaftlichen Komplexität und Indifferenz gegen-

Stilelemente auf zentrale Ausdrucksformen der eigenen Selbstausdeu-
tung, die erst »im ›öffentlichen Austausch‹ von Bild- und Selbstbild-
präsentationen«[20] ihre jeweilige Bedeutung erhalten und dabei ihre soziale Macht entfalten. Auch wenn der Habitus des Cool Formen der
sozialen Anerkennung – wie Bewunderung oder Anteilnahme – nicht
erwidert, sondern eher zurückweist, ist dies nicht gleichbedeutend mit
dem Verzicht hierauf. Vielmehr ist umgekehrt davon auszugehen, dass
die zur Schau gestellte Gleichgültigkeit ein besonderes Bedürfnis nach
Anerkennung zum Ausdruck bringt, das mit viel Aufwand darum bemüht ist, soziale Distinktionen durch möglichst eindeutige Selbstbezü-
ge herauszustellen und zu bewahren.[21]

Die hier angesprochenen Paradoxien des Cool – das heißt die Bedeutung der sozialen Anerkennung durch Ablehnung, die Steigerung
von Emotionen durch Affektkontrolle sowie die Abwehr von Gefahren
durch Risikosuche –, lassen sich nunmehr auf die zuvor beschriebenen
Heterotopien beziehen. Um möglichst cool erscheinen zu können, eigenen sich städtische Negativräume und Gefahrenzonen in besonderer
Weise, da hier soziale Deklassierungen und Zurückweisungen unver-

---

über Person und Körper konturierte psychische Innenwelt reagiert auf die
zivilisierte, affektarme und versachlichte Außenwelt nicht mit einem auf
Sponaneität und Kommunikation ausgerichteten Gegenbild, sondern proji-
ziert die Binnensphäre an die eigenen Körperhülle.« Bette (2005: 137).

20 Soeffner (2001: 85). An gleicher Stelle führt der Autor aus: »Wer das
Image eines Menschen bedroht und die es tragende expressive Ordnung
anzweifelt, zu der wesentlich der Lebensstil eines Individuums zählt, kratzt
nicht einfach an dem Firnis, sondern zerstört ein soziales Wappenschild
und dringt in den Schutzraum seines Trägers ein« (ebd.: 86).

21 Diese Sichtweise wird gestützt durch Hinweise auf die Geschichte des
Cool: »Cool was once an attitude fostered by rebels and underdogs –
slaves, prisoners, political dissidents – for whom open rebellion invited
punishment, so it hid its defiance behind a wall of ironic detachment,
distancing itself from the source of authority rather than directly
confronting it.” Pountain/Robins (2000: 23).

stellt und ungeschönt erfahrbar sind. Das Handeln in diesen Räumen verspricht zumindest auf den ersten Blick ein hohes Maß an Authentizität. Zwar ließe sich gegen derartige Wahrhaftigkeitsansprüche leicht polemisieren. Dessen ungeachtet bleibt hier jedoch festzuhalten, dass die angestrebte ästhetisierende Überhöhung des Alltäglichen an diesen vergessenen, abweisenden und mitunter auch feindseligen Orten ihren passenden Ausdruck beziehungsweise stilvollen Rahmen findet. Wir hatten zuvor unter Bezugnahme auf Diederichsen darauf hingewiesen, dass die Beherrschung der »natürlichen Feinde« an diesen Orten den erwarteten Profit am Cool anwachsen lässt. Zu ergänzen ist diese Annahme jetzt durch den Hinweis, dass das dabei verfolgte Selbstbild, das die Arbeit am Cool leitet und den eigenen Lebensstil für andere sichtbar macht, erst durch die äußere Rahmung Kontur gewinnt. Denn wenn es stimmt, dass Stilformen nicht etwa Eigenschaften oder Qualitäten einzelner Personen bezeichnen, sondern das Produkt sozialer Interaktionen, Beobachtungen und Zuschreibungen sind[22], dann wird deutlich, weshalb Coolness sich auf soziale Vorgänge und prekäre Situationen bezieht, die dem ersehnten Look of Cool möglichst entsprechen. Da dieser Look ein Bild bezeichnet, das man nicht ist, sondern das man nur haben kann, insofern es einem zugeschrieben wird, liegt es nahe, seinen Stil dort auszuprägen, wo er aufzufinden ist, also an den beschriebenen Orten und mit den dazu passenden Protagonisten.

Die körperpraktisch inszenierten Utopien des Cool, die gegen die Unwirtlichkeit, Abgeschlossenheit und Gleichförmigkeit städtischer Räume gerichtet sind, verlegen die Fantasien, Einbildungen und Begehrlichkeiten der zu konturierenden Stilgestalten nicht auf eine weit entfernte oder nur innerlich zu empfindende »Insel der Glückseligkeit«, sondern geben ihnen einen realen, auf der Karte bestimmbaren Ort. In der hier vorgeschlagenen Deutung als so genannte »Heterotopien des Cool« sind sie damit zugleich mehr als bloß abstrakt bleibende und weniger als bereits realisierte Formen der Wunscherfüllung. Ihren besonderen Reiz beziehen sie aus der körperlich vermittelten Span-

---

22 Vgl. dazu Soeffner (2001: 88).

nung zwischen dem rebellisch entgegen zu tretenden Unwahren und dem darin bereits zum Vorschein kommenden vermeintlich Anderen.

4. DOPPELCHARAKTER DES COOL: SUBVERSION UND INTEGRATION

In einem Zeitungskommentar aus dem Jahr 2001 findet sich der folgende Hinweis:

»Was soll es denn derzeit Besseres geben als wütende Totalopposition? Doch offenbar ist es in der Populärkultur – und überhaupt der Kultur – mittlerweile unmöglich geworden, einen Einwand zu formulieren, der nicht wiederum als Differenzangebot aufgefasst werden kann. Auch der Einspruch gegen die konsumistische Differenzkultur ist eine Differenzgeste« (Terkessidis 2001).

Dieses Zitat eines Autors der so genannten »Generation Golf« verweist auf einen Befund, der in den Sozialwissenschaften unter den Begriff der »symbolischen Gewalt«[23] gefasst wird: Gemeint ist damit, dass gesellschaftliche Macht- und Herrschaftsformen in sozial anerkannten Sichtweisen verankert sind, die in entsprechend habituell ausgeprägten Dispositionen wiederholt werden – und zwar unabhängig davon, ob dabei subversive oder integrative Ziele verfolgt werden. Bourdieu (1982: 25) spezifiziert diesen Gedanken, indem er anmerkt: »Geschmack klassifiziert – nicht zuletzt den, der die Klassifikationen vornimmt«.

---

23 Zur symbolischen Gewalt vgl. insbesondere die Arbeiten von Pierre Bourdieu zur sozialen Konstruktion von Macht und Differenz sowie zur symbolischen Ökonomie der Geschlechterverhältnisse: »Nichts wäre in der Tat irriger als die Annahme, die symbolischen Handlungen (bzw. deren symbolischer Aspekt) bedeuteten nichts außer sich selbst: Sie verleihen stets der sozialen Stellung Ausdruck, und zwar gemäß einer Logik, die eben die der Sozialstruktur selbst ist, d.h. die der Unterscheidung.« Bourdieu (1994: 62).

Dies gilt nicht zuletzt auch für jene symbolische Handlungen und Stil-formen, in denen mit gegenkulturellen Merkmalen gespielt wird und dadurch oppositionelle Haltungen sichtbar gemacht werden. Die Ak-zentuierung von Differenzen gegenüber der Mainstreamkultur[24] gilt zwar nach wie vor als typisches Merkmal cooler Verhaltensweisen.[25] Doch unterliegen auch sie längst den Gesetzen der Warenproduktion und -diversifikation, wonach für alle etwas angeboten wird, »damit keiner ausweichen kann« (Horkheimer/Adorno 1972: 131). Die durch einprägsame Posen und lässige Überlegenheitsgesten werbewirksam vermittelte »Welt des Cool« gilt inzwischen als einträgliche wirtschaft-liche Ressource. So ist etwa auf der Nachfrageseite ein konkurrenzori-entiertes Konsumverhalten erkennbar, das sich an cool geltenden Mar-ken und Moden orientiert, um auf diese Weise der jeweils erwünschten sozialen Position einen prägnanten Ausdruck geben zu können.[26] Auf

---

24 Diese Unterschiede werden im Rahmen der Subkulturforschung themati-siert. Ausgehend von Untersuchungen zu devianten Verhaltensweisen Ju-gendlicher in der Chicago School zwischen 1920 und 1960, über die For-schungen zu verschiedenen Jugendsubkulturen des 1964 in Birmingham gegründeten Center For Contemporary Cultural Studies, beschäftigt sich die so genannte postmoderne Subkulturforschung seit den 1980er Jahren mit der Auflösung und Vermischung kultureller Erscheinungsformen. Wie das Beispiel des »Style Surfings« (Polhemus 1996) zeigt, werden traditio-nelle Unterscheidungen – etwa zwischen Hoch- und Popkultur bzw. Main-stream- und Subkultur – zunehmend fragwürdig, insofern selbst etablierte Stilformen sich nicht mehr eindeutig zuordnen lassen.

25 »Cool is a rebellious attitude, an expression of a belief that the mainstream mores of your society have no legitimacy and do not apply to you.« Poun-tain/Robins (2000: 22).

26 »Während man in Zeiten eines geschlossenen Stils durch die eigenen ge-sellschaftliche Position in diesem fraglos verankert war, wird nun das bis-her Selbstverständliche fragwürdig und die Wahl oder Prägung eines pas-senden Stils in die Verantwortung der Individuen gelegt.« Soeffner (2001: 89).

der Seite der Produktion wiederum versuchen so genannte »cool hunters« die mitunter schnell wechselnden Zeichen und Codes Jugendlicher zu entschlüsseln, um möglichst viele Coolnessstrategien in das eigene Programm einzubeziehen, das allein darauf abzielt, die Gruppe der Konsumenten möglichst vollständig und genau zu erfassen.

Selbst wenn entsprechende Marketingstrategien nicht überall gleiche Resonanzen erzeugen – insofern einzelne Szenen reservierte bis zurückweisende Reaktionen zeigen, die häufig mit dem Versprechen einer höheren Form der Authentizität verbunden werden[27] –, ist die tatsächliche Symbiose von Ökonomie und cooler Ästhetik auf der Ebene urbaner Trendsportarten bereits sehr weit fortgeschritten. Denn während Coolness etwa zu Beginn des Massenkonsums noch als tragische Haltung einzelner in Erscheinung trat, um den Routinen und Disziplinierungen des Alltags ein – wenn auch unbestimmtes, so doch entschiedenes – »Nein« entgegen zu stellen[28], passen die aktuellen urbanen Körperpraktiken und Bewegungsformen durchaus zu den vielfältigen Anforderungen und Erwartungen, die an eine mobile und flexible Persönlichkeit gerichtet werden. Entsprechend eingeübte Strategien coolen Verhaltens dienen inzwischen eher dazu, mit den Zumutungen des Alltags zurechtzukommen, anstatt ihnen zu widerstehen. Oder, um diesen Gedanken mit einer fast schon programmatischen Aussage von Foucault (1994: 285) zusammenzufassen: »Die ›Aufklärung‹, welche die Freiheiten entdeckt hat, hat auch die Disziplinen erfunden«.

---

27 Siehe dazu weiter oben (Anmerkung 13) das Beispiel »Le Parkour« und »Freerunning«. Verfolgt man die inzwischen deutlichen Abgrenzungsbemühungen zwischen beiden Trendsportvarianten, dann fällt auf, dass hierbei individuelle Echtheits- und Ursprünglichkeitsansprüche (Le Parkour) sowie öffentliche Darstellungs- und Vermarktungsabsichten (Freerunning) gegeneinander gerichtet werden.

28 Typisch dafür ist Marlon Brandos lakonische Antwort auf die Frage; »What are you rebelling against, Johnny?« – »What have you got?" im Film »The Wild One« von Lásló Benedek aus dem Jahr 1953.

5. SCHLUSS

Abschließend bleibt noch zu fragen, ob »Coolness« tatsächlich als »Anthropotechnik« zu verstehen ist, wie die Überschrift zu diesem Beitrag suggeriert? Dient sie eher der »Steigerung des übenden Menschen«, oder ist sie eine paradoxe – weil Ablehnung signalisierende – »Anpassung an moderne Lebensumstände«, wie weiter oben geschlussfolgert? Sloterdijk, der in einer frühen Veröffentlichung bei seiner »Suche nach der verlorenen Frechheit«[29] noch das »Erlebnis des Körperlichen« (Sloterdijk 1983: 213) feiert, das auch die Strategien des Cool charakterisiert, interessiert sich in seinen anthropotechnischen Überlegungen (Sloterdijk 2009) nicht mehr für subversive Protestformen und kynische Offensiven. Diese erscheinen ihm sogar verdächtig – vor allem dann, wenn sie keinen »Gedanken an Gipfelexpeditionen«[30] erkennen lassen. Cool im Jargon einer existentiellen Trotzaktion gegen das drohende Erfrieren ist allenfalls das Bemühen, die »Verwundbarkeit durch das Schicksal, die Sterblichkeit inbegriffen, in Form von imaginären Vorwegnahmen und mentalen Rüstungen mehr oder weniger gut zu bewältigen« (ebd.: 22). Wollte man den Autor an seine Worte erinnern, die er vor nahezu 30 Jahren zur Charakterisierung der Gesellschaft geschrieben hat, so ließe sich für diese Form des Hyperrealismus polemisch ergänzen, dass die »Verstümmelungen der frechen Impulse« längst »in ein Stadium organisierter Ernsthaftigkeit eingetreten« sind, »in dem die Spielräume der gelebten Aufklärung zunehmend verstopft werden«[31].

---

29 So die gleich lautende Überschrift in Sloterdijk (1983: 203).

30 Sloterdijk (2009: 281), wo der Autor gegen das Habituskonzept von Bourdieu polemisiert.

31 Im Original heißt es: »Diese Verstümmelungen der frechen Impulse deuten an, daß die Gesellschaft in ein Stadium organisierter Ernsthaftigkeit eingetreten ist, in dem die Spielräume der gelebten Aufklärung zunehmend verstopft werden.« (Sloterdijk (1983: 234 f).

Die anthropotechnischen Anstrengungen und Abweichungen dienen allein dem »Hinauf« und der »Überwindung«: »Wenn schon das Leben ein vibrierender Berg der Unwahrscheinlichkeiten ist, kann man seine Bejahung nur beweisen, indem man ihn noch höher türmt« (Sloterdijk 2009: 193). Die »Steigerung des Lebens« und die »Anpassung an gefährliche Lebensumstände« schließen sich demnach nicht etwa aus, sondern bilden eine von Vertikalversprechen gestützte und von Horizontalaversionen getragene stählerne Allianz. Natürlich bietet der Weg nach oben Gefahren. Fehltritte, Selbstüberhebungen, hybride Anwandlungen und tragische Abstürze gehören zu den alltäglichen Begleitumständen. Doch für Sloterdijk scheint ausgemacht: »daß man das ›Bestehende‹ nicht unterwandern kann – nur überwandern«[32]. Ob dieser Weg, für den die Disziplinen erfunden wurden, tatsächlich zur Freiheit führt, oder ob die Dialektik der Aufklärung an ihren eigenen Ansprüchen erstarrt und Zumutungen zerbricht, kann hier natürlich nicht beantwortet werden. Festzuhalten ist jedoch, dass »Coolness als Anthropotechnik«, wenn sie ihre antiautoritären Reflexe einbüßt, zumindest Gefahr läuft, ebenso humorlos beziehungsweise ironiefrei zu werden, wie dasjenige, wogegen sie sich richtet. Darüber hinaus scheint das Gegenüber als eigentlicher Anlass für die Ausbildung cooler Verhaltensstrategien immer mehr aus dem Blick zu geraten. Der frühe Sloterdijk hatte dafür immerhin noch ein Gespür, wenn er schreibt:

»Die Provokationen scheinen erschöpft, alle Bizarrerien des Modernseins erprobt. Ein Stadium öffentlicher seriöser Erstarrung ist angebrochen. Eine müde,

---

32 Sloterdijk (2009: 241) bezieht sich hier auf Foucault (1996). Die Heterotopien, die wie gesehen für die Arbeit am Cool durchaus bedeutsam sind, verortet Sloterdijk in entsprechender Weise an den Rändern der bewohnten Welt. Für den Autor sind sie freilich von einem harmlos-humorvollen oder gar ironisch-subversiven Überschuss weitgehend befreit und vor allem darauf angelegt, »die zur Sezession entschlossenen Übenden aus dem Gewohnheitsstrom" (Sloterdijk 2009: 346) zu geleiten.

schizoid entmutigte Intelligenz spielt Realismus, indem sie sich selbst nachdenklich einmauert in die harten Gegebenheiten« (Sloterdijk 1983: 235).

Angesichts der ausdauernden Überbietungsansprüche des sich und die Welt hinter sich lassen wollenden Realismus wirkt diese Diagnose gar nicht mehr so traurig – sondern eher wie eine Aufforderung, teilzuhaben »an der Erheiterungsarbeit der Aufklärung, zu welcher gehört, daß man die Wünsche achtet, die der Vorschein des Möglichen sind« (ebd.: 238). Heute klingt das fast schon wieder cool.

LITERATUR

Bacon, Francis (2003): Neu-Atlantis. Stuttgart: Reclam (zuerst 1627).

Bette, Karl-Heinrich (1999): Asphaltkultur. Zur Versportlichung und Festivalisierung urbaner Räume. In: Ders.: Systemtheorie und Sport. Frankfurt am Main: Suhrkamp. S. 192-220.

Bette, Karl-Heinrich (2005): Körperspuren. Zur Semantik und Paradoxie moderner Körperlichkeit. Bielefeld: transcript.

Bloch, Ernst (1959): Das Prinzip Hoffnung. 3 Bde. Frankfurt am Main: Suhrkamp.

Bloch, Ernst (1972): Das Materialismusproblem, seine Geschichte und Substanz. Frankfurt am Main: Suhrkamp.

Bockrath, Franz (2008a): Schmerzempfinden als Ausdruckserleben – Zur Technologisierung des Körpers am Beispiel der Haut. In: Bockrath, Franz/Boschert, Bernhard/Franke, Elk (Hg.): Körperliche Erkenntnis. Formen reflexiver Erfahrung. Bielefeld: transcript. S. 89-116.

Bockrath, Franz (2008b): Städtischer Habitus – Habitus der Stadt. In: Berking, Helmuth/Löw, Martina (Hg.): Eigenlogik der Städte. Frankfurt am Main/New York. S. 55-82.

Bockrath, Franz (2008c): Zur Heterogenität urbaner Sporträume. In: Funke-Wieneke, Jürgen/Klein, Gabriele (Hg.): Stadtarchitekturen – Bewegungskulturen. Bielefeld: transcript. S. 145-167.

Bourdieu, Pierre (1982): Die feinen Unterschiede. Kritik der gesellschaftlichen Urteilskraft. Frankfurt am Main: Suhrkamp.

Bourdieu, Pierre (1991): Physischer, sozialer und angeeigneter Raum. In: Wentz, Martin (Hg.): Stadt – Räume. Die Zukunft des Städtischen. Frankfurter Beiträge Band 2. Frankfurt am Main/New York: Campus. S. 25-34.

Bourdieu, Pierre (1994): Zur Soziologie der symbolischen Formen. Frankfurt am Main: Suhrkamp.

Bourdieu, Pierre (1998): Sozialer Raum, symbolischer Raum. In: Ders.: Praktische Vernunft. Zur Theorie des Handelns. Frankfurt am Main: Suhrkamp. S. 13-27.

Castells, Manuel (1986): The new urban crisis. In: Frick, Dieter (Hg.): The quality of urban life. Social, psychological and physical conditions. Berlin/New York: Walter de Gruyter. S. 13-18.

Castiglione, Baldessare (2004): Der Hofmann. Lebensart in der Renaissance. Berlin: Wagenbach (zuerst 1528).

Diederichsen, Diedrich (2002): Coolness. Souveränität und Delegation. In: Huber, Jörg (Hg.): Interventionen. 10. Jahrbuch: Person/ Schauplatz. Wien/New York: Spinger. S. 243-254.

Foucault, Michel (1994): Überwachen und Strafen. Die Geburt des Gefängnisses. Frankfurt am Main: Suhrkamp (zuerst 1975).

Foucault, Michel (1996): Der Mensch ist ein Erfahrungstier. Gespräch mit Ducio Trombadori. Frankfurt am Main: Suhrkamp.

Foucault, Michel (2005): Die Heterotopien. Der utopische Körper. Zwei Radiovorträge. Frankfurt am Main: Suhrkamp (zuerst 1966).

Foucault, Michel (2006): Von anderen Räumen. In: Dünne, Jörg/Günzel, Stephan (Hg.): Raumtheorie. Grundlagentexte aus Philosophie und Kulturwissenschaften. Frankfurt am Main; Suhrkamp. S. 317-327 (zuerst 1984).

Gebauer, Gunter/Alkemeyer, Thomas/Boschert, Bernhard/Flick, Uwe/ Schmidt, Robert (2004): Treue zum Stil. Die aufgeführte Gesellschaft. Bielefeld: transcript.

Helbrecht, Ilse/Pohl, Jürgen (1995): Pluralisierung der Lebensstile: Neue Herausforderungen für die sozialgeographische Stadtforschung. In: Geographische Zeitschrift (83), S. 222-237.

Holert, Tom (2004): Cool. In: Bröckling, Ulrich/Krasmann, Susanne/Lemke, Thomas (Hg.): Glossar der Gegenwart. Frankfurt am Main: Suhrkamp. S. 42-48.

Horkheimer, Max/Adorno, Theodor, W. (1972): Dialektik der Aufklärung. Philosophische Fragmente. Frankfurt am Main: Suhrkamp (zuerst 1947).

Mentges, Gabriele (2010): Coolness – Zur Karriere eines Begriffs. Versuch einer historischen und analytischen Annäherung. In: Geiger, Annette/Schöder, Gerald/Söll, Änne (Hg.): Coolness. Zur Ästhetik einer kulturellen Strategie und Attitüde. Bielefeld: transcript. S. 17-35.

Morus, Thomas (1960): Utopia. München: Fink (zuerst 1561).

Polhemus, Ted (1996): Style Surfing. What to Wear in the Third Millenium. London: Thames & Hudson.

Poschardt, Ulf (2000): Cool. Hamburg: Rogner & Bernard.

Pountain, Dick/Robins, David (2000): Cool Rules. Anatomy of an Attitude. London: Reaktion Book.

Rousseau, Jean-Jacques (1971): Emile oder über die Erziehung. Paderborn: UTB (zuerst 1762).

Simmel, Georg (1989): Philosophie des Geldes. In: Ders.: Gesamtausgabe. Bd. 6. Frankfurt am Main: Suhrkamp (zuerst 1900).

Simmel, Georg (1993): Das Problem des Stiles. In: Ders.: Gesamtausgabe. Bd. 8/II. Aufsätze und Abhandlungen 1901-1908. Frankfurt am Main: Suhrkamp. S. 374-384 (zuerst 1908).

Schiller, Friedrich (1991): Über die ästhetische Erziehung des Menschen, in einer Reihe von Briefen. Stuttgart: Reclam (zuerst 1795).

Sloterdijk, Peter (1983): Kritik der zynischen Vernunft. 2 Bde. Erster Band. Frankfurt am Main: Suhrkamp.

Sloterdijk, Peter (2009) Du mußt Dein Leben ändern. Über Anthropotechnik. Frankfurt am Main: Suhrkamp.

Soeffner, Hans-Georg (2001): Stile des Lebens. Ästhetische Gegen-
entwürfe zur Alltagspragmatik. In: Huber, Jörg (Hg.): Interventionen. 12. Jahrbuch: Kultur-Analysen. Wien/New York: Springer. S.
79-112.

Terkessidis, Mark (2001): Pop – Kultur: Rebellion in der Geschmacks-
diktatur. In: Der Tagesspiegel, Ausgabe vom 23.06.2001.

Thiele, Monika (2001): »Im Lenze schillert bunter noch der Tauben
Schwingen Pracht«. Sportkleidung als symbolische Inszenierung.
In: Bockrath, Franz/Franke, Elk (Hg.): Vom sinnlichen Eindruck
zum symbolischen Ausdruck – im Sport. Hamburg: Czwalina.
S. 155-164.

Wirth, Louis (1974): Urbanität als Lebensform. In: Herlyn, Ulfert
(Hg.): Stadt und Sozialstruktur. Arbeiten zur sozialen Segregation,
Ghettobildung und Stadtplanung. München: Nymphenburger Ver-
lagshandlung. S. 42-67. (zuerst 1938).

Statt eines Nachworts

Dasein und das Problem des Leibes

ANNA HOGENOVÁ

Der Leib ist nicht eine Insel, die von den anderen Dingen getrennt wäre, die wir um uns sehen. Er ist auch keine Insel, die vom riesigen Netz der Beziehungen getrennt wäre, welche in jedem Augenblick unseres Lebens um uns anwesend sind. Während unsere geistige Erkenntnis die einzelnen verschiedenen Zustände für sich definiert, ist der Leib der Rezeptor jeder Änderung, jedes noch so kleinen Einflusses auf uns, und das, ohne dass wir uns dessen in unserem Denken bewusst werden würden. Der Leib ist der Welt ausgesetzt wie ein Leuchtturm auf dem weiten Meer. Alles, was auf dem Meer geschieht, wird von unserem Körper auf irgendeine Weise vermerkt, unser Selbst weiß aber nur Weniges aus dieser riesigen Informationsfülle.

Das Dasein ist ein Aufenthalt im Ganzen, und zwar jetzt und hier. Der Höhepunkt dieses Aufenthaltes ist das Ereignis, das Er-eignen, wo wir am stärksten bei uns selbst und gleichzeitig bei der Gesamtheit der Welt sind. Heidegger spricht von einem Geviert der Welt, wo die Welt, die Erde, die Götter und die Menschen im Augenblick zusammenkommen und als Ganzes beieinander sind, welches gleichzeitig in unser unwiederholbares Selbst eingebettet ist. Jeder Mensch erlebt dieses Geviert als etwas sehr Schönes, Liebliches, wir sind nämlich bei uns selbst, zuhause, und gleichzeitig hat sich unsere Heimat auf die ganze Welt erweitert. Wir wurden von der Welt angenommen, sie steht nicht als Gegner vor uns, sondern ist stattdessen unser Bestandteil. Diese Augenblicke der wesentlichen Versammlung mit der Welt und mit dem, was wir in unserem Innersten sind, sind die schönsten Momente unseres Lebens.

Ein Sportler kennt das. Es ist der Augenblick des Sieges, den wir völlig ehrlich erreicht haben, ohne die Hilfe anderer Menschen oder irgendwelcher unterstützender Mittel. Das ist ein Spiel, das wir Fair play nennen. Uns geht es in diesem Augenblick aber um etwas anderes. Es geht uns um das Leiben. Das Dasein in Heideggers Auffassung ist nichts anderes als das Leben aus Möglichkeiten, die schon längst in unserem Körper enthalten sind, und das ohne dass wir wörtlich etwas darüber wissen würden. Worum geht es eigentlich? Die normale, wissenschaftliche Anschauung des Leibes untersucht die Physiologie, die Anatomie und gegebenenfalls die gesellschaftlichen Verhältnisse. Diese Vorgehensweise ist aber immer gegenständlich, beschreibend und basiert auf Messungen. Aber der Leib ist etwas Besonderes und Reichhaltigeres. Er ist nicht nur der Gegenstand von möglichen Beschreibungen. Das Leiben ist etwas, das eigentlich gar nicht gegenständlich erfasst werden kann. Gegenständlich können wir erst die Ergebnisse der Aktivitäten unseres Leibes fixieren. Der Leib wird durch ein überaus großes Spektrum an Einflüssen affiziert, von denen wir viele gar nicht benennen können. Manchmal sieht es aus, als würden wir im Leib wohnen, aber unser Selbstsein hier nur als Mieter anwesend wäre, da das Wohnen selbst etwas Ungreifbares und Geheimnisvolles ist. Dann werden wir uns auch dessen bewusst, wie unschön wir mit dem eigenen Leib umgehen, den wir nur als unseren Gegenstand, als Gegenstand unseres zufälligen Willens wahrnehmen.

Darum können wir behaupten: es ist einfacher, einen Schüler eine mathematische Gleichung zu lehren als zum Beispiel einen Purzelbaum. Im ersten Falle sprechen wir mit seinem verstandesmäßigen Ich, im zweiten sagen wir dem Leib etwas und der Leib führt Gespräche auf andere Weise. Heidegger unterscheidet »sprechen« (mithilfe von Wörtern) und »sagen« (ohne Worte). Der Leib verwendet in seinem Dialog nur das »Sagen«. Darum ist es viel schwieriger, das Leiben zu verstehen, als andere Bereiche, in denen Worte verwendet werden. Wir alle wissen, wie schwer es ist, jemandem zu erklären, wie man einen Radschlag macht. Worte sind hier unzureichend, im Grunde sagen wir hier etwas dem eigentlichen Leib und dieser achtet nicht auf Wortbedeutungen, hier brauchen wir die spezifische Sprache des Sagens.

Das Dasein ist ein Sein, dem es um dieses Sein geht, das heißt, dass es sich um ein verstehendes Sein handelt. Es ist kein Sein eines Steines, dem es egal ist, wie er ist. Darum muss der Leib mit Möglichkeiten in die Welt hinaustreten, die er schon im Voraus in sich enthält, und die ihn umgebende Welt ruft diese Möglichkeiten aus dem Leib auf, so wie kleine Schüler zur Tafel aufgerufen werden. Genau diese leiblichen Möglichkeiten interessieren uns, wenn wir nach dem Leiben fragen. Das Dasein ist nicht auf irgendeine messbare Weise vorgegeben, da die Zeit, die der Leib und die Seele im betreffenden Augenblick erleben, immer die Zeit ist, die das erste und letzte Mal da ist. Warum unterscheidet sich das Dasein so sehr von der normalen Wissenschaft, die den Leib und das Leiben beschreibt? Weil das Dasein die Zeit anders auffasst. Die kartesianischen Wissenschaften verstehen die Zeit nur als eine Folge von Augenblicken, die dazu bestimmt sind, gezählt zu werden (chronos – arithmos kineseos). In der daseinsanalytischen Auffassung wird die Zeit durch das authentische Sein des einzelnen Menschen geschaffen, der Mensch schafft die Zeit, er ist ihre Quelle.

Es ist wichtig, dass uns in diesem Schaffen nicht »unsere eigenen Möglichkeiten« von außen her untergeschoben werden. In einem solchen Fall wären wir nicht bei uns selbst, aber bei Vorstellungen von uns selbst, die nicht uns gehören, sondern uns von außen her gegeben wurden. Auf diese Weise wird ja eigentlich die Manipulation mit Menschen gemacht, und sie ist umso erfolgreicher, je weniger gebildet und nachdenklich der Mensch ist. Dann wird die ganze menschliche Freiheit zu ihrem eigenen Gegensatz, ohne dass der betroffene Mensch etwas darüber wüsste. Darum wird die Freiheit in der Phänomenologie als Freiheit zu dem betrachtet, was uns begründet, also die Freiheit, aus der eigenen Quelle zu leben. Diese Quelle ist aber nur dann unsere eigene, wenn sie als Er-eignis verstanden wird, sonst wird sie immer von äußeren Kräften untergeschoben, die sich immer als etwas Gutes darstellen.

Die Selbsterkenntnis ist darum immer das Wichtigste in unserem ganzen Leben. Es ist sehr schwer, seine eigene Seele zu erkennen, den eigenen Leib zu erkennen ist aber noch schwieriger. Hier ist interessant, dass eben diese Selbsterkenntnis der Schlüssel zu unserer Gesundheit ist, sie wird heute von der Weltgesundheitsorganisation als dynamischer Zustand des persönlichen und gesellschaftlichen Behagens verstanden. Die Selbsterkenntnis ist also wichtig. Wie erkennen wir unseren eigenen Leib? Es ist nicht nur so, dass wir alle messbaren Informationen beschreiben und bewahren, z. B. den Blutdruck und die Anzahl der roten Blutkörperchen. Wir müssen in die Möglichkeiten eintreten, die unseren Leib in die Welt hinaustragen und ihm so Raum für Aktivität und Passivität schaffen. Diese Erkenntnis ist besonders schwierig und es ist interessant, dass die Leibeserziehung sich diese Aufgabe noch nicht als die höchste aller Aufgaben auferlegt hat. Der Leibeserziehung geht es immer noch um die messbare Leistung oder um die Korrektur von Anomalien unserer Körper aus medizinischer Sicht.

Der interessanteste Aspekt scheint die Erinnerung des Leibes zu sein. Wie erinnert sich der Leib zum Beispiel an Töne in Melodien? Hier öffnet sich uns das Dasein am meisten. Wir sehen, dass der Leib ein Vorverständnis dafür hat, worauf wir erst später treffen werden. Unser musikalisches Gedächtnis können wir nur schwer beeinflussen, entweder wir haben es, oder wir haben es nicht. Was in uns erinnert sich an eine Melodie? Um sie uns ins Gedächtnis zu rufen, suchen wir oft den Text und den Inhalt des Liedes. Wie merkt sich ein Dirigent alle Partituren auf einmal? Wie ist das möglich? Wie merkt sich der Leib alle Bewegungen beim Tanz, beim Ballett? Wir wissen nur aus Erfahrung, dass das etwas Natürliches ist, aber wir verstehen es nicht. Wie ist unser Leiben mit der Zeit und dem Raum verbunden? Wie ist der Sport in dieser Zeitlichkeit strukturiert? Auf welche Weise passt all dies in die gesellschaftliche Realität? Allen Bereichen, die wir genannt haben, ist eines gemeinsam: das Erleben der Zeit. Aus phänomenologischer Hinsicht sind unser Leib und unsere Seele in den Protenzen gefangen, die durch Variieren aus Retenzen entstehen. Was sind Retenzen? Das sind ehemalige Gegenwarten, die durch den Fall in die Vergangenheit zu erhaltenen Inhalten im Fluss unserer Cogitationes geworden sind und den Namen Retenzen bekommen haben. Protenzen sind Möglichkeiten, die für uns im Voraus vorbereitet sind und die unseren Weg durch das Leben gliedern. Im Grunde ist es einfach.

Das Allerwichtigste ist, dass unser Leib nicht von der Welt getrennt ist, sondern ganz im Gegenteil dazugehört, so wie ein Blatt dem ganzen Baum gehört, auf dem es gewachsen ist. Der größte Fehler des kartesianischen Denkens ist eben diese Trennung, die die Grundlage für eine rein analytische Auffassung des Leibes ist. Das, was uns im räumlichen, aber vor allem im zeitlichen Sinne umgibt, gehört zu unserem Leib und wir sprechen dann vom Leiben. Die Zeit ist das, was aus der Sicht des Verständnisses für den Leib am wichtigsten ist. Es sind weder die anatomischen Teile noch die physiologischen Funktionen, es sind die zeitlichen Entwürfe, in denen unser Leib leibt, darum nennen wir ihn nicht Körper, sondern Leib und sprechen vom Leiben, nicht von der Körperlichkeit. Aus dem zeitlichen Blickpunkt gehört die Sprache zum Leib. Die Sprache ist nicht nur die Heimat des Seins, sondern sie ist vor allem eine Form des Leib-seins im Sinne des Leibens. Auf dem Leib regiert die Hand. »Die Hand hat ihren Leib und die Sprache hat den ganzen Menschen.« Darum müssen wir uns das Leiben aus phänomenologischer Sicht als die Bewegung des Menschen auf dem Weg zum Ziel vorstellen, wobei ihn die Hand führt (darum hat die Hand den Leib) und der ganze Mensch von der Sprache geführt wird, da die Sprache eine verlängerte Hand ist, die bis in die Transzendenz führt, während die leibliche Hand uns nur in die Reszendenz führt.

Der zeitliche Entwurf unseres Leibes ist eine Bewegung, in der etwas entsteht und vergeht (genesis und phtora), etwas größer und kleiner wird (audzesis, phthisis), sich etwas schnell und augenblicklich verändert (metabolé) und etwas von einer Stelle an eine andere bewegt wird (phora). Der aufmerksame Leser hat bemerkt, dass wir von den vier aristotelischen Bewegungen aus seinem berühmten Buch »Physik« sprechen. Was macht ein Sportler? Er entwirft seinen Leib in der Zeit zu einem konkreten Ziel, dem Leiben, hin. In dieser Bewegung sind aber alle vier aristotelischen Bewegungen enthalten, es ist nicht nur die Mechanik und die Physiologie, es ist auch die Teleologie. Es geht immer um den ganzen Menschen, nicht nur um den Menschen. Zum einzelnen Menschen gehört immer auch seine Umwelt und auch die Welt als Ganzes.

Darum ist es notwendig, das Leib-sein im Sinne von Leiben anzusehen, nicht nur als bloße Körperlichkeit. Hier und auch überall sonst spielt heute das Phänomen mit der Bezeichnung »Machenschaft« eine entscheidende Rolle. Es geht um das Planen, Steuern und Kontrollieren von Allem. Genauso beginnt sich der Mensch auch zu seinem Leib zu verhalten: er plant ihn, er steuert ihn, er kontrolliert ihn. Diese Reifizierung ist nicht nur in der modernen Lebensweise zu finden, sondern hat ihre eindeutigen Folgen auch in der Krankheitsdiagnostik (mentale Anorexie usw.). Die Machenschaft wirkt aber so, dass unser Leib nicht von uns selbst gesteuert wird, sondern von außen her. Es sieht so aus, dass uns unser Leib gar nicht gehört. Wie sieht die zeitliche Einstellung unseres Leibes aus? Welche Protenzen sind für uns so wichtig? Was macht die Vorstellung von Leistung mit uns? Das sind Fragen, die noch auf ihre Antworten warten.

Die Frage, die auf die Grundsubstanz des Menschen abzielt, sollte lauten: »Wer ist der Mensch?« und nicht, so wie die Anthropologie und die Soziologie fragen: »Was ist der Mensch?«. Es ist nicht die Parrhesia, die für das Leben wichtig ist, der Leib ist nicht Gegenstand unserer äußeren Eingriffe. In diesen Zusammenhängen zeigt sich, dass das Dasein das Wichtigste ist. Wird unser Dasein von außen gesteuert und diktiert, oder ist es immer noch etwas, das zu unserer eigenen Würde gehört und durch das Pronomen »wer« ausgedrückt wird? Falls es nur die Machenschaft ist, die uns in ihrer Macht hat, wem gehören dann unser Leib und seine Leistungen? Wo ist die menschliche Freiheit? Was ist dann der Sport als ganzes Phänomen? Ist es Business

oder Selbstüberwindung? Wahrscheinlich ist es beides. Das Dasein unseres Lebens wird immer mehr aus äußeren Quellen, aus dem Gestell,
entworfen. Das ist nichts anderes als die gültigen Systeme und Strukturen, zu denen die Wissenschaft gelangt ist (medizinische Naturwissenschaften, Wirtschaft und Recht, Soziologie und Kinanthropologie, alle
anderen nicht ausgenommen) und zu denen uns die so genannte objektive Notwendigkeit des gesellschaftlichen und individuellen Lebens geführt hat. Der Raum für das, was uns eigen ist, wird immer enger und
verlischt. Und so wird der Leib immer mehr etwas, das außerhalb von
uns steht. Dies ist im Sport offensichtlich, besonders auf dem Gebiet
der Leistung, das sich ebenfalls vom Individuellen entfernt.

LITERATUR

Heidegger, Martin (2009): Das Ereignis. Frankfurt am Main: Vittorio
  Klostermann.
Heidegger, Martin (1989): Die Grundprobleme der Phänomenologie.
  Frankfurt am Main: Vittorio Klostermann.
Patočka, Jan (1996): Péče o duši I. [Pflege der Seele I.] Prag: Oikume-
  ne.

Autorinnen und Autoren

Bockrath, Franz, Dr. phil.; Professor für Sportwissenschaft an der TU Darmstadt. Forschungsschwerpunkte: Philosophie und Kulturwissenschaft des Sports. Thematisch vergleichbare Publikationen: Körperliche Erkenntnis. Formen reflexiver Erfahrung. Bielefeld 2008 (zus. mit B. Boschert und E. Franke); Vom sinnlichen Eindruck zum symbolischen Ausdruck im Sport Hamburg 2001 (zus. mit E. Franke); Platons Körperpädagogik – Überwindung der Sinnlichkeit? In: Barbara Ränsch-Trill (Hg.): Natürlichkeit und Künstlichkeit. Hamburg 2001. (Textbeispiele unter www.sportphilosophie.de).

Caysa, Volker, Dr. phil.; Professor für Philosophie an der Universität Lodz; Privatdozent an der Universität Leipzig; Vorstandsmitglied der Nietzsche-Gesellschaft. Hauptarbeitsgebiete: Anthropologie des Körpers, Philosophie der Lebenskunst, Philosophie der Gefühle. Zuletzt erschienen: Körperutopien. Eine philosophische Anthropologie des Sports, Frankfurt am Main/New York 2003; Geist der Leipziger Bloch-Zeit. Kulturphilosophische Reflexionen über Erinnerung und Geschichte. Leipzig 2003; Kritik als Utopie der Selbstregierung. Über die existenzielle Wende der Kritik nach Nietzsche. Berlin 2005; Hass und Gewaltbereitschaft. Göttingen 2007 (gemeinsam mit R. Haubl).

Dederich, Markus, Dr. phil.; Professur für Allgemeine Heilpädagogik – Theorie der Heilpädagogik und Rehabilitation an der Universität

Köln. Arbeitsschwerpunkte: Theoretische Grundfragen der Heilpädagogik, ethische Fragen im Kontext von Behinderung, Disability Studies. Einschlägige Publikationen: Körper, Kultur und Behinderung. Eine Einführung in die Disability Studies. Bielefeld 2007. Der Mensch als Projekt – Über die Verbesserung des Menschen und die neuen Anthropotechniken. In: Dederich, M./Greving, H./Mürner, Ch./Rödler, P. (Hg.): Heilpädagogik als Kulturwissenschaft – Menschen zwischen Medizin und Ökonomie. Gießen 2009; Normalität. In: Sandkühler, H. J. u.a. (Hg.): Enzyklopädie Philosophie. Hamburg 2010.

Dinçkal, Noyan, Dr. phil.; wissenschaftlicher Mitarbeiter am Institut für Geschichte der Technischen Universität Darmstadt. Forschungsschwerpunkte: Technik-, Wissenschafts- und Umweltgeschichte. Einschlägige Veröffentlichungen: Medikomechanik. Maschinengymnastik zwischen orthopädischer Apparatebehandlung und geselligem Muskeltraining, 1880-1918/19. In: Technikgeschichte 74 (2007); Das gesunde Maß an Schädigung. Die Inszenierung von Sport als Wissenschaft während der Dresdener Hygiene Ausstellung 1911. In: Historische Anthropologie 17 (2009); Der Körper als Argument. Die Deutsche Hochschule für Leibesübungen und die Produktion wissenschaftlicher Gewissheiten über den Nutzen des Sports. In: Krüger, M. (Hg.): Der deutsche Sport auf dem Weg in die Moderne. Carl Diem und seine Zeit. Münster 2009.

Frank, Sybille, Dr. phil.; wissenschaftliche Mitarbeiterin im interdisziplinären LOEWE-Schwerpunkt »Eigenlogik der Städte« an der TU Darmstadt. Forschungsschwerpunkte: Soziologische Theorie, Gedächtnis- und Geschichtskultur, Stadtsoziologie, Tourismus- und Fußballsoziologie. Einschlägige Veröffentlichungen: Stadium Worlds: Football, space and the built environment. London/New York 2010 (Hg. zus. mit S. Steets); From England to the World: Ethnic, National and Gender-Based Stereotyping in Professional Football. In: Journal for the Study of British Cultures 1/2011 (Special Issue "Sport").

Franke, Elk, Dr. phil; Professor für Sportwissenschaft und Sportphilosophie an den Universitäten Osnabrück (bis 1994), HU-Berlin (bis 2009) und derzeit Universität Bremen. Forschungsschwerpunkte: Ethik und Ästhetik des Sports, Handlungstheorie sowie Bildungstheorie im Sport. Einschlägige Publikationen: Ethik im Sport (Hg.). Schorndorf 2001; Sport, Doping und Enhancement – Transdisziplinäre Perspektiven. Köln 2010 (Hg. zus. mit G. Spitzer); Erfahrungsbasierte Bildung im Spiegel der Standardisierungsdebatte (Hg.) Baltmannsweiler 2008; Ästhetische Bildung (Hg. zus. mit E. Bannmüller) Baltmannsweiler 2003. (Textbeispiele unter (www.sportphilosophie.de).

Gamm, Gerhard, Dr. phil.; Professor für Philosophie an der TU Darmstadt. Forschungsschwerpunkte: Philosophie der Neuzeit, des Deutschen Idealismus sowie des 20. Jahrhunderts, Praktische und theoretische Philosophie. Einschlägige Veröffentlichungen: Philosophie im Zeitalter der Extreme. Eine Geschichte philosophischen Denkens im 20. Jahrhundert. Darmstadt 2009; Der unbestimmte Mensch. Zur medialen Konstruktion von Subjektivität. Berlin 2004; Unbestimmtheitssignaturen der Technik. Eine neue Deutung der technisierten Welt. Bielefeld 2005 (Hg. zus. mit A. Hetzel). (E-Mail: gamm@phil.tu-darmstadt.de).

Gehring, Petra, Dr. phil.; Professorin für Philosophie an der TU Darmstadt. Forschungsschwerpunkte: Theoretische Philosophie, Metaphysik, Phänomenologie, Philosophie des Rechts, Ästhetik u.a. Zuletzt erschienene Monographien: Theorien des Todes. Zur Einführung. Hamburg 2010/2011; Traum und Wirklichkeit. Zur Geschichte einer Unterscheidung. Frankfurt a. M./New York 2008; Was ist Biomacht? Vom zweifelhaften Mehrwert des Lebens. Frankfurt a. M. 2006; Foucault – Die Philosophie im Archiv. Frankfurt a. M. 2004; Herausgaben u.a.: Michel Foucault, Geometrie des Verfahrens. Schriften zur Methode. Frankfurt a. M. 2009. (Vollständiges Publikationsverzeichnis unter: http://www.philosphie.tu-damstadt.de/).

260 | ANTHROPOTECHNIKEN IM SPORT

Hinsching, Jochen, Dr. phil; Professor für Sportpädagogik und Sport-soziologie an der Ernst-Moritz-Arndt-Universität Greifswald (1992 bis 2003). Arbeitsschwerpunkte: Transformationsprozesse im institutiona-lisierten Sport, soziale Prozesse im Schulsport, Kindheitsforschung und Sporttourismus. Ausgewählte Veröffentlichungen: Schulsport und Schulsportforschung in Ostdeutschland 1945-1990. Aachen 1997 (zus. mit A. Hummel); Alltagssport in der DDR. Aachen 1998; Breitensport in Ostdeutschland. Reflexion und Transformation. Hamburg 2000.

Hogenová, Anna, PhD.; Professorin für Philosophie an der Pädagogi-schen Fakultät der Karls Universität Prag. Forschungsschwerpunkte: Phänomenologie des Leibes und der Bewegung, Philosophie der Anti-ke und des 20. Jahrhunderts, Ethik und Sport. Zahlreiche Monografien in tschechischer Sprache zu folgenden Themen: Qualität des Lebens und der Leiblichkeit; Sorge um die Seele; Arete – Grund der olympi-schen Philosophie. (Weitere Informationen und Veröffentlichungen un-ter http://www./pedf.cuni.cz/).

Meuser, Svenja, Dipl. Reha. Päd.; wissenschaftliche Mitarbeiterin an der Universität Köln (Heilpädagogische Fakultät). Studium der Reha-bilitation und Pädagogik bei Behinderung an der Technischen Univer-sität Dortmund; Arbeitsschwerpunkte: Behinderung und Enhancement; Behinderung, Medizin und Ethik. Promotion zum Thema »Enhance-ment und Behinderung«.

Steets, Silke, Dr. phil.; wissenschaftliche Mitarbeiterin am Institut für Soziologie der TU Darmstadt und Mitglied der Leipziger Künstler-gruppe niko.31. Arbeitsschwerpunkte: Stadtsoziologie, Theorien des Raums, New Urban Ethnography, Architektursoziologie, Entwicklung interdisziplinärer Arbeitsmethoden, Fußball und Raum/Stadien. Herausgeberin des Bandes Stadium Worlds: Football, space and the built environment. London/New York: Routledge 2010 (zus. mit S. Frank).

KörperKulturen

Anke Abraham, Beatrice Müller (Hg.)
Körperhandeln und Körpererleben
Multidisziplinäre Perspektiven
auf ein brisantes Feld

2010, 394 Seiten, kart., zahlr. z.T. farb. Abb., 32,80 €,
ISBN 978-3-8376-1227-1

Franz Bockrath, Bernhard Boschert,
Elk Franke (Hg.)
Körperliche Erkenntnis
Formen reflexiver Erfahrung

2008, 252 Seiten, kart., 25,80 €,
ISBN 978-3-89942-227-6

Aubrey de Grey, Michael Rae
Niemals alt!
So lässt sich das Altern umkehren.
Fortschritte der Verjüngungsforschung

2010, 396 Seiten, kart., 21,80 €,
ISBN 978-3-8376-1336-0

Leseproben, weitere Informationen und Bestellmöglichkeiten
finden Sie unter www.transcript-verlag.de

KörperKulturen

ROBERT GUGUTZER
Verkörperungen des Sozialen
Neophänomenologische Grundlagen
und soziologische Analysen

Januar 2012, ca. 276 Seiten, kart., ca. 29,80 €,
ISBN 978-3-8376-1908-9

SABINE MEHLMANN, SIGRID RUBY (HG.)
»Für Dein Alter siehst Du gut aus!«
Von der Un/Sichtbarkeit des alternden Körpers
im Horizont des demographischen
Wandels. Multidisziplinäre Perspektiven

2010, 278 Seiten, kart., zahlr. Abb., 26,80 €,
ISBN 978-3-8376-1321-6

PAULA-IRENE VILLA (HG.)
schön normal
Manipulationen am Körper als Technologien
des Selbst

2008, 282 Seiten, kart., 28,80 €,
ISBN 978-3-89942-889-6

KörperKulturen